A Linguagem da Encenação Teatral

Mayra Montenegro, junho/2010

Jean-Jacques Roubine

A Linguagem da Encenação Teatral

Tradução e Apresentação de
Yan Michalski

ZAHAR
Jorge Zahar Editor
Rio de Janeiro

Título original:
Théâtre et mise en scène — 1880-1980

Tradução autorizada da primeira edição francesa,
publicada em 1980 por Presses Universitaires de France,
de Paris, França, na coleção "Littératures Modernes",
criada por Jean Fabre e dirigida por Robert Mauzi

rua México 31 sobreloja
20031-144 Rio de Janeiro, RJ
tel.: (21) 2108-0808 / fax: (21) 2108-0800
e-mail: jze@zahar.com.br
site: www.zahar.com.br

Edição anterior: 1982 (Zahar Eds.)

Capa: Valéria Naslausky

CIP-Brasil. Catalogação-na-fonte
Sindicato Nacional dos Editores de Livros, RJ.

Roubine, Jean-Jacques
R764L A linguagem da encenação teatral, 1880-1980 / Jean-
2.ed. Jacques Roubine ; tradução e apresentação, Yan Michalski.
— 2a. ed. — Rio de Janeiro: Jorge Zahar Ed., 1998

Tradução de: Théâtre et mise en scène, 1880-1980
Inclui bibliografia
ISBN 978-85-7110-461-7

1. Teatro. 2. Representação teatral. 3. Teatro - França.
I. Título.

CDD 792
98-0668 CDU 792

Sumário

Apresentação

Yan Michalski

Há alguns anos, por ocasião de uma das suas periódicas reformas curriculares, a Escola de Teatro da Universidade do Rio de Janeiro — UNI-RIO — incluiu no seu currículo uma nova disciplina intitulada Teoria do Espetáculo. Como um dos professores do Departamento ao qual ela ficaria vinculada, e como profissional sabidamente interessado pelo assunto, fui cogitado para encarregar-me do curso. Dei tratos à bola e tentei organizar uma lista do material bibliográfico de que disporia para levar a tarefa adiante. Percebendo a extrema precariedade da literatura especializada publicada em português (e qualquer docente universitário sabe que é impossível contar com os conhecimentos lingüísticos dos alunos para impor-lhes leituras em idiomas estrangeiros...) acabei desistindo. Temos algumas (poucas) obras de boa qualidade que resumem e/ou analisam, isoladamente, o pensamento de um ou outro expoente da criação cênica; não temos, ao que eu saiba, nenhuma que dê uma visão panorâmica, global das fascinantes e contraditórias evoluções que a soma desses pensamentos atravessou ao longo dos últimos 100 anos, desde que a figura de encenador se firmou no organograma das instituições teatrais; ou seja, desde que a elaboração da linguagem cênica ganhou foros de arte autônoma, dando início à era moderna da História do Teatro.

O lançamento de *A linguagem da encenação teatral* preenche, em grande medida, esta lacuna da nossa bibliografia sobre o assunto. E, pensando bem, a preenche não só em termos de Brasil, onde a lacuna se faz sentir de modo particularmente drástico, mas também em termos mais amplos e internacionais, pois, até mesmo nos países muito mais aquinhoados em matéria de publicação de estudos eruditos sobre o fenômeno dramático, obras desse fôlego e sobretudo dessa abrangência dedicadas especificamente à evolução do espetáculo são bastante raras. Grande parte da produção teórica sobre o teatro permanece ainda marcada por vestígios da tradicional visão que encara o teatro essencialmente como um subcapítulo da literatura e o aborda, portanto, prioritariamente pelo prisma da dramaturgia. E mesmo aquelas obras que assimilaram melhor o grito de independência dado nas últimas décadas pelo espetáculo teatral tendem a prender-se mais a uma visão historicista, ou então a dissecar especificamente o trabalho de um determinado artista, no máximo de uma determinada escola ou estilo, sem inseri-lo no quadro mais amplo composto também pela contribuição de outros artistas, de outras escolas, de outros estilos.

A primeira originalidade, e por conseguinte a primeira fonte de interesse do livro de Jean-Jacques Roubine reside na metodologia adotada pelo autor. Em vez de estudar separadamente o pensamento dos principais encenadores e teóricos da encenação, ele parte de uma divisão por setores da criação cênica: depois de definido, no capítulo inicial, o próprio âmbito da atuação do encenador, um extenso capítulo ocupa-se da evolução do *status* do texto dramático frente ao espetáculo, desde o tempo em que o texto era considerado quase sinônimo e finalidade da criação teatral até os movimentos contemporâneos que o relegaram ao papel de inspirador e catalisador da linguagem cênica (ou mesmo, em casos mais radicais, chegaram a negar a necessidade da sua existência). Um processo de estudo semelhante é aplicado, com argúcia e lucidez, à evolução — para não dizer, com referência a experiências das últimas décadas, explosão — do espaço cênico e, por extensão, da arquitetura teatral; da ambientação visual e sonora: cenografia, iluminação, figurinos, acessórios, sonoplastia e música; e do conceito de ator, passando do narcisimo do antigo *monstro sagrado* ou da humildade de servidor submisso de um hipotético personagem à missão, freqüentemente ritualística ou psicodramática, de intérprete de si mesmo, que tem prevalecido nas mais recentes formulações de vanguarda.

Cada um desses aspectos é criteriosamente analisado pelo prisma dos mais destacados encenadores que com ele se preocuparam e que contribuíram, através das suas realizações cênicas ou dos seus escritos, para modificá-lo, enriquecê-lo, torná-lo mais condizente com a sensibilidade contemporânea. À primeira vista, a escolha desses encenadores através de cujos trabalhos e de cujos olhos Roubine nos faz explorar o panorama do teatro moderno parece, talvez, um pouco parcial, no sentido de muito concentrada nos expoentes do teatro francês. No decorrer da leitura damo-nos conta, porém, de que se trata apenas de uma decorrência natural da extraordinária — e hoje em dia muitas vezes injustamente esquecida — contribuição que realizadores e pensadores franceses — de Antoine a Vilar, passando por Copeau e Artaud, para citar apenas as presenças mais assíduas nas páginas do livro, e portanto mais valorizadas pelo autor — trouxeram para a progressiva renovação dos recursos e dos conceitos cênicos. Mas nem por isso ele deixa de aprofundar o papel desempenhado pelos dois grandes precursores dessa renovação, o suíço Appia e o inglês Gordon Craig; ou a fundamental contribuição dos russos Stanislavski e Meyerhold; ou — de uma maneira mais completa e atualizada do que eu tenha até agora encontrado em qualquer outro livro — as recentes inovações trazidas pela produção de um Grotowski, de um Luca Ronconi, de uma Ariane Mnouchkine. Sem esquecer, é claro, a avassaladora repercussão de Brecht sobre virtualmente tudo que aconteceu no teatro ocidental nos últimos 50 anos.

Poderíamos objetar, apenas, que o continente americano talvez não tenha recebido a devida atenção. Por mais que saibamos, porém, que considerável parte da revolução cênica dos anos 1960 saiu do território dos Estados Unidos, e por mais que possamos aspirar ao reconhecimento do papel de destaque desempenhado naquela mesma época por alguns históricos espetáculos brasileiros, o fato é que o acompanhamento das vanguardas européias ainda é, queiramos ou não, suficiente para formar uma idéia do conjunto das vanguardas mundiais. E o volume das informações que Roubine fornece e digere a respeito das vanguardas de anteontem, de ontem e de hoje é monumental. Durante a leitura do livro, tive várias vezes a sensação de que ele viu uma quantidade e uma variedade de espetáculos que nenhum ser humano sujeito às limitações de tempo, espaço e mortalidade pode materialmente ter visto. A conclusão é que ele é capaz de refletir e escrever sobre espetáculos que não viu, mas sobre os quais se documentou através de exaustivas pesquisas e leituras, com tal familiaridade e segurança como se os tivesse visto, como se eles fizessem parte da sua vivência pessoal. Capacidade invejável para qualquer estudioso de teatro.

Um outro ponto de fundamental interesse de *A linguagem da encenação teatral*, sobretudo para o contexto brasileiro, é o equilíbrio com que o autor consegue deixar patente o seu fascínio por tudo que é inovador, revolucionário, ousado em matéria de criação cênica, sem no entanto negar — ou sequer diminuir — a importância de movimentos hoje eventualmente superados, mas que nas suas respectivas épocas deram passos decisivos no rumo do progresso. Uma das manifestações mais nefastas da indigência cultural que habitualmente caracteriza o nosso debate teatral é a mania de a *priori* glorificar o *novo* e ridicularizar o *velho* (que muitas vezes é o que era *novíssimo* ainda outro dia) sem atentar para a independência entre os sucessivos movimentos transformadores, que se desencadeiam, quer para dar uma continuidade *diferente* a uma tendência predominante que chegou a um ponto de esgotamento, quer para opor-se frontalmente a ela. Roubine mostra que, contrariamente ao que tantas vezes se acredita entre nós, nenhuma inovação em matéria de teatro começa de zero; que muitas idéias revolucionárias e muitos hábitos de comunicação entre palco e platéia, uma vez esgotado o seu impulso inicial, ficam hibernando durante um período equivalente à passagem de várias gerações, para reaparecerem lá adiante, sob novos disfarces, e com renovada capacidade de fecundação. Em outras palavras, que existe, paralelamente ao conceito de uma *tradição* imobilizadora e conservadora (da qual, felizmente, o teatro brasileiro foi em grande parte poupado), uma outra corrente de tradição, que faz com que, por exemplo, os conceitos formulados por um Antonin Artaud na década de 1930, e sepultados durante longo tempo como utopia insuscetível de aplicações práticas, reapareçam 30 anos depois e se transformem na semente ideológica de uma revolução formal que modificou profundamente a face do teatro mundial. Ou que, depois de ter-se ferozmente empenhado em demonstrar que o espetáculo pode ganhar nova vitalidade com a relegação a um plano secundário, quando não eliminação, de um texto escrito previamente por um autor *de gabinete*, o teatro de hoje pode sentir necessidade de ir buscar renovado fôlego naquilo que se convencionou chamar de *volta à palavra escrita*.

O livro encerra-se com um capítulo dedicado à estrutura da vida teatral na França, e especialmente às relações entre o poder público e a produção teatral. Pensei, inicialmente, em sugerir a sua eliminação, pois receava que reflexões sobre uma realidade tão diferente da nossa poderiam resultar de pouco interesse para o leitor brasileiro. Na leitura e na releitura mudei radicalmente de ponto de vista. O autor levanta, com efeito, problemas gerais relativos à organização teatral em seu país que revelam surpreendentes semelhanças com dificuldades em que o teatro esbarra diariamente no Brasil; e a discussão que ele abre a respeito pode enriquecer, com vários argumentos, a discussão equivalente que se vem travando — na maioria das vezes um tanto quanto no vazio — entre nós. O que me pergunto é se o próprio Jean-Jacques Roubine não gostaria de reescrever hoje esse seu capítulo: embora o livro seja muito recente — foi lançado na França em fins de 1980 — ele é anterior ao início do Governo Mitterrand, que já nestes seus primeiros meses de atuação lançou as bases de uma política cultural substancialmente renovada, que dificilmente deixariam de encontrar eco nessa parte final do livro, se ele tivesse sido escrito hoje.

Para terminar, uma nota do tradutor: a expressão francesa *mise en scène*, termo-chave do título e do conteúdo do livro, apresenta pequenas nuanças praticamente intraduzíveis em português. Na nossa linguagem corrente do teatro, *mise en scène* costuma ser direção, e *metteur en scène*, diretor. Optei, na grande maioria das vezes, pelos vocábulos encenação e encenador, não só por estarem etimologicamente mais próximos da expressão original, mas também por se aproximarem mais, a meu ver, do sentido em que o autor a emprega. A nossa *direção*, além de possuir uma conotação potencialmente autoritária contrária ao espírito que prevalece na obra, refere-se mais de perto ao processo executivo de uma realização teatral, enquanto na palavra *encenação* vejo implícito, com maior força sugestiva, o resultado da elaboração criativa de uma linguagem expressiva autônoma. E é bem disso que se trata aqui — motivo pelo qual tomei a liberdade de transpor para o próprio título a palavra *linguagem*, que inexiste no título original. Os termos *direção* e *diretor* são, entretanto, usados às vezes seja para evitar um excesso de repetições, seja porque a intuição os insinuou, em determinados contextos, como mais apropriados. E de vez em quando aparece até, inevitavelmente mantido no idioma original, o *régisseur*, que é, evidentemente, um tipo todo especial de diretor (ou encenador)...

Introdução

A bibliografia relativa à encenação teatral é desigual e, pensando bem, muito pouco ampla, se tomarmos como ponto de referência a situação que prevalece, por exemplo, nos campos da literatura ou da pintura. Sem dúvida, o fato pode ser explicado pela posição histórica dessa arte e, ao mesmo tempo, pelas suas características específicas.

Aos olhos do historiador a encenação firma-se como arte autônoma — "em pé de igualdade com as outras", poderíamos dizer — somente numa época recente: convencionou-se adotar como ponto de partida o ano de 1887, quando Antoine fundou o Théâtre-Libre. Por diversas razões, outros anos poderiam ser fixados como inaugurais — simbolicamente — de uma nova era do teatro, a da encenação no sentido moderno do termo: 1866, por exemplo, data da criação da companhia dos Meininger; ou 1880, quando a iluminação elétrica é adotada pela maioria das salas européias... O fato é que as três últimas décadas do século XIX constituem, para nós, os primeiros 30 anos de uma nova época para a arte teatral. Época nova em função da transformação das técnicas, da formulação dos problemas, da invenção de soluções ...

É normal, portanto, que o estudo da encenação, a título autônomo, só tenha começado a ser empreendido em tempos ainda mais recentes, considerando-se a defasagem cronológica que costuma separar o aparecimento de um novo fenômeno do seu reconhecimento pelos escalões acadêmicos.

Acrescentam-se a isso as dificuldades metodológicas decorrentes da própria especificidade da encenação, do caráter efêmero e mutável das apresentações, da raridade e pobreza da documentação textual e iconográfica, dos problemas suscitados pela tarefa de decifrar esses documentos. Não faltam, portanto, explicações para justificar a situação da pesquisa nesse domínio especializado.

De qualquer maneira, dispomos hoje, esquematicamente falando, de dois tipos de obras:

1º) monografias dedicadas a um determinado encenador ou a uma companhia;[1]

2º) estudos de encenações analisadas isolada ou comparativamente.[2]

Teríamos de mencionar ainda, é claro, algumas obras de erudição, como as de Denis Bablet,[3] e as duas revistas especializadas que se completam mutuamente, a *Revue d'histoire du théâtre* e *Travail théâtral*. Eis, em resumo, e assumindo o risco de algumas omissões, o panorama da literatura em língua francesa à disposição dos interessados.

O presente ensaio parte, portanto, da constatação de que não possuímos até hoje uma obra de síntese que nos capacite a apreender a encenação contemporânea nas suas mais diversificadas tentativas, as discussões que lhe dão vida, as formas que ela experimenta. Convém deixar claro, de saída, que não se podia cogitar aqui de adotar um tom normativo, de pretender rotular o que é bom e o que é menos bom. Este é um problema de gosto, de sensibilidade, de julgamento individual. Entretanto, falar do teatro contemporâneo implica necessariamente fazer escolhas, estender-se mais sobre um determinado espetáculo, *esquecer* tal ou outro diretor, saudar talvez precipitadamente tal ou outro teórico... Procurou-se dar a essas escolhas inevitáveis, e inevitavelmente decorrentes de uma apreciação pessoal, fundamentos mais objetivos: o critério daquilo que poderíamos chamar de importância histórica, que nem sempre pode ser aferida pelas medidas parisienses, nem pelo número de representações. Os poucos espetáculos do Berliner Ensemble apresentados dentro da programação do Teatro

---

1. Ver, notadamente, a coleção "Théâtre vivant" publicada por Editions de la Cité-L'Age d'homme, Lausanne.
2. Ver, notadamente, as coleções de estudos publicadas pelo Centre National de la Recherche Scientifique sob o título genérico de *Les voies de la création théâtrale* (6 vols. publicados).
3. O estudo de Bablet intitulado *Le Décor de théâtre de 1870 à 1914* (Paris, Centre National de la Recherche Scientifique, 1975) é, sob todos os aspectos, fundamental.

das Nações exerceram, é bom que se diga, um efeito mais tangível sobre a encenação atual do que todos os mais respeitáveis sucessos de Jean-Louis Barrault e da sua companhia.

Em todo o caso, abrimos mão sem muito remorso do enfoque monográfico concentrado nos grandes nomes do teatro. E, no entanto, essa opção apresentava certas facilidades. Ela permitia, em particular, captar a obra de um diretor no calor da sua criação, bem como a evolução do seu pensamento e da sua prática. Porém, tais monografias já existem; e, por outro lado, esse método mal permite destacar as grandes tendências que norteiam a prática e a evolução de uma arte como o teatro. E são precisamente essas tendências que queríamos descrever, captando-as tanto na sua emergência teórica como na multiplicidade de suas modulações práticas. Daí um deliberado vaivém que transita do discurso teórico para a evocação de determinadas tentativas específicas. E não temos nenhuma pretensão de esgotar o assunto. A ambição limita-se a destacar, numa tal teoria ou num tal espetáculo, os elementos mais reveladores de uma evolução, de uma inovação...

Sem querer ser histórico *stricto sensu*, o ensaio procura evitar uma abordagem idealista do teatro, geralmente suscitada pela metodologia monográfica: um ponto de vista individualizante, que atribui apenas ao *gênio* dos diretores a paternidade de tudo que o teatro produz. Nesse campo, mais ainda, talvez, do que nas artes afins, a peculiaridade de uma prática alimenta-se de outras práticas. Planchon proclamou repetidas vezes tudo o que deve a Brecht, e os animadores do Living Theatre, Julian Beck e Judith Malina, saúdam Artaud como o seu pai espiritual.

O caráter efêmero de qualquer espetáculo legitima, num certo sentido, esse fenômeno de irrigação. Se Vilar ou Svoboda utilizam a escadaria monumental tão cara a Craig, ou se Chéreau explora, em *La dispute*, uma trilha sonora cuja riqueza e rebuscamento teriam encantado Stanislavski, nada disso dá margem a acusações de plágio. Pois o modelo não existe mais, ele literalmente deixou de existir no dia mesmo em que deixou de funcionar. A obra cênica tem esta particularidade de ser irrecuperável, de excluir qualquer *reprise* que não possa ser controlada pelo respectivo autor. (Vimos os tristes resultados que tais tentativas deram no caso, por exemplo, de encenações de Jouvet ou de Wieland Wagner!). Numa arte a tal ponto tributária do tempo que nenhuma de suas obras pode ser nem preservada nem sequer ressuscitada, é afinal de contas normal, e até mesmo desejável, que as formas mais eficazes sejam de novo investigadas por cada geração ..

O abuso começa quando o teatro, aproveitando-se da amnésia resultante do seu *status* particular, procura fazer passar gato por lebre e considerar como novidade absoluta aquilo que já podia ser visto 50 anos antes... A visão histórica tem pelo menos a virtude de apurar a percepção e de garantir o julgamento. Coisa saudável, às vezes.

Por outro lado, o teatro, a exemplo talvez da música, mas bem mais do que a literatura ou a pintura, é totalmente escravo de sua infra-estrutura material. Falar em encenação é sustentar um discurso que tem pelo menos tanto a ver com aspectos econômicos e políticos quanto com a estética. O tipo de encenação que Vilar produziu no Théâtre de Poche, condicionado pelas realidades da empresa privada, não foi o mesmo que ele elaborou no Chaillot, à frente de uma companhia nacional subvencionada pelo Estado.

Todas estas considerações têm por objetivo dar uma idéia do planejamento deste livro. Propondo-se a discutir a encenação contemporânea — *grosso modo*, a dos últimos 30 anos — ele começa pela descrição de um patrimônio, procurando evocar raízes quase centenárias das quais o teatro atual se acha menos isolado do que se poderia imaginar. Propondo-se a discutir arte, ele se encerra com um estudo da organização do teatro na França, organização que, sob vários aspectos, joga uma luz sobre opções que têm a ver com a estética do palco. Entre os dois pólos, temos sínteses dedicadas aos grandes problemas de que se alimenta o teatro contemporâneo: questões referentes à relação entre texto e representação, ao espaço cênico, à função e ao trabalho do ator etc.

Levando-se em conta as condições do espetáculo teatral hoje em dia, seria inconcebível impor a este trabalho rígidos limites geográficos: falar do teatro na França é também falar em Brecht, no Living Theatre, em Grotowski... E a multiplicação dos festivais e das excursões tornaria completamente inadequada uma abordagem do campo teatral marcada pelos critérios da história ou da política.

Tampouco seriam aceitáveis as separações por gêneros cênicos: pode-se, é verdade, falar em Copeau ou Dullin limitando-se ao terreno dramático propriamente dito; mas como mencionar Strehler ou Lavelli sem uma referência ao teatro lírico? Como falar de cenografia moderna sem aludir à contribuição dos Ballets Russes de Diaghilev ou à de

Wieland Wagner em Bayreuth? Também aqui as categorias tradicionais não são mais pertinentes quando se trata de práticas contemporâneas.

É evidente que uma obra sucinta não pode, nessas condições, pretender ser completa, nem abordar tudo com eqüidade. Preferimos, pois, assumir uma espécie de arbítrio controlado. Em outras palavras, já que era impossível falar de tudo, optamos por analisar mais demoradamente aqueles empreendimentos que, por mais antigos que fossem, haviam abordado no seu tempo questões que continuam vivas nas preocupações da atualidade. Por falar mais de Craig e de Artaud, por exemplo, do que de Dullin e de Jouvet. Não é, em absoluto, que a obra do *Cartel* seja insignificante; simplesmente, ela não traz às indagações que se colocam diante do trabalho teatral respostas pelas quais o teatro de hoje possa sentir-se verdadeiramente afetado.

Talvez seja supérfluo frisar que não estudaremos aqui a criação dramatúrgica. Tantos artigos e livros já explicaram muito bem o que o teatro moderno deve a autores como Pirandello, Beckett e Genet que não parece mais necessário voltar ao assunto.

O leitor já deve ter compreendido: com todas as suas lacunas, limitações e preconceitos, o presente ensaio só tem uma ambição, a de contribuir sumariamente para a defesa e a ilustração da encenação contemporânea. Teria sido preferível ela poder dispensar tal contribuição.

CAPÍTULO I

O nascimento do teatro moderno

Nos últimos anos do século XIX ocorreram dois fenômenos, ambos resultantes da revolução tecnológica, de uma importância decisiva para a evolução do espetáculo teatral, na medida em que contribuíram para aquilo que designamos como o *surgimento do encenador*. Em primeiro lugar, começou a se apagar a noção das fronteiras e, a seguir, a das distâncias. Em segundo, foram descobertos os recursos da iluminação elétrica.

Se, por exemplo, no início do século passado, digamos até 1840, existia uma verdadeira fronteira, ao mesmo tempo geográfica e política, separando o chamado *bom gosto*, um gosto especificamente francês, da estética shakespeariana, a partir dos anos 1860 as teorias e práticas teatrais não podem mais ficar circunscritas dentro de limites geográficos, nem ser adequadamente explicadas por uma tradição nacional. A constatação aplica-se ao *naturalismo*: dois anos após a criação, por Antoine, do Théâtre-Libre em Paris (1887) inaugurava-se em Berlim a Freie Bühne, e 11 anos mais tarde, em Moscou, o Teatro de Arte de Stanislavski e Nemirovitch-Dantchenko. Os *Espectros*, de Ibsen, têm lançamento na Noruega em 1881 e em 1890 Antoine monta o texto em Paris. As produções de *Os tecelões*, de Hauptmann, na França e na Alemanha datam do mesmo ano (1892). Trata-se de um fenômeno de difusão que não seria correto considerar restrito aos produtos, às obras. Ele é, na verdade, uma conseqüência de uma divulgação análoga de teorias, pesquisas e práticas. Desse ponto de vista, as *tournées* empreendidas a partir de 1874 por toda a Europa — com exceção da França! — pelos Meininger, conjunto criado alguns anos antes pelo duque de Saxe-Meiningen, e a sua repercussão sobre a evolução do teatro europeu, constituíram a primeira manifestação desse fenômeno característico do teatro moderno.

A mesma *multipolaridade* marca a corrente simbolista. A determinação de assumir e explorar os recursos da teatralidade, a recusa da camisa-de-força da representação ilusionista, da qual o naturalismo é apenas uma ponta levada às últimas conseqüências, afirmam-se nos principais centros do teatro europeu, com Appia na Suíça, Craig em Londres, Behrens e Max Reinhardt na Alemanha, Meyerhold em Moscou. Levando-se em conta as amarras materiais (tecnológicas e econômicas) inerentes à prática do teatro, as diferenças de datas não têm grande significado: as transformações são naturalmente mais rápidas na pintura do que no palco. Entretanto, as coisas não tardam a precipitar-se: Paul Fort funda o Théâtre d'Art em 1891, Lugné-Poe o Théâtre de l'Œuvre em 1893. O ensaio de Appia intitulado *La mise-en-scène du drame wagnérien*, que nos anos 1950-1960 viria a ser a inspiração do novo Bayreuth, data de 1895. Dez anos depois surge a obra fundamental de Craig, *De l'art du théâtre* (1905), e no ano seguinte o suíço e o inglês, estimulados por uma grande atriz trágica italiana, Eleonora Duse, associam-se para montar em Florença a obra de um dramaturgo norueguês: *Rosmersholm*, de Ibsen. Em 1912, a convite de Stanislavski, Craig vai a Moscou para dirigir *Hamlet*, com o elenco do Théâtre d'Art.

Voltaremos oportunamente às teorias simbolistas. Mas desde já pode-se constatar que a condenação das práticas dominantes da época por alguns intelectuais do teatro não teria sido por si só suficiente, por mais veemente que fosse, para fazer surgirem as transformações que viriam a caracterizar o teatro moderno. Seria mais exato, sem dúvida, dizer que essas transformações se concretizaram — de modo bem gradual, aliás, se considerarmos as resistências que Vilar e Wieland Wagner encontraram na década de 1950, respectivamente na França e na Alemanha, antes de fazerem triunfar as concepções herdadas de Appia, Craig e Copeau — graças à coexistência de um desejo de ruptura e de uma possibilidade de mudança. Em outras palavras, as condições para uma transformação da arte cênica achavam-se reunidas, porque estavam reunidos, por um lado, o instrumento intelectual (a recusa das teorias e fórmulas superadas, bem como propostas concretas que levavam à realização de *outra coisa*) e a ferramenta técnica que tornava viável uma revolução desse alcance: a descoberta dos recursos da iluminação elétrica.

Loïe Fuller fez incrível sensação na transição entre os dois séculos. O que impressiona hoje, quando pensamos nos espetáculos da dançarina norte-americana, não é tanto a sua dimensão coreográfica ou gestual, aparentemente rudimentar (embora constituísse, para os seus contemporâneos, o exemplo tangível de uma arte expressiva mas liberta das preocupações da representação figurativa); mas é aquilo que esses espetáculos revelam em relação ao espaço cênico; ou seja, que a iluminação elétrica pode, por si só, modelar, modular, esculpir um espaço nu e vazio, dar-lhe vida, fazer dele aquele espaço do sonho e da poesia ao qual aspiravam os expoentes da representação simbolista.

Em 1891, Loïe Fuller apresenta-se nos Follies-Bergères de Paris. Em 1900, Craig mostra a sua encenação da ópera de Purcell, *Dido e Enéias*, que os seus contemporâneos admiram pelo seu despojamento, pelo seu rebuscamento pictórico. Os dois acontecimentos não têm aparentemente nada a ver um com o outro. E, no entanto, têm algo em comum: a iluminação, elétrica ou oxídrica, torna-se o principal instrumento de estruturação e animação do espaço cênico. Em 1951, Vilar assume a direção do Théâtre National Populaire no Chaillot e faz furor com as suas encenações de *Cid* e de *O príncipe de Hombargo*. No mesmo ano, o Festspielhaus de Bayreuth reabre suas portas, e o *Parsifal* montado por Wieland Wagner desconcerta ou sufoca os espectadores nostálgicos do culto de antes da guerra. Mais uma vez, trata-se de dois acontecimentos sem ligação aparente, a não ser o fato de que em cada um deles a luz torna-se elemento preponderante da cenografia. Essas referências, escolhidas mais ou menos arbitrariamente, não devem ocultar outras pedras angulares. Os textos teóricos, por exemplo, que costumam passar quase despercebidos quando são lançados, mas que acabam assumindo, com o recuo do tempo, a importância que lhes cabe. Já foram citados os ensaios de Appia e de Craig. Poderíamos acrescentar *O teatro e seu duplo*, de Artaud, que reúne, em 1938, uma série de textos, alguns dos quais anteriores àquela data. Cada um desses autores não se cansa de afirmar a importância da luz no teatro, e de lamentar a mediocridade com que os palcos de seu tempo exploram os seus recursos. Uma conclusão, pelo menos, pode ser tirada disso tudo:

a arte da encenação está sujeita a tais pressões econômicas e sociológicas que sua evolução sofre em função delas um peculiar atraso, e sua história parece feita de fases repetitivas. A 30 ou 50 anos de distância, as mesmas tentativas suscitam o mesmo espanto, a mesma surpresa ora indignada, ora cheia de entusiasmo.

Voltemos, porém, a Loïe Fuller. A utilização da luz, nos seus espetáculos, é importante sobretudo no sentido de que não se limita a uma definição atmosférica do espaço. Não espalha mais sobre o palco um nevoeiro do crepúsculo ou um luar sentimental. Colorida, fluida, ela se torna um autêntico parceiro da dançarina, cujas evoluções metamorfoseia de modo ilimitado.[4] E se a luz tende a tornar-se protagonista do espetáculo, por sua vez a dançarina tende a dissolver-se, a não ser mais do que uma soma de formas e volumes desprovidos de materialidade. Precursora, sob esse aspecto, de um Alwin Nikolais, coreógrafo norte-americano que hoje em dia promove a integração da iluminação com a dança, Loïe Fuller não hesita em experimentar novas técnicas, em lançar mão de projeções, combinações de espelhos etc. Jogo feérico, magia ... estes são os termos que melhor caracterizam, para os seus contemporâneos, a arte da dançarina norte-americana. A representação teatral reencontra uma dimensão que havia progressivamente perdido no decorrer do século XIX — exceto, talvez, em certos teatros destinados ao "grande público" — e que os séculos XVII e XVIII haviam cultivado, nos seus espetáculos *com máquinas*: a dimensão do sonho e do encantamento. Uns 30 anos depois, Artaud preconizará, numa linguagem tecnicamente pouco precisa mas poderosamente sugestiva, uma imaginação criadora semelhante na utilização da luz.[5] O que confirmaria, se tal confirmação fosse necessária, que a sensação provocada pelas pesquisas de Loïe Fuller nesse terreno não deixou vestígios perceptíveis na prática teatral dos anos subseqüentes.

---

4. Cabe especificar que as coreografias de Loïe Fuller baseavam-se num código gestual ampliado, "poetizado" pela utilização de imensos panos de gaze presos a bastões de madeira, que a dançarina manipulava com habilidade.

5. Na década de 1970, Gérard Gélas e o seu grupo Chêne Noir procuraram pôr em prática, com bastante talento, uma teoria da iluminação diretamente herdada de Artaud. O fato de esse trabalho ter causado sensação confirma, mais uma vez, a lentidão com que as experiências inovadoras costumam impor-se no teatro.

> Os equipamentos luminosos hoje em uso nos teatros não bastam mais. Estando em jogo a ação particular da luz sobre o espírito, devem ser procurados efeitos de vibrações luminosas, novas maneiras de espalhar a iluminação em ondas, ou em camadas, ou como uma chuva de flechas de fogo. A gama de cores dos equipamentos hoje utilizados precisa ser revista de ponta a ponta. Para produzir qualidades de tons particulares, deve-se introduzir na luz um elemento de tenuidade, de densidade, de opacidade, visando a produzir o calor, o frio, a cólera, o medo etc.[6]

A revolução potencial que a iluminação elétrica permite ao menos imaginar enriquece a teoria do espetáculo com um novo pólo de reflexão e de experimentação, com uma temática da *fluidez* que se torna dialética através das oposições entre o *material* e o *irreal*, a *estabilidade* e a *mobilidade*, a *opacidade* e a *irisação* etc. Em suma, aparece pela primeira vez, sem dúvida, a possibilidade técnica de realizar um tipo de encenação liberto de todas as amarras dos materiais tradicionais.[7] Esse sonho, mesmo se reencontra modernamente uma nova juventude, foi sempre alimentado pelo teatro, como testemunha o requinte dos processos ilusionistas inventados e postos em prática pelos cenógrafos dos séculos XVII e XVIII.

O debate que acompanha toda a prática teatral do século XX coloca em oposição, em diversos planos e sob denominações que variam ao sabor das épocas, a tentação da representação figurativa do real (naturalismo) e a do irrealismo (simbolismo), não seria tão intenso nem tão fecundo, sem dúvida, se não fosse sustentado por uma revolução tecnológica baseada na eletricidade.

Convencionou-se considerar Antoine como o primeiro encenador, no sentido moderno atribuido à palavra. Tal afirmação justifica-se pelo fato de que o nome de Antoine constitui a primeira *assinatura* que a história do espetáculo teatral registrou (da mesma forma como se diz que Manet ou Cézanne *assinam* os seus quadros). Mas também porque Antoine foi o primeiro a sistematizar suas concepções, a teorizar a arte

---

6. Artaud, *O teatro e seu duplo*; capítulo intitulado "O teatro da crueldade, primeiro manifesto".
7. Ver o estudo dedicado por Mallarmé a Loïe Fuller, intitulado "Autre étude de danse: les fonds dans le ballet", no livro *Crayonné au théâtre* (*O.C.*, Paris, Gallimard "Pléiade", p.307).

da encenação.[8] Ora, nos dias de hoje esta é provavelmente a pedra de toque que permite distinguir o *encenador* ou *diretor* do *régisseur*,[9] por mais competente que seja: reconhecemos o *encenador* pelo fato de que a sua obra é outra coisa — e é mais — do que a simples definição de uma disposição em cena, uma simples marcação das entradas e saídas ou determinação das inflexões e gestos dos intérpretes. A verdadeira encenação dá um sentido global não apenas à peça representada, mas à prática do teatro em geral. Para tanto, ela deriva de uma visão teórica que abrange todos os elementos componentes da montagem: o espaço (palco e platéia), o texto, o espectador, o ator. Quando pensamos em Gémier ou Vilar, Craig ou Peter Brook, Baty ou Chéreau, Piscator ou Strehler, este é certamente, abstraindo das mil diferenças e divergências, o único denominador comum debaixo do qual todos eles possam ser reunidos.

Mas se Antoine é incontestavelmente, sob esse aspecto, um inovador, ele é também o promotor de uma liquidação. Inaugura a era da encenação moderna, mas ao mesmo tempo assume uma herança; e consome esse legado. Não cabe evocar aqui detalhadamente os laços que unem a arte de Antoine à corrente naturalista. Basta observar que, realizando a ambição mimética de um teatro que sonha com uma coincidência fotográfica entre a realidade e sua representação, ele precipita o fim da era da representação figurativa.[10] Esse sonho, aliás, ameaçava engolir a própria especificidade da arte cênica. A pintura da época, enfrentando a expansão da fotografia, teve de fazer face ao mesmo problema, e só conseguiu resolvê-lo dinamitando a teoria da representação em que até então se baseava.

---

8. Antoine redigiu cinco livretos que destinava ao seu público. É no terceiro, datado de maio de 1890 e intitulado *Le théâtre libre*, que ele reúne o essencial das suas idéias sobre a encenação e a representação.

9. Não se deve considerar aqui este último termo no sentido muito especial — a ser comentado mais adiante — em que Craig e, mais tarde, Vilar o empregaram; e sim no seu significado habitualmente aceito: "aquele que organiza materialmente o espetáculo" (Dicionário *Robert*).

10. Toda a recente história da encenação contém, através de grande diversificação de experiências, a mesma rejeição, mais ou menos radical, da figuração mimética preconizada pelos naturalistas e seus discípulos.

A obra de Antoine talvez corresponda, no teatro, à concretização do sonho do capitalismo industrial: a conquista do mundo real. Conquista científica, conquista colonial, conquista estética... O fantasma original do ilusionismo naturalista não é outra coisa senão essa utopia demiúrgica que se propõe a provar que dominamos o mundo, reproduzindo-o. Estas observações não pretendem, de modo algum, diminuir os méritos de Antoine, mas apenas sugerir que talvez eles não se situem lá onde se costuma localizá-los. Se Antoine é *moderno* na sua concepção e na sua prática do teatro, ele não o é tanto por adotar como referência a verdade de um modelo que se trataria de captar e reproduzir: qual o artista que nunca proclamou que seu processo de renovação ou de revolução provinha de uma exigência de verdade a que seus antecessores, ou mesmo seus contemporâneos, se haviam tornado incapazes de atender? O aspecto *moderno* de Antoine reside sobretudo na sua denúncia de todas as convenções forjadas e depois usadas — como se usa uma roupa — por gerações de atores formados dentro de uma certa retórica do palco, quer dizer, dentro de uma prática estratificada pelo respeito a uma tradição, ao mesmo tempo em que as condições técnicas do espetáculo se vinham transformando.

A mesma recusa norteará toda a trajetória de Stanislavski, cujas pesquisas — será preciso frisá-lo? — continuarão e completarão as de Antoine. O jovem Stanislavski, por ocasião de suas viagens a Paris, descobriu simultaneamente a tradição declamatória que o irritou muito na Comédie-Française, e a atuação descontraída, elegante (dessa *elegância* que se afogou no artifício, com os seus gestos *desembaraçados* e a sua dicção suave, não sendo hoje mais do que uma tradição fossilizada) dos atores do *boulevard.* Stanislavski ficou encantado: descobriu uma *naturalidade*, uma *autenticidade*... Não devemos sorrir precipitadamente: o que Stanislavski percebia era o frescor, a novidade, lá onde hoje só encontramos uma prática de convenções óbvias, que nem sequer tem a desculpa de ter servido ou suscitado grandes textos.[11]

---

11. Feydeau é indiscutivelmente um dramaturgo incomparável. E, no entanto, não é um escritor: fora do terreno do espetáculo, seus textos não resistem à leitura. Em cena, eles levantam vôo, instrumentos que são de uma admirável eficiência, quando a serviço de quem saiba utilizá-los. Afinal de contas, os roteiros da *commedia dell'arte* tampouco se constituem em obras perenes; mas eles se tornaram extraordinários "trampolins" para a arte teatral.

O que Antoine e Stanislavski exigem de seus atores, essa difícil conquista de uma verdade singular contra uma verdade geral, essa luta pela autenticidade, ainda que desconcertante, e contra o estereótipo, ainda que expressivo, caracteriza bem o combate, sempre reiniciado, do encenador do nosso século. É o próprio signo do modernismo. Convém lembrar, somente, que o campo de batalha se desloca com as gerações, que o estereótipo pode nascer tanto da sinceridade como do artifício, e que um jovem diretor lutará muitas vezes (e deve mesmo lutar) contra aquilo que seu predecessor teve tanta dificuldade em conquistar. A cenografia de Vilar, tão nova, tão comovente na sua austeridade, tornou-se hoje o doce de coco (estragado) de imitadores sem inspiração. E o frescor, a juventude da dicção dos atores do Théâtre National Populaire dos anos 1950, saltavam aos ouvidos por comparação com a ênfase e a inchação da declamação do elenco da Comédie-Française. E, no entanto, a gravação do *Cid* pelo elenco do TNP soa hoje em dia quase insuportável. É que nesse meio tempo um novo estilo de dicção (Planchon, Chéreau, Vitez etc.) afirmou-se e reencontrou uma espontaneidade que o tempo aos poucos fez perder ao estilo do TNP.

A recusa da estética naturalista, é bom lembrar, não é posterior ao auge dessa estética. Apenas alguns anos separam a fundação do Théâtre-Libre (1887) da do Théâtre d'Art (1891) ou do Théâtre de l'Œuvre (1893), que viriam a ser os pólos da *oposição* simbolista. Se *La princesse Maleine*, de Maeterlinck (1889), é posterior de um ano a *Bouchers*, ela precede de três anos *Os tecelões*, de Hauptmann... Essa concomitância merece reflexão. O naturalismo define, delimita uma área. Automaticamente é criado um *outro lado*, uma periferia, que o naturalismo se recusou a ocupar, mas que outros artistas optaram por valorizar. E evidente que houve um conflito de doutrina entre o naturalismo e o simbolismo. Mas trata-se de um conflito que deve ser situado sincrônica e não diacronicamente, como foi o caso, por exemplo, daquele levantado pela dramaturgia romântica contra a estética clássica. O naturalismo estava longe de ser uma tradição gasta e poeirenta quando a aspiração simbolista começou a se afirmar. E, no campo do espetáculo teatral, essa aspiração estava ligada a uma tomada de consciência. Com os progressos tecnológicos, o palco tornava-se um instrumento carregado de uma infinidade de recursos potenciais, dos quais o naturalismo explorava apenas uma pequena parte, aquela que permite reproduzir o mundo real. Restavam a verdade do sonho, a materialização do irreal, a representação da subjetividade...

Por outro lado, aparece uma técnica que, antes mesmo de se tornar uma arte, vai subverter os dados da questão: as primeiras projeções cinematográficas datam de 1888, o mesmo ano de *Bouchers*; Em 1895 são projetados, no Grand-Café, os primeiros filmes de Louis Lumière, entre os quais *L'arroseur arrosé*... Sem dúvida, os artistas de teatro custaram muito a enxergar o problema. A tomada de consciência foi lenta, as resistências tenazes. Nem por isso deixa de ser verdade que o teatro, ao longo de todo o século XX, vai ter que redefinir, em confronto com o cinema, não apenas uma orientação estética, mas a sua própria identidade e finalidade. E, ainda na década de 1960, Grotowski chegará a afirmar que tal redefinição nem sempre foi empreendida com seriedade...

Esse é, em resumo, o contexto dentro do qual, pode-se dizer, foi dada à luz a prática moderna do espetáculo.

Uma das grandes interrogações do teatro moderno refere-se — e voltaremos mais tarde ao assunto — ao espaço da representação. Queremos dizer com isso que se instala uma dupla reflexão relativa, por um lado à arquitetura do teatro e à relação que essa arquitetura determina entre o público e o espetáculo; e, por outro, à cenografia propriamente dita, ou seja, à utilização pelo encenador do espaço reservado à representação.

Sob esse aspecto, o rigor da exigência naturalista de Antoine constitui uma base do seu modernismo, na medida em que o leva a formular as primeiras indagações modernas referentes ao espaço cênico e, mais exatamente, à relação que esse espaço mantém com determinados personagens de uma determinada peça. É essa preocupação de exatidão naturalista que o instiga a pedir que o salão burguês da *A parisiense*, de Henry Becque que a Comédie-Française apresenta em 1890, não se pareça com uma grande sala do Louvre.[12] Reivindicação essa que contém o germe de três postulados fundamentais:

12. Carta a Francisque Sarcey publicada no jornal *Le Temps* de 24 de novembro de 1890 (e citada por Denis Bablet em *Le décor de théâtre de 1870 à 1914*, p.120).

1º) A boca de cena, no quadro do espetáculo em palco italiano (o único conhecido na época), pode e deve ser modulada em função de certas exigências.

2º) Existe uma relação de interdependência entre o espaço cênico e aquilo que ele contém: se a peça fala de um espaço, o delimita e o situa, por sua vez esse espaço não é um estojo neutro. Uma vez materializado, o espaço fala da peça, diz alguma coisa a respeito dos personagens, das suas relações recíprocas, das suas relações com o mundo. A partir do momento em que não se leva em conta essa interdependência, tudo fica confuso. A peça fala de um espaço que não é exatamente o que é visto; e o espaço representado fala de uma outra peça, de outros personagens... Mais tarde, tais defasagens passarão a ser eficientemente manipuladas, através de oposições entre o discurso dos homens e o discurso dos objetos que os cercam. Mas é preciso saber jogar esse jogo, como Brecht o faria. Assumir as rupturas não equivale a suportá-las inconsciente ou indiferentemente, mas sim a integrá-las numa concepção estética e numa totalidade orgânica.

3º) A ocupação e a animação desse espaço devem ser alvo de uma rigorosa reflexão. As implicações da chamada *teoria da quarta parede*[13] são bem conhecidas: representação mais variada, mais realista, utilização da totalidade do palco etc. Assim mesmo, a denúncia da representação na ribalta, de frente para a platéia, representação que decorre ao mesmo tempo da rotina e do narcisismo dos atores, interessa menos pelo que recusa (o irrealismo) do que por aquilo que assinala: a representação na ribalta não é uma coisa *natural*; não é o único modo de intervenção do ator que se possa conceber. Por outro lado, essa prática tem conseqüências que não podem ser completamente ignoradas: ela rompe a ilusão teatral; lembra ao espectador que ele existe enquanto espectador, e que aquele que fala e age na sua frente não é somente um personagem, mas ao mesmo tempo alguém que representa um personagem. Trata-se portanto de uma modalidade da representação teatral que pode ser condenada em nome de certos princípios (e é essa a posição de Antoine),

---

13. "É preciso que o lugar do pano de boca seja uma quarta parede transparente para o público, opaca para o ator", escreveu Jean Jullien em *Le théâtre vivant*, p.11. Esta e a formulação mais concisa que se possa dar a essa teoria.

mas que pode ser igualmente reabilitada em nome de princípios diferentes (Brecht). O gênio de Antoine consiste aí em permitir uma tomada de consciência: a prática do teatro é composta de um conjunto de fenômenos históricos; ela não é evidente por si só. Não é imutável, nem *natural*. Desse modo, Antoine apodera-se dos dois territórios do encenador moderno, o espaço cênico e o trabalho do ator. Integra-os mutuamente. Revela que o espaço da peça é também a área de representação, um conjunto de elementos que orientam e marcam a intervenção do intérprete. E que o papel de um verdadeiro encenador consiste em recusar-se a suportar passivamente essa relação, e, pelo contrário, assumi-la e governá-la.

Diversos estudiosos (Denis Bablet, Bernard Dort etc.) frisaram que uma das maiores contribuições de Antoine para a encenação moderna consiste na sua rejeição do painel pintado e dos truques ilusionistas habituais no século XIX. Ele introduz no palco objetos reais, ou seja, que contêm o peso de uma materialidade, de um passado, de uma existência. Trata-se, sem dúvida, de produzir um efeito *mais verdadeiro*. Ou, melhor ainda, *totalmente verdadeiro*. Mas, ao fazê-lo, Antoine revela algo que o teatro do século XX não poderá mais esquecer: aquilo que poderíamos denominar *a teatralidade do real*.

Com referência ao ator, fala-se muitas vezes na sua presença. Noção ao mesmo tempo misteriosa e muito clara para o profissional ou o freqüentador assíduo. Essa presença é, no fundo, a violência que uma encarnação exerce sobre mim. Se eu tiver diante de mim um fenômeno que não me dá mais a sensação de um simulacro, de uma hábil imitação do desespero, mas sim a de um desespero real gritado por um ser humano real, a minha imobilidade e a minha passividade tornar-se-ão de um só golpe insuportáveis e inevitáveis: fascinado, fico olhando sem intervir, e sem poder libertar-me do meu fascínio. Presença do ator... Grotowski, como veremos, optou por organizar toda a sua pesquisa em torno da elucidação e do aprofundamento desse fenômeno, do seu controle e da sua multiplicação. Do mesmo modo, Antoine ensinou-nos que existe uma presença do objeto real. É que ele nos traz à mente a corporalidade do mundo: a poça d'água em que chafurdam os personagens de *A disputa*, de Marivaux, na encenação de Patrice Chéreau, provoca um impacto diferente daquele desencadeado, por exemplo, pelas ondas fictícias do Reno obtidas através de requintados efeitos luminosos no primeiro quadro do *Ouro do Reno*, encenado por Wieland Wagner. Não se trata aí de colocar as duas opções em oposição, de escolher entre uma e outra, mas sim de dizer que o teatro pode ser uma e outra dessas opções; e que a reflexão de Antoine e as escolhas por ele feitas colocaram o teatro moderno frente a frente com uma das suas essenciais indagações: a questão da *teatralidade*.

As postas reais de carne que Antoine houve por bem pendurar no cenário de *Bouchers*, de F. Icres (1888), já foram alvo de suficientes zombarias. É fácil sorrir de um "efeito do real" cuja ingenuidade se denuncia. Conviria, porém, pensar duas vezes: esse "efeito do real" é também um *efeito de teatro*. Não há medida comum entre a insossa teatralidade das postas de carne feitas de papelão e a teatralidade da carne viva, do sangue, da vida e da morte conotadas pelo objeto real. Contentemo-nos em lembrar o efeito produzido sobre o mais empedernido freqüentador de teatro por certos simulacros, a respeito dos quais ele está, no entanto, cansado de saber que não se trata senão de *efeitos de teatro*: a aparição desvairada da mulher ensangüentada no palco nu da *Resistível ascensão de Arturo Ui*, algumas salvas de metralhadoras nos bastidores. Sabe-se que o sangue é artificial, que o tiroteio não passa de ruído inofensivo. Não importa... O problema, portanto, reside menos em escolher entre o objeto real e sua imitação do que em fazer aparecer e perceber a sua *presença*, a violência de sua teatralidade.

Devemos também a Antoine uma indagação que os progressos técnicos nunca mais deixarão de colocar na ordem do dia: a questão da iluminação. Já foi dito que a pesquisa de Antoine é inseparável da introdução da eletricidade na prática teatral. Hoje em dia, sem dúvida, temos muita dificuldade em imaginar o efeito que era produzido por uma iluminação à luz de vela ou de gás. Podemos ter certeza de que, no sentido contrário, as pessoas se tenham dado conta, de saída, dos recursos do novo instrumento? Antoine teve consciência imediata do fato. E se a sua estética naturalista o conduziu a utilizar a luz elétrica como um meio de acentuar o efeito do real, ao fazê-lo ele revelava a flexibilidade e a potencial riqueza da nova ferramenta.

Com efeito, bem que valeria a pena escrever uma história da iluminação. E o palco do século XX nunca deixará de explorar as fórmulas mais opostas entre si. Teremos a iluminação atmosférica de

Antoine e de Stanislavski, mas também dos expressionistas e, hoje em dia, de Strehler e de Chéreau; teremos também aquilo que podemos designar como iluminação cenografia, a luz constituindo por si só o espaço cênico, delimitando-o e animando-o (Appia, Craig, Vilar etc.); teremos, ainda, a utilização não-figurativa, simbólica da iluminação, preconizada por Artaud já nos anos 1930 e posta em prática por alguns jovens grupos dos anos 1960-70. E, paralelamente, cabe registrar esse peculiar retorno à simplicidade: a iluminação que se assume como puro instrumento da representação nada mais é do que um meio de tornar um espetáculo visível e legível, de lembrar ao espectador onde ele está, o que é, onde está o mundo real; concepção que, *mutatis mutandis*, é ao mesmo tempo a de Brecht, de Grotowski e de Peter Brook nas suas últimas experiências.

A mesma análise poderia aplicar-se à *sonoplastia*. Quaisquer que sejam os seus limites, a estética naturalista está na fonte de uma teorização que engloba todos os instrumentos de produção de que pode dispor o palco moderno. O teatro não pára de procurar respostas às perguntas levantadas pelas possibilidades de sonorização continuamente enriquecidas pela técnica: o que vem a ser um ruído em relação ao conjunto do espetáculo? Para que pode servir? As respostas naturalistas de Antoine ou de Stanislavski suscitarão, é claro, respostas diametralmente opostas de Artaud ou de Brecht. O fato é que essa pergunta, levantada no fim do século XIX, não pode mais deixar de ser enfrentada por quem quer que seja. Mesmo uma hipotética volta aos langorosos violinos entre os atos de uma comédia não seria mais uma atitude neutra. Seria impossível não ver nela uma rejeição literalmente reacionária, ou uma definida vontade de *historicizar* uma montagem clássica. Em todos os casos, uma resposta...

A contribuição do simbolismo para a encenação moderna não é menos considerável. Graças à teoria simbolista do espaço teatral, o pintor entra em cena com o seu cavalete. Sem dúvida, o *cenário de pintor* tem hoje poucas possibilidades de receber boas críticas. Mas, historicamente, trata-se de um fenômeno de primordial importância. Quaisquer que sejam as restrições que se possam fazer a uma concepção pictórica da cenografia (achatamento da imagem cênica, redução do espaço tridimensional ao espaço da tela etc.), é evidente que, quando os Nabis, ou

Bonnard, ou Vuillard, ou Odilon Redon dão a sua contribuição para a elaboração da parte cenográfica do espetáculo, não o fazem no mesmo espírito que Chaperon, um dos cenógrafos da Comédie-Française, ou mesmo que Cornil, Amable ou Jusseaume, artesãos da cenografia que, junto com Antoine, saíram em busca de uma representação mais *verdadeira* do espaço. Com a chegada dos pintores ficam formuladas duas questões que atravessarão toda a história da encenação do século XX: como romper com o ilusionismo figurativo ou, melhor falando, como inventar um espaço especificamente teatral? E como fazer para que o espaço cênico seja outra coisa que uma imagem pictórica?

Com os simbolistas, portanto, os pintores invadem o palco. E com os pintores, a pintura! É o óbvio, sem dúvida. Ainda assim, é preciso ver as respectivas implicações. As pessoas tomam consciência, por exemplo, de que aquilo que o espaço cênico nos faz ver é uma imagem. Imagem em três dimensões, organizada, animada... Descobre-se que essa imagem pode ser composta com a mesma arte que um quadro, ou seja, que a preocupação dominante não é mais a fidelidade ao real, mas a organização das formas, a relação recíproca das cores, o jogo das áreas cheias e vazias, das sombras e das luzes etc. A encenação moderna perpetuará essa tomada de consciência, mesmo quando a moda da colaboração com os pintores se tiver atenuado. O fato é que, se Craig exclui da criação cênica qualquer outra personalidade que não seja a que ele chama de *régisseur*, nem por isso ele deixa de exigir que este componha a sua obra como um conjunto orgânico de imagens em movimento, tendendo para a abstração (*The steps*, 1905). E, mais perto de nós, é notória a importância que diretores como Patrice Chéreau, na França, ou Giorgio Strehler, na Itália, atribuem a esse trabalho de composição da imagem cênica. Há cerca de 20 anos, alguns deles andaram mesmo procurando reproduzir no palco a luz, as cores, a organização dos grupos etc., características da obra desse ou daquele grande pintor do passado. Era essa notadamente, na época, a opção de Luchino Visconti e de Franco Zeffirelli.[14] Sem dúvida, o espetáculo

14. Já em 1893 Maeterlinck, para a criação de *Peléias e Melisanda*, pedia ao encenador Lugné-Poe que os figurinos se inspirassem nos quadros de Memling. E, de modo geral, no contato com os espetáculos simbolistas o público teve a sensação de estar assistindo ao surgimento de uma arte cênica completamente renovada através da simbiose com a pintura.

teatral tendia então a tornar-se um anexo da pinacoteca ou do livro de arte. Mas, uma vez consignados os perigos do pictorialismo, convém reconhecer a mais-valia estética com a qual esses contatos com os pintores e a pintura enriqueceram a arte da encenação, quando mais não fosse dando ao espectador termos de referência que o tornaram visualmente mais sensível e mais exigente.

Transformado em espaço de jogo ou de sonho, o cenário simbolista propõe uma nova concepção da cor. Não passando até então de instrumento de uma figuração, ela assume agora uma função simbólica. Toma-se consciência da repercussão da cor sobre a sensibilidade do espectador. Cada gama cromática, cada matiz produzem uma sensação, uma sacudidela comparáveis ao efeito das sonoridades. O diretor não deixará mais ao cenógrafo a tarefa da cenografia. Deliberadamente, procurará explorar essas potencialidades cromáticas colocadas num plano de igualdade com a música. Utilizará as cores "para metabolizar certas intenções", como escreveu Alphonse Germain, que proclamou também que "a cor (...) engenhosamente distribuída (...) atua sobre as multidões quase tanto quanto a eloqüência".[15] Relembrando os cenários de *Peléias e Melisanda* na sua criação de 1893, Denis Bablet observa que "todo o valor desse cenário reside na harmonia dos seus tons nevoentos, reflexos do mistério e da melancolia que o drama exala: azul-escuro, violeta-claro, laranja, e uma gama de diferentes verdes: verde-musgo, verde-luar, verde-água" (*Le décor de théâtre de 1870 a 1914*, p.160). Assistimos ao nascimento de uma tradição referente à utilização cenográfica do colorido, que prosseguirá até uma época bem recente. "Não é por acaso", assinala o mesmo Denis Bablet a propósito da encenação de *Dido e Enéias*, de Purcell, realizada por Craig em 1900, "que as almofadas do trono, escarlates no primeiro ato, se tornam pretas na última cena, quando Dido chora a perda de Enéias e entoa o seu canto de morte." (Edward Gordon Craig, p.58). E Jean-Louis Barrault descreve assim os figurinos usados, na sua encenação de *Fedra*, em 1942, pela heroína e pela sua ama:

---

15. Em "De la décoration au théâtre", publicado em *La Plume* de 1º de fevereiro de 1892 (citado por Denis Bablet em *Le décor de théâtre de 1870 à 1914*, p. 150-151).

> Se o figurino de Fedra tem uma tonalidade vermelha, o de Enona é de um vermelho quase negro: como se fosse uma sombra do de Fedra. Na tragédia, o personagem é para seu confidente aquilo que o homem é para o seu duplo. (...) Enona é o gênio mau de Fedra, é o seu demônio; o seu valor negro. Enona é o seu destino nefasto. É o corvo do seu infortúnio.[16]

O estilo pode fazer sorrir... Ainda assim, revela, em relação à obra, uma concepção simbólica da cor encarada como veículo de um sentido difuso, trabalhando, digamos, não mais apenas com fins de *denotação*, mas também de *conotação*.

Luz e cor são objeto de uma teorização e de uma prática de caráter simbológico, que prosseguirão sem solução de continuidade ao longo de todo o século XX. Poderíamos dizer a mesma coisa a respeito da *matéria*, cuja presença cênica é igualmente forte, conforme a utilização do objeto real pelos naturalistas já havia, aliás, demonstrado. Embora partindo de premissas opostas, os simbolistas procedem à mesma experiência. Por exemplo, o uso do ouro, que é ao mesmo tempo cor e matéria, para os painéis de fundo inspirados em pintores primitivos e executados, para o Théâtre d'Art, por Sérusier ou Maurice Denis,[17] permite introduzir a matéria na estética do espetáculo simbolista. Meio século mais tarde, em Bayreuth, Wieland Wagner dará ênfase, na elaboração cenográfica, ao binômio *matéria-luz*.

Comentando os figurinos, Claude Lust salienta que "a escolha e o tratamento do material são pelo menos tão importantes quanto o desenho ou a cor" (Wieland Wagner, p.110). Trata-se, com efeito, de evitar dar ao espectador o sentimento do disfarce, do ouropel teatral. O material escolhido — o couro — confere às figuras míticas de Wagner o indispensável aspecto estranho que o seu *status* requer, e isso porque o figurino sugere ao mesmo tempo a idéia da roupa e do corpo. Do mesmo modo, a concepção abstrata da cenografia que é a de Wieland Wagner, visando antes de mais nada a caracterizar a relação que os personagens mantêm com o espaço em que evoluem, concretiza-se através de uma utilização simbolista do material e da iluminação. É

16. *Mise-en-scène de "Phèdre"*: Paris, Editions du Seuil, p.81.

17. Para *La fille aux mains coupées*, de Pierre Quillard, em 1891 (Sérusier); e para *Théodat*, de Rémy de Gourmont, no mesmo ano (Maurice Denis).

esse, seguramente, o caso do dispositivo cênico elaborado para o primeiro ato do *Crepúsculo dos deuses*:

> Três menires largos e rachados no centro erguem-se simetricamente no fundo do palco, atrás do praticável; uma enorme viga transversal os interliga e transforma num só bloco. A iluminação imprime-lhe seu colorido verde-escuro, ressaltando ao mesmo tempo o extraordinário relevo da matéria alveolada e no entanto perfeitamente lisa (...).
>
> Em relação à posição inicial dos personagens, o aspecto maciço das formas do cenário, o seu peso e o seu caráter arcaico permitem que o espectador perceba perfeitamente que sentimento domina esses soberanos e que tipo de opressão eles exercem sobre o seu povo; ao mesmo tempo, a riqueza bastante singular da matéria enfatiza a cupidez dos dois personagens masculinos[18] tão manifestamente tensos. Ao entrar em cena, Siegfried não estará ingressando na Gibichhalle, mas na fortaleza de um mundo baseado no poder do ouro.[19]

O que o palco moderno deve essencialmente ao espetáculo simbolista é a redescoberta da teatralidade. A tendência ilusionista, que prevalecia desde o século XVIII, preocupava-se antes de mais nada em camuflar os instrumentos de produção da teatralidade, para tornar sua magia mais eficaz. Com a montagem original de *O rei Ubu*, de Jarry, por Lugné-Poe (1896), a encenação engaja-se numa direção diametralmente oposta. Sob o impulso dado por Jarry, ela reinventa aquilo que poderíamos chamar *o alarde da teatralidade*. Na verdade, o autor de *Ubu* preconiza o retorno a uma concepção muito mais radical ainda do que a dos simbolistas propriamente ditos. Para estes, o signo teatral devia sugerir, fazer sonhar, suscitar uma participação imaginária do espectador... Mesmo abrindo mão da precisão mimética do espetáculo naturalista, esse signo não deixava de conservar uma certa dimensão *significante*, necessária à própria estruturação do novo relacionamento que se procurava estabelecer entre espectador e espetáculo: se um dos painéis de fundo de *Peléias e Melisanda* evoca um castelo que pertence a "um vago século XI" (a expressão é de Camille Mauclair), e se, numa carta a Lugné-Poe, Maeterlinck propõe que os figurinos insinuem o século

18. Três personagens estão em cena quando o pano abre: Günther, o rei dos Gibichungs, sua irmã Gutrune, e Hagen, meio-irmão dos dois.
19. Claude Lust, *op. cit.*, p.111.

XI ou XII, ou mesmo o século XV de Memling, "como você quiser e de acordo com as circunstâncias", ainda assim os cenários e os figurinos permanecem figurativos, investidos de um poder de vaga conotação cujo referencial seria "Idade Média". Jarry, porém, irá muito mais longe na ruptura com a tradição figurativa, ao propor a Lugné-Poe um retorno à tabuleta indicadora do teatro elisabetano, o que equivale, afinal, a levar às últimas conseqüências a teoria *sugestionista* da corrente simbolista: a palavra escrita, embora não-figurativa, tem o mesmo poder de evocação que qualquer tela pintada. Dizer: "um campo coberto de neve", ou mostrar um cartaz com estas mesmas palavras escritas, corresponde a oferecer ao espectador o mesmo impulso do imaginário que ele receberia vendo, por meio de uma tela, da pintura e da iluminação, um panorama cheio de neve. Mas corresponde também, insidiosamente, a algo mais: a mostrar-lhe o próprio instrumento (o cartaz) gerador do seu devaneio. Ou seja, lembrar-lhe, mesmo se na sua imaginação ele se transporta para "um campo coberto de neve", que ele não deixa de assistir a uma representação teatral e de participar dela... Outras propostas de Jarry tornam a demonstração ainda mais clara. Por exemplo, o *praticável* será exibido como tal, como uma ferramenta introduzida no palco no momento em que — e porque — os atores precisam dela. A janela, a porta não fornecem mais a ilusão de serem janela ou porta vazadas na materialidade de uma parede:

> Qualquer elemento de cenário de que se tiver uma necessidade específica, uma janela que se abre, uma porta que é arrombada, é um acessório, e pode ser trazido para o palco tal como uma mesa ou uma tocha.[20]

E, no mesmo artigo, preconizando uma volta à *máscara*, um embasamento da representação do ator numa pesquisa da estilização e o cultivo de todos os artifícios do gesto e da voz, Jarry faz aparecer a teatralidade a descoberto.

Precursor do surrealismo, o cenário de *O rei Ubu*, "que pretende representar o Lugar Algum, com as árvores ao pé das camas, com neve branca no céu azul" (*Programa*), que apresenta "lareiras dotadas de pêndulos (rachando) a fim de servir de portas, e palmeiras (verdejantes)

20. *De l'inutilité du théâtre au théâtre* (*OC*, t.I. Paris, Gallimard, "Pléiade", p.407.

no pé das camas, para serem comidas por pequenos elefantes trepados nas estantes" (Discurso pronunciado na estréia de *O rei Ubu, OC*, t.I, p.400), esse cenário resulta sem dúvida, como observou Jacques Robichez,[21] de um desejo de provocação, de negação e de destruição do teatro. Ao menos de um certo teatro. Podemos ter certeza, com efeito, de que o teatro possa ser destruído pelo teatro? A negação não pode ser mostrada num espetáculo. A não ser que ela se torne o próprio espetáculo. E quando não existe mais nada no palco que tenha vestígio da figuração, da verossimilhança, da coerência... ainda assim existe algo para ser visto: a *teatralidade*.

Jarry inaugura desse modo uma tradição fundamental na história da encenação moderna. Desde então, o teatro ousa mostrar-se nu. O que lhe garantirá, em primeiro lugar, uma grande flexibilidade e liberdade de movimentos. O espaço cênico vai tornar-se uma *área de atuação*; o ator vai virar puro instrumento da representação, renunciando à sua personalidade de ator ou à identidade do seu personagem. Jacques Robichez, no seu livro *Lugné-Poe* (p. 79), relembra o testemunho de Gémier, intérprete do papel-título de *Ubu*:

> Para substituir a porta da prisão, um ator ficava parado no palco, com o braço esquerdo estendido. Eu colocava a chave na sua mão, como se fosse uma fechadura. Fazia o barulho da lingüeta, crique, craque, e girava o braço como se estivesse abrindo a porta.[22]

Tal prática, cuja origem poderia ser procurada num campo próximo de certas formas de espetáculo que fazem alarde do seu caráter lúdico — *commedia dell'arte*, pantomima, brincadeiras dos palhaços — vai difundir-se dentro de encenações as mais diversificadas quanto à ideologia e à estética. Claudel não se cansará de preconizá-la. A propósito da sua encenação de *Cristóvão Colombo*, Jean-Louis Barrault escreve:

> Será que precisamos de um albergue? Quem diz albergue diz interior; quem diz interior diz porta, quem diz porta diz dois homens que mantêm seus braços estendidos verticalmente, e suas mãos, lá no alto, esticadas e

---

21. "Jarry ou la nouveauté absolue", na revista *Théâtre Populaire* de 1º de setembro de 1956, p. 88-94.
22. Em *L'Excelsior* de 4 de novembro de 1921.

> dirigidas horizontalmente uma para a outra: quem tiver de entrar pode passar debaixo delas e entre os dois atores.[23]

Na direção de Roger Blin para *Os biombos*, de Genet (Théâtre de France, 1966), os próprios atores desenhavam em telas de papel branco os elementos cênicos exigidos pela ação. E poderíamos também citar Antoine Vitez, que apresentou *Andrômaca*, de Racine, numa área de representação nua, mobiliada apenas com uma mesa rústica e uma escada, puros instrumentos de produção da teatralidade. Os exemplos poderiam ser multiplicados ao infinito, de Brecht a Ariane Mnouchkine, de Ronconi a Peter Brook...

Cabe reiterar que esse período-matriz representado, na história do palco moderno, pela transição do século XIX para o século XX, não coincide com a evolução de um teatro nacional. A reação simbolista de Paul Fort e Lugné-Poe é respondida, na Rússia, pelo eco da de Meyerhold. Aqui como lá, os argumentos levantados contra o espetáculo naturalista — seja ele de Antoine ou de Stanislavski — são aproximadamente os mesmos: é uma ilusão ingênua acreditar que o teatro possa ficar a reboque do real, a não ser que queira perder toda a sua especificidade. A mania arqueológica dos naturalistas transforma "o palco numa exposição de peças de museu", frisa Meyerhold;[24] enquanto Tchecov declara ao mesmo Meyerhold, de modo bastante engraçado: "O palco é arte. Pegue um bom retrato, corte-lhe o nariz e introduza no buraco um nariz verdadeiro. O efeito será real, mas o quadro estará estragado" (*ibid.*).

Preocupação comum aos franceses e aos russos: engajar o espectador no ato da representação, quer permitindo o desencadeamento do seu devaneio, quer agindo sobre o seu instinto lúcido (as duas orientações não sendo, aliás, incompatíveis). Surge, assim, uma das grandes interrogações do teatro moderno: qual é a relação do espectador com o espetáculo? Meyerhold gostaria de arrancar o espectador de sua não-existência de *voyeur* à qual foi reduzido pelo naturalismo, para associá-lo

---

23. "Du théâtre total et de *Christophe Colomb*", em Cahiers de la *Compagnie Madeleine Renaud-Jean-Louis Barrault*, 1953, nº 1, p.34-35.

24. "Les techniques et l'histoire", em *Le théâtre théâtral*. Paris, Gallimard, 1963, p.19-53.

ao trabalho do autor, do diretor e do intérprete, fazer dele "o quarto criador" (*ibid.*). Por conseguinte, no teatro de Meyerhold as convenções serão explicitamente assumidas como tais, a teatralidade nunca deixará de exibir-se no palco, de tal modo que o ator não possa nunca identificar-se completamente com o seu personagem, não possa nunca apagar a presença real do espectador da sua consciência de comediante; e de tal modo que, simetricamente, o espectador não deixe de perceber o teatro como teatro, os cenários como objetos de teatro, o ator como um indivíduo que está representando ou atuando... Será necessário lembrar o quanto uma tal concepção vai contribuir para a teoria do espetáculo brechtiano?

De Craig a Vilar, durante a primeira metade do século XX, haverá um consenso quanto à condenação do espetáculo mimético herdado do naturalismo; e isso por várias razões, entre as quais o fato de que nesse tipo de espetáculo o espectador está reduzido à pura passividade intelectual. Uma vez que tudo lhe é mostrado e dado, não lhe resta outra tarefa senão a de engolir e digerir. Surge finalmente a afirmação de que é possível um outro modo de relacionar o espectador com o espetáculo, engajando o espectador no grande jogo da imaginação. Isso pressupõe uma outra opção estética, na qual a sugestão substitui a afirmação, a alusão ocupa o lugar da descrição, a elipse o da redundância... Esse desejo de engajar o espectador na realização dramática, até mesmo de comprometê-lo com ela, passou a nortear permanentemente as pesquisas do teatro moderno: as de Artaud entre as duas guerras, mas também as que dominaram a década de 1960, com as realizações do Living Theatre (Julian Beck e Judith Malina), do Teatro Laboratório de Wroclaw (Grotowski), de Luca Ronconi e de Ariane Mnouchkine, por mais diferentes que sejam, aliás, as bases teóricas que orientam cada um desses empreendimentos.

A interrogação essencial que emerge do debate entre o naturalismo e o simbolismo é na verdade a questão basilar de toda encenação, a questão da qual nasce literalmente a figura do encenador: o que é um espetáculo teatral? Cabe insistir no fato de que antes de Antoine tal questão não se apresentava, pelo menos não nos mesmos termos. O século XVII indagava: o que é uma peça de teatro? O século XVIII: como fazer para que o palco dê a ilusão de realidade? Os românticos: como traduzir, através da escrita dramática, a diversidade do real? E todas essas indagações provinham de escritores, de intelectuais (Corneille e o abade d'Aubignac; Diderot e Beaumarchais; Stendhal e Hugo...). Seria ingênuo, sem dúvida, pensar que os profissionais do teatro não se faziam perguntas relativas à sua arte. Existem mesmo boas razões para acreditar que a arte do ator só se renovou, de Molière a Talma, de Rachel a Sarah Bernhardt, por meio de uma contínua interrogação sobre as *tradições* e as condições de interpretação dos textos. Infelizmente, só temos disso vagos vestígios.[25]

Com Antoine, a questão do espetáculo formula-se nos termos que utilizamos até hoje. Ele foi o primeiro, por exemplo, a indagar como introduzir a encenação de um texto clássico no presente do espectador. Sua resposta merece reflexão. Em primeiro lugar porque ela observa que a estética naturalista é mais complexa e menos ingênua do que se costuma pensar. Mas também porque essa resposta é a matriz das maiores realizações do século XX, nesse terreno particular.

Na sua *Conversação sobre a "mise-en-scène"* (1903), Antoine declara: "Qualquer busca de cor local ou de verdade histórica parece-me supérflua para tais obras-primas (as tragédias clássicas)." E esclarece: "Acredito firmemente que *situar* essas maravilhosas tragédias, a não ser no país e no tempo em que nasceram, equivale a alterar o seu significado." Eis aqui os germes da teoria que serve de base à representação historicista do texto clássico. Essa concepção vai gerar algumas das encenações mais reveladoras que o teatro moderno já produziu: basta lembrar a sensação — e às vezes o escândalo — suscitados pela visão que Roger Planchon propôs de *George Dandin*, ou de *Tartufo*, ou da *Segunda surpresa do amor*, ou de *Berenice*...

Já em 1907, quando Antoine apresenta no Odéon o seu *Tartufo*, ele revela o que pode ser a função de uma encenação moderna da obra clássica. A unidade de lugar explode. Quatro cenários mostram quatro aspectos da casa de Orgonte. O espaço cênico clássico não é mais apenas o local de encontros, a encruzilhada da tradição. Ele traduz o meio

---

25. O *Impromptu de Versailles*, de Molière, por exemplo, ou as *Mémoires*, de Clairon. Sabe-se, por outro lado, que o grande ator trágico Talma esteve nas origens de uma reforma da encenação trágica, no início do século XIX.

social de Orgonte, a ambição de Tartufo. Tal naturalismo nos interessa menos pelo seu sonho ilusionista tantas vezes denunciado do que pelo fato de afirmar a possibilidade de uma semântica do palco. E pelo fato de anunciar a rejeição da ortodoxia em matéria de encenação, o direito do encenador de sustentar um discurso diferente daquele da celebração da obra-prima. A direção não é mais (ou não é mais apenas) a arte de fazer com que um texto admirável (que é preciso admirar) emita coloridos reflexos, como uma pedra preciosa; mas é a arte de colocar esse texto numa determinada perspectiva; dizer a respeito dele algo que ele não diz, pelo menos explicitamente; de expô-lo não mais apenas à admiração, mas também à reflexão do espectador. O *Tartufo* de Antoine prenuncia o de Jouvet, os de Planchon e de Vitez.

O mesmo vale para a sua *Andrômaca* (Odéon, 1909), que, representada em figurinos da corte de Luís XIV e num cenário de Versalhes, inaugura uma nova concepção de encenação da tragédia francesa, mesmo se essa concepção começa hoje em dia a acusar o peso de uma tradição. Devemos sorrir da mania arqueológica que é a contrapartida historicista do naturalismo, e que leva Antoine a colocar seus figurantes-espectadores em bancos laterais e a utilizar a luz de velas? Afinal de contas, é uma ambição no mínimo respeitável esta de procurar recriar, na sua materialidade, a teatralidade de uma época, e de lutar contra essa "maldição" inerente à arte dramática: o seu caráter irremediavelmente efêmero. Procurem, se quiserem, imaginar uma pintura de Vermeer, se nunca viram nenhuma...

O exemplo da encenação das obras consagradas é representativo da contribuição, talvez a mais importante, de Antoine para o modernismo. Doravante, o encenador é o gerador da unidade, da coesão interna e da dinâmica da realização cênica. É ele quem determina e mostra os laços que interligam cenários e personagens, objetos e discursos, luzes e gestos. Hoje, qualquer espectador mais experiente está acostumado a apreender o espetáculo como uma totalidade, a procurar nela um princípio de coerência, de unidade, a denunciar as mil imperfeições que entram em choque com esse princípio: um ator que declama um pouco demais em comparação com seus parceiros mais realistas, uma roupa cuja cor *destoa* do cenário etc. É bom que se saiba que nada é menos *natural* e mais *histórico* do que esse tipo de percepção. Essa maneira de ser espectador não é inata. Ela nos foi inculcada não pelo ensino, que cuida bem pouco de iniciação teatral, mas por várias gerações de encenadores. Antoine foi um dos primeiros a impor, na França, essa abordagem do teatro. Se, como foi dito a respeito de Antoine, o naturalista extermina e liquida uma era da história do espetáculo, o encenador inaugura uma nova época do teatro.

Mas como fazer do espetáculo essa unidade estética e orgânica? Contrariamente às outras formas de arte, a encenação aparece em primeiro lugar como uma justaposição ou imbricação de elementos autônomos: cenário e figurinos, iluminação e música, trabalho do ator etc. A essa heterogeneidade admitida como inerente à própria arte do teatro atribui-se a mediocridade e a decadência do espetáculo no fim do século XIX. Qual o remédio? É preciso realizar a integração desses elementos díspares, fundi-los num conjunto perceptível como tal. Por conseguinte, uma vontade soberana deve impor-se aos diversos técnicos do espetáculo. Essa vontade conferirá à encenação a unidade orgânica e estética que lhe falta, mas também a originalidade que resulta de uma intenção criadora. Por esse caminho ela poderá aspirar ao *status* de obra de arte, que lhe foi negado não só por intelectuais desdenhosos (Maeterlinck), mas até por profissionais de teatro um pouco mais exigentes (Antoine, Lugné-Poe, Craig, Copeau, Artaud etc.).

A afirmação dessa soberania do encenador impôs-se hoje a tal ponto que parece inerente a qualquer prática de teatro, chegando mesmo a marcar as nossas maneiras de falar: no fim do século XIX falava-se na *Berenice* de Julia Bartet, a atriz trágica que acabava de redescobrir a peça de Racine; hoje, fala-se na *Berenice* de Planchon. Vamos ver as *Bodas de Fígaro* de Strehler, ou a *Tetralogia* de Chéreau... Esses hábitos de linguagem traduzem uma considerável modificação no comportamento dos espectadores. Antigamente, eles iam ver (ouvir) uma peça (um texto) e os seus intérpretes. Hoje, eles vão ver antes de mais nada uma *mise-en-scène*, ou seja, um complexo do qual o texto e os intérpretes são apenas elementos integrantes. Isso se aplica, é claro, a obras cujo texto é familiar ao público; mas tende a valer também para peças novas: em 1979 o que se vai ver é menos uma adaptação do *Mefisto* escrita por Klauss Mann do que a realização do Théâtre du Soleil (Ariane Mnouchkine) que inclui essa adaptação.

Ao mesmo tempo, o culto da vedete, a assimilação redutora da representação a um ato de exibição correspondem a comportamentos que tendem, felizmente, a cair em desuso e hoje só podem ser encontrados no gueto poeirento do teatro de *boulevard*. Essa evolução pode ser considerada como uma das transformações históricas mais importantes que tenham atingido a prática do teatro no século XX. Textos de Craig, de Artaud etc. testemunham claramente que a situação era bem diferente no início do século; e suas biografias demonstram quantas dificuldades, quantas batalhas nem sempre ganhas constituíram o preço que teve de ser pago para que uma tal transformação do teatro e das mentalidades pudesse impor-se progressivamente...

A exigência de modernização repousa sobre o que se poderia chamar um mecanismo de extermínio reproduzido por cada geração. Inversamente, uma reverência excessiva em relação a antecessores e à *tradição* parece de todo incompatível com a procura de formas novas e de práticas revolucionárias. Esse mecanismo existiu sempre, sem dúvida, de modo latente, mas no nosso século emergiu com toda a sua violência e intransigência. Dessa maneira, o modernismo do espetáculo simbolista apóia-se numa reação niilista radical que preconiza nada menos do que a abolição do espetáculo. Considera-se que o teatro chegou a um tal ponto de decadência que seria ilusório procurar reformá-lo. O único teatro que valesse a pena só poderia ser representado no palco da imaginação, e a verdadeira encenação seria assegurada pelo leitor, no próprio ato da leitura... Eis uma reação de intelectuais, de poetas, cujo sonho é sempre derrotado pelas rotinas e limitações do espetáculo habitual. Já no fim do século XIX, Dujardin denunciava a margem que separa uma realização cênica das infinitas perspectivas abertas pela música de Wagner. Em 1890, Maeterlinck não hesitava em proclamar não apenas a inutilidade da encenação, mas também os perigos a que ela exporia obras que, na sua opinião, não teriam sido concebidas para serem representadas:

> A maioria dos grandes poemas da humanidade não foi feita para o palco. *Lear, Hamlet, Otelo, Macbeth, Antônio e Cleópatra* não podem ser representados, é perigoso vê-los em cena. Alguma coisa de Hamlet morreu para nós no dia em que o vimos morrer em cena. O fantasma de um ator

> deteriorou-o e não conseguimos mais afastar esse usurpador dos nossos sonhos.[26]

Essa tese é rebatida por toda a história do teatro elisabetano, mas ela ilustra cruamente um estado de espírito bastante difundido nos meios intelectuais do fim do século XIX, que de uma reação emocional vai transformar-se em teoria e proclamar a condenação à morte de todo o fenômeno de encenação: "A representação de uma obra-prima com auxílio de elementos acidentais e humanos é uma contradição. Qualquer obra-prima é um símbolo, e um símbolo jamais suporta a presença do homem" (*ibid.*). Mallarmé, nos seus artigos sobre teatro,[27] não dirá outra coisa... Talvez mais surpreendente, à primeira vista, é o caso de Craig: que um homem de teatro, reconhecido como um dos atores mais dotados e um dos diretores mais promissores de sua geração retome e endosse uma argumentação tão radical, eis um fato quase único nos anais do teatro; e que vai repetir-se, alguns anos mais tarde, com Artaud e Brecht. Decadente, prostituído, o teatro virou uma indústria que produz a insignificante diversão que atende à procura do público burguês que monopoliza os teatros. Artaud diz:

> Se a multidão se desacostumou de ir ao teatro; se todos nós acabamos por considerar o teatro como uma arte inferior, um veículo de vulgar divertimento, e por utilizá-lo como um exutório para os nossos maus instintos, é porque ouvimos falar por demais que se trata de teatro, ou seja, de mentira e de ilusão.[28]

Pelo menos três teorias do espetáculo serão construídas em cima desse desgosto, dessa tábua rasa: as de Craig, de Artaud e de Brecht. Em cada uma delas, a utopia transbordará suas margens e dinamizará a prática. Tudo se passa sempre como se a condenação do teatro à morte permitisse a ressurreição da arte teatral.

---

26. *La jeune Belgique*, p.331, citado por Jacques Robichez, em *Le symbolisme au théâtre*, p.83.
27. Reunidos num livro intitulado *Crayonné au théâtre* (*O. C*, Paris, Gallimard, "Pléiade", p. 293ss.).
28. *O teatro e seu duplo*, capítulo intitulado "Acabar com as obras-primas".

CAPÍTULO II

A questão do texto

O problema do lugar e da função do texto dentro da realização cênica é menos recente do que se costuma imaginar e, além e acima das considerações estéticas, ele representa um cacife ideológico. No fundo, trata-se de saber em que mãos cairá o poder artístico, ou seja, a quem caberá tomar as opções fundamentais, e quem levará aquilo que antigamente se chamava "a glória"... Não é por acaso se, já no século XVII, um partido *intelectual*[29] tende a impor uma hierarquia dos gêneros, a separá-los uns dos outros através de uma rígida regulamentação e de decretos que os valorizam ou desvalorizam. E não é por acaso que a maior valorização beneficia aquelas formas teatrais que repousam sobre um domínio exclusivo do texto (tragédia, alta comédia etc.); e que, pelo contrário, a desvalorização atinge todas as formas que atribuem ao espetáculo uma parte mais ou menos importante (comédia-balé, farsa, ópera com máquinas etc.). E isso contrariando o gosto do público, de todas as categorias sociais.

Pode-se, portanto, situar já nessa época o início de uma tradição de sacralização do texto, que marcaria de modo duradouro o espetáculo ocidental, e especialmente o francês. Tradição essa que teve repercussões sobre a teoria e a prática da cenografia, o cenógrafo considerando-se um artesão cuja missão — subalterna — consiste apenas em materializar o espaço exigido pelo texto;[30] e sobre o trabalho do ator, cuja arte e

29. O termo é, aqui, anacrônico, mas designa bastante bem os que na época eram chamados *les doctes, les connaisseux*: escritores e belos espíritos que monopolizam o poder que lhes é conferido pela sua capacidade de expressão (por escrito, nos salões, na corte etc.).

30. Tanto mais que a partir do fim do século XVIII os autores multiplicam as indicações

aprendizagem terão como enfoque central a problemática da encarnação de um personagem e da dicção, supostamente justa, de um texto.

Vemos assim esboçar-se, ao mesmo tempo, a especialização e a hierarquização das profissões teatrais: a cada um o seu *métier*, e todos a serviço do texto (e do autor)! Cada um vai trancar-se na sua especialidade: encarnar um personagem, conceber e construir um cenário,[31] organizar as entradas e saídas dos intérpretes e os seus movimentos em cena... O *reconhecimento* social dessas diversas atividades determinará o prestígio, a posição de poder, a remuneração de uns e outros. Em suma, o teatro não escapará mais de uma hierarquização das competências, em cujo topo ficarão o autor e a vedete (sendo que o encenador só ascenderá a essa posição dominante no século XX). A seguir, descendo a escala, encontramos aqueles cuja atividade é ainda tida como artística: os atores, que podem eventualmente conquistar o *status* do estrelato (ou revelar-se como diretores), os artesãos, cenógrafos e figurinistas, e finalmente, no degrau mais baixo, os técnicos: iluminadores, maquinistas, maquiadores...

Uma tal divisão estanque, conforme observaram muitos dos grandes teóricos modernos, não é certamente propícia ao desenvolvimento de uma arte homogênea, pois cada um acaba por entrincheirar-se na sua competência pessoal. E, cada um confundindo rotina e tradição, tampouco resultam favorecidas a inventividade e a renovação do espetáculo. Para impor-se enquanto vontade criadora, a encenação moderna precisará lutar contra todos esses obstáculos.

Nesse contexto é bem sintomático que as práticas que não pudessem ou não quisessem inclinar-se diante do predomínio do texto ficassem ao mesmo tempo marginalizadas e admiradas. É o caso, por exemplo, dos italianos que haviam emigrado e difundido por toda a Europa a *commedia dell'arte*. A inimizade de que foram alvo, particularmente na França, é uma boa medida do sucesso que alcançaram. Os

---

detalhadas, que não deixam mais nenhuma margem à invenção do cenógrafo (cf.: Beaumarchais, Hugo etc.).

31. No século XIX, a "pulverização" profissional chegou a tal ponto que os cenógrafos passaram a especializar-se num determinado tipo de cenário (florestas, salões monumentais etc.) e sua reputação decorria de um virtuosismo específico: a arte de integrar uma escada dentro de uma arquitetura (Carpézat), por exemplo.

poderes públicos não hesitam em tomar contra eles, ao longo dos séculos XVII e XVIII, medidas destinadas a limitar a sua audiência. Ora, esses comediantes ficaram consagrados como virtuoses da utilização acrobática do corpo, da representação com máscaras, do canto, da dança... Ainda por cima, no seu teatro o *status* do texto priva o autor de todo poder e, indo às últimas conseqüências, de qualquer razão de ser: o roteiro é elaborado pelo chefe da companhia ou por um comediante dotado para esse mister. É condicionado pelas possibilidades específicas do elenco, ou seja, é concebido (ou remanejado) para colocar em relevo os talentos particulares da vedete do momento. E finalmente, aspecto mais importante que todos, ele não passa de um enredo; não se torna texto senão através da improvisação dos atores. Um texto, bem podemos imaginá-lo, que se modifica e se enriquece ao sabor das suas peregrinações e das suas sucessivas apresentações.

Observações semelhantes poderiam ser feitas a propósito de formas teatrais cuja especificidade trazia no seu bojo uma desvalorização, quando não uma eliminação, do texto. Apesar dos seus sucessos, a pantomima permaneceu sendo, no século XIX, uma atividade marginal, e hoje em dia tende-se ainda a esquecer que a palhaçada circense, o *music-hall*, o balé e a ópera também fazem parte do teatro. Ora, trata-se no caso de um fenômeno ideológico que não recebeu a chancela de nenhuma rejeição por parte do público. Esses gêneros, bem como as práticas e técnicas que eles suscitam, nunca deixaram de conhecer um sucesso que muitos autores dramáticos tradicionais lhes poderiam invejar. Trata-se apenas de uma conseqüência da interiorização de um sistema de valores que não voltaria a ser questionado antes do século XX.

Quanto à encenação moderna, seria simplista imaginar que ela seguiria uma evolução linear. Não aconteceu uma reversão progressiva, ou brutal, dessa tradição de valorização do texto, cuja contrapartida era, pelo menos no plano ideológico, uma desvalorização do espetáculo. Não ocorreu tampouco uma oposição entre um academicismo aliado à supremacia do texto e um vanguardismo que teria procurado arruinar essa supremacia. Pelo contrário, o século XX assistiu a uma multiplicação de buscas num como no outro sentido. Na mesma época — os primeiros 30 anos do século, mais ou menos — Craig e Artaud negaram o lugar dominante que se pretendia atribuir ao texto no conjunto da realização, enquanto Copeau e Dullin lhe renovavam, com grande ênfase, um juramento de obediência. Jouvet é, exatamente, contemporâneo de Baty; o primeiro coloca-se ao serviço do texto, enquanto o segundo proclama (é verdade que através de uma expressão ambígua) que chegou o tempo de "destronar o Verbo Rei".

O próprio *textocentrismo* evolui, adapta-se aos gostos, às técnicas, às concepções possíveis da noção do sentido e da relação que um texto mantém com um público contemporâneo de sua criação, ou com outras gerações...

Até uma época recente, digamos até o fim da década de 1950, a noção de *polissemia* não era praticamente admitida. Supunha-se que um texto de teatro veiculava um único sentido, do qual o dramaturgo detinha as chaves. Assim sendo, cabia ao encenador e aos seus intérpretes a tarefa de mediatizar esse sentido, fazer com que ele fosse apreendido (compreendido, sentido...) da melhor maneira possível pelo espectador. Daí os critérios de apreciação que visavam, por exemplo, a definir o bom ator em função da sua capacidade de ser este ou aquele personagem. Como dizia Jouvet:

> Sarah [Bernhardt] representava sem um gesto; era uma coisa assombrosa. "Que ces vains ornements, que ces voiles me pèsent!" Mal chegava a roçar as têmporas com a mão, nada mais. O que se ouvia era apenas a articulação dos versos; o efeito era perturbador, e sobretudo sentia-se que ali estava um personagem que continha dentro de si, como dizem os estudiosos, "a fatalidade antiga". Um personagem angustiante de ver; e todos sentiam: eis a heroína da peça.[32]

Daí, igualmente, a noção de ortodoxia da interpretação, que legitimaria a existência e as práticas de um teatro como a Comédie-Française, de uma escola como o Conservatório Nacional de Arte Dramática. Essas instituições proclamavam-se detentoras autorizadas de uma tradição de interpretação e de representação do grande repertório clássico. Tradição essa que supostamente garantia a autenticidade do espetáculo, ou seja, sua conformidade às intenções do autor que, como criador do texto, era tido como a instância ao mesmo tempo primordial e final de toda

---

32. *Tragédie classique et théâtre du XIXe siècle.* Paris, Gallimard, p.82.

a responsabilidade. Ora, se examinarmos mais de perto tal afirmação, teremos de constatar que se trata de uma tradição recebida através de transmissão oral, sujeita, portanto, a toda espécie de flutuações (já que cada geração de intérpretes se empenha em distinguir-se da geração anterior) e a diversos tipos de impregnações (afinal de contas, os atores da Comédie-Française não vivem num compartimento hermeticamente fechado!). Assim sendo, parece legítimo pensar que o essencial dessa famosa tradição não remonta certamente além do século XIX.

Nessas condições, é impressionante observar que as primeiras tentativas, que marcam o surgimento da encenação moderna, não questionam em absoluto a supremacia do texto e a sua vocação para constituir-se ao mesmo tempo em fonte e destino do espetáculo. Com algumas exceções, é verdade: Craig, Meyerhold, Artaud e, numa medida menor, Baty. Mas, pelo menos no que se refere aos três primeiros, não se pode dizer que o teatro de seu tempo tenha sido amplamente influenciado pelas posições por eles assumidas.

O *textocentrismo* é um dos pilares teóricos da encenação simbolista. É compreensível que assim seja, uma vez que se trata desde o início de um movimento de poetas (Paul Fort, Maeterlinck) ou apoiado por poetas (Mallarmé) cuja ambição consistia em restabelecer os direitos do imaginário que a estética naturalista, na sua opinião, sufocava. Nessas condições, o veículo do sonho era, antes de mais nada e essencialmente, a escrita.

Entretanto, a polêmica entre naturalismo e simbolismo não deve camuflar o fato de que, também para Antoine, o espetáculo articulava-se a partir e em torno de um texto. Testemunha disso é Zola, que formulou a teoria naturalista do teatro. Aos seus olhos é evidente que o novo teatro deve permanecer sendo um teatro de autores e de textos:

> Se o drama naturalista vier a aparecer, só um homem de gênio poderá tê-lo gerado. Corneille e Racine fizeram a tragédia. Victor Hugo fez o drama romântico. Onde está o autor ainda desconhecido que fará o drama naturalista?[33]

---

33. *Le Naturalisme au théâtre*(*OC*, F. Bernouard, t.42, p.21).

E Henry Becque, nas suas *Memórias de um autor dramático*, presta uma homenagem significativa a Antoine, frisando que ele foi capaz de revelar novos e autênticos dramaturgos e que "nos livrou dos charlatães". Nem todos esses autores ficaram para a posteridade, mas assim mesmo não deixa de ser um resultado respeitável o fato de ter divulgado Tolstoi (*O poder das trevas*, 1888), Turgueniev (*O pão de outrem*, 1890), Courteline (*Lidoire*, 1891; *Boubouroche*, 1893), Strindberg (*Senhorita Júlia* 1893), Jules Renard (*Pega-fogo*, 1900), Ibsen (*Pato selvagem*, 1906) etc. A mesma análise poderia ser aplicada a Otto Brahm, que, na trilha de Antoine, lançou em Berlim, em três anos, Ibsen, Hauptmann, Becque e Zola; e, decerto, também Stanislavski, cujo Teatro de Arte de Moscou revelou Tchecov e Gorki não só ao público mas também, literalmente, a eles próprios.

Existe, a esse respeito, um paradoxo que merece ser levantado: enquanto o naturalista tendia a ser apenas uma fenomenologia dos comportamentos, os simbolistas pretendiam recolocar o foco central do espetáculo sobre o texto; mas é a primeira dessas duas estéticas que fez surgir as peças mais interessantes, e até mesmo algumas obras-primas. Não é certo que se possa dizer a mesma coisa a respeito do simbolismo. A trilogia dos *Ubus* de Jarry aparece hoje como um dos textos canônicos do teatro moderno mas as peças de Maeterlinck tornaram-se ilegíveis, ou pelo menos irrepresentáveis.[34] É que os poetas simbolistas preocupavam-se mais, sem dúvida, em escrever poesia do que dramaturgia. O teatro raramente perdoa a quem o esquece...

Em resumo, no início do século XX a arte da encenação exigia o apoio de um bom texto. Quanto à arte de representar, ela utilizava, aperfeiçoava e inventava técnicas, cada uma das quais era um meio de visualizar, materializar, encarnar uma ação, situações, personagens, tudo quanto fora previamente imaginado por um escritor.

E, no entanto, a história das relações entre Stanislavski e Tchecov revela, quem sabe, uma nova fragilidade da posição dominante do escritor e do texto: ou, pelo menos, uma ambigüidade decorrente da

34. Não há dúvida de que é à música de Debussy que *Peléias e Melisanda* deve a sua salvação do esquecimento.

importância que a arte do encenador vai então assumindo. Tchecov, com efeito, queixa-se, após um certo número de experiências bem-sucedidas, de que Stanislavski deturpa, através da encenação, a sua obra. Numa carta de 29 de março de 1904 ele protesta: "Tudo o que posso dizer é que Stanislavski massacrou a minha peça [*O jardim das cerejeiras*]!" Mas Stanislavski não lança mão do argumento dos direitos do encenador para justificar a proposta de uma visão original. Ele se defende proclamando sua fidelidade às indicações cênicas de Tchecov! Tudo isso, afinal, revela uma transformação, embora ainda latente, das respectivas posições hierárquicas do autor e do diretor. Este último coloca-se, é verdade, ao serviço do texto — ou, pelo menos, é o que proclama. O que não o impede de propor, e às vezes de impor, uma visão pessoal da obra. Em outras palavras, o encenador não é mais um artesão, um mero ilustrador. Mesmo sem afirmá-lo ainda claramente, ele se torna um criador. E é ali que reside a fonte do conflito.

Uma das conseqüências mais importantes da teoria de Stanislavski relativa ao ator, e evidentemente também da prática que dela decorre, é que a relação do intérprete com o personagem, e por conseguinte com o texto, resulta completamente transformada. No empenho de conseguir uma perfeita precisão, sinceridade e autenticidade da interpretação, Stanislavski começa a explorar o ego profundo do ator, a sua experiência mais íntima. O diretor encarrega-se de integrar na representação um elemento que, evidentemente, nunca deixou de estar nela presente, mas sem que se tivesse verdadeiramente consciência dele, ou sem que se procurasse dele tirar partido de modo sistemático: a personalidade particular do ator. A partir de então, não pode mais existir uma direção de atores dogmática. As injunções externas, as fórmulas técnicas tornam-se inoperantes. Só podem existir, daí em diante, interpretações de um determinado papel tão diferentes entre si quanto forem diferentes entre si a personalidade e a experiência dos respectivos atores.

Stanislavski, com efeito, nunca deixará de insistir, contradizendo Diderot, em que o verdadeiro paradoxo do comediante não reside na simulação de emoções que ele não sente, mas no fato de que ele não pode tornar-se outra pessoa senão com as suas próprias emoções, e que permanece sendo ele mesmo, enquanto faz da vida do personagem a sua própria vida. Ainda que não tenha sido levantada explicitamente, a questão é inerente à evolução que Stanislavski impõe à arte de representar: onde vai parar o *status* do texto, quando a intervenção do ator se torna assunto de imaginação, quando a atuação dramática se torna uma criação?

Crítico literário e fundador — mais tarde diretor — da *Nouvelle Revue Française* até 1913 — Jacques Copeau, no seu trabalho no Vieux-Colombier, empenha-se em ressuscitar um teatro liberto das velhas convenções. Ele quer "erguer um teatro novo sobre alicerces intactos, e limpar o palco de tudo quanto o suja e oprime". Longe, porém, de questionar o predomínio do texto na escala de valores do espetáculo, o purismo de Copeau toma por alvo a restauração do repertório no seu frescor original, a tarefa de tirar dele todo o pó de acréscimos erigidos em tradições mais ou menos duvidosas ao longo de três séculos; ou a revelação de textos novos, escolhidos e montados sem complacência. A teoria de Copeau baseia-se portanto não na denúncia — que Artaud formulará cerca de 20 anos mais tarde — de uma exploração parasitária ou de um sufocamento da representação pela literatura mas, pelo contrário, na convicção de que aquilo que emana da literatura dramática — a dicção exata, o gesto expressivo — constitui a essência do teatro. Para preservá-la, Copeau rejeita o espetáculo espetacular.

As opções estéticas reveladas pela arquitetura cênica do Vieux-Colombier, a nudez do palco, a adoção de um dispositivo fixo que a iluminação e alguns acessórios adaptarão às exigências de cada peça confirmam que aqui o texto reina soberano, que a encenação equivalerá rigorosamente à valorização do objeto literário denominado peça de teatro.

E Copeau reage vivamente contra o culto desenfreado do estrelismo, tão característico nos primeiros anos do século. É que a relação de fascínio que liga o monstro sagrado ao seu público obscurece uma assimilação precisa do texto, ao impor à realização cênica critérios diferentes dos que Copeau julga legítimos: unidade, homogeneidade da encenação, seu rigor, sua fidelidade ao texto. O astro deturpa o papel em seu benefício pessoal. Cabe portanto ao diretor, segundo Copeau, exercer um rígido controle sobre o intérprete, impondo-lhe a obrigação de submeter-se completamente às exigências do texto. Fica-lhe proibido "recriar a peça à sua maneira!" Deve, pelo contrário, almejar "confundir-se com aquele que a criou". Essa religião do texto explica o impulso do despojamento, tão característico da arte de Copeau. Tudo que distrai a atenção do essencial, tudo que é ornamento espetacular, é não apenas inútil, mas nocivo. Nada traduz melhor a prioridade que Copeau atribui ao texto do que a sua definição da arte do encenador: "A encenação não é o cenário: é a palavra, o gesto, o movimento, o silêncio; é tanto a qualidade da atitude e da inflexão quanto a utilização do espaço."[35]

O que foi chamado por muitos o *jansenismo* de Copeau deve ser entendido como uma lúcida reação contra essa espécie de embotamento do espetáculo provocado pelo complacente decorativismo do século XIX, e que poderia ser também atribuído ao pesado arqueologismo dos naturalistas. Para Copeau, a encenação deveria ser a arte, mais leve e sutil, de fazer faiscar todas as facetas de um belo texto, de explorar todos os seus recursos intelectuais (o sentido...) e emocionais (a música, a poesia...). Valorizado pelo dispositivo cênico abstrato do Vieux-Colombier, o ator, auxiliado por alguns objetos sugestivos ou simbólicos, era incumbido da missão de projetar o texto, de fazê-lo vibrar e viver. "Nunca", observou Paul Léautaud, "ficou tão bem demonstrado que uma obra dramática pode bastar-se a si mesma, extrair todo o seu valor apenas de si mesma, sem depender de todas as pesquisas da encenação e dos cenários que, na maioria das vezes, só a prejudicam, desviando a atenção do público."

No caso, Léautaud retoma por conta própria a velha desconfiança do poeta, do intelectual, em relação às artes do palco, desconfiança que não remonta além do século XIX (de Musset a Maeterlinck e a Claudel), ou seja, além de uma época de declínio artístico do espetáculo teatral. A relação entre texto e espetáculo é vivenciada como uma situação de conflito. Essa tensão traduz a latente rivalidade que a evolução do teatro suscita entre o autor e o encenador. Aos olhos daquele, qualquer intervenção do segundo é uma vaga ameaça. A imaterialidade da visão poética só pode ser prejudicada e traída pela intempestiva materialização do espetáculo. Pede-se portanto ao agente da realização cênica, o

---

35. Copeau afirmava também: "Penso que para uma obra adequadamente concebida para o palco existe uma encenação necessária, e uma só: a que está escrita no texto do autor." (Em "Une renaissance dramatique est-elle possible?", publicado em *Revue Générale*. Bruxelas, 15 de abril de 1926.)

encenador, que reitere seu voto de obediência ao texto, quer dizer, às intenções do autor, e que exerça vigilância para que o texto continue sendo o eixo central da realização.

No fundo, tal situação revela mais os impasses em que se enfiou um certo tipo de encenação do que a ascensão de um novo potentado. Os simbolistas, Claudel etc. estão em busca de um tipo de espetáculo mais satisfatório para o espírito do que as facilidades que garantem o brilho dos programas dos palcos oficiais. Sabe-se, aliás, que essa repulsa será compartilhada por Craig e Artaud. Com a diferença de que os primeiros preconizam uma renovação da arte cênica baseada num retorno ao texto, enquanto os outros dois invertem os dados do problema e atribuem ao texto o declínio do espetáculo ocidental.

Um artista como Pitoëff pode ser visto como um herdeiro direto das colocações de Copeau. Não menos intransigente do que este quanto à submissão da encenação ao texto, ele considera que não pode haver autonomia do espetáculo em relação à dramaturgia. O texto é a matriz da realização cênica. A encenação deve emanar dele com a maior intimidade possível, estando entendido que o texto é portador de um sentido parcialmente velado, que ele provém de uma *inspiração em primeiro grau*, de um intento, de intenções mais ou menos implícitas. O encenador não passa, no fundo, de um profissional de leitura que dispõe de instrumentos originais graças aos quais se torna capaz de *desdobrar* o texto (ou seja, de abrir e exibir as suas *dobras*). A simplicidade dos meios, o despojamento, os recursos da iluminação, os acessórios sugestivos ou simbólicos, e sobretudo a ênfase principal colocada na representação do ator, tudo isso deve abrir ao espectador acesso a uma espécie de segredo, de faceta oculta da obra. O palco torna-se o local de uma exalação do texto (no mesmo sentido em que se fala de um perfume que exala no ar...).

A intransigência desse retorno ao texto que caracteriza a evolução da arte teatral no início do século XX (cabendo frisar que a vitalidade desse movimento prosseguirá até a década de 1950) traz de volta ao teatro escritores que desconfiavam dele, e permite revelar ao público peças pouco conhecidas, ou peças de autores desconhecidos. André Gide escreveu *Saul* especialmente para Copeau; e essa comédia quase esquecida de Shakespeare que é *Noite de reis* triunfou no Vieux-Colombier. Quanto a Georges Pitoëff, foi ele quem proporcionou ao público parisiense a descoberta da maioria dos grandes dramaturgos estrangeiros do nosso século: Tchecov, Gorki, Turgueniev, Pirandello, Synge, O'Neill.

Relembrar os outros membros do *Cartel* equivale a condenar-se à redundância. Qualquer que seja, nos outros setores do trabalho, a originalidade das suas opções de encenação, eles se reencontram — com a única exceção de Gaston Baty — no denominador comum da sua submissão ao texto. Jouvet disse: "É pelo único prestígio da linguagem, pela escrita de uma obra, que o teatro alcança a sua mais alta eficiência. (...) O grande teatro é, antes de tudo, uma bela linguagem. (...) As obras dramáticas não são qualificadas pela invenção, são qualificadas pelo estilo."

Esta desconfiança para com as exuberâncias do espetáculo puro foi, como estamos vendo, assumida pela geração que trabalhou entre as duas guerras; a geração que, de uma ou de outra maneira, retomou a herança de Copeau. Aos olhos desses encenadores, a autenticidade do espetáculo só é garantida pela contribuição de um indivíduo estranho ao teatro, mas que exerce sobre ele todos os poderes: o autor do texto. A divisão das tarefas e das responsabilidades é rigorosamente definida, e o diretor não invade mais o terreno do dramaturgo do que este se arrisca a invadir a encenação (o que não impede, porém, que Molière continue sendo o *patron*!); Giraudoux deixa a Jouvet a tarefa de montar as suas obras, e, quando Copeau experimenta exercer o ofício de dramaturgo (*A casa natal*, 1923), o resultado não chega a convencer muita gente. Até o limiar dos anos 1950, a especialização, a divisão de funções, o desmembramento das tarefas parecem inerentes a toda prática teatral. Craig e Meyerhold têm uma penetração muito reduzida; Artaud é uma voz que clama no deserto, e Brecht não foi ainda traduzido para o francês.[36]

Logo após a Segunda Guerra Mundial, dois discípulos de Dullin, Jean-Louis Barrault e Jean Vilar, retomam a mesma idéia. E nos

---

36. Em 1930 Baty havia apresentado *A ópera dos três vinténs* ao público parisiense, que, segundo relato de Simone de Beauvoir nas suas *Memórias*, não viu nela nada além de uma amável comédia musical com perfume de anarquismo.

espetáculos de Vilar podemos reencontrar vestígios do jansenismo de Copeau. Quando lhe perguntam a qual dos elementos componentes do espetáculo (texto, cenografia, interpretação etc.) ele atribui o papel de força motora, Vilar responde: "A que elementos outros que o texto e os intérpretes poderíamos atribuir uma superioridade?" (*De la tradition théâtrale*, p.58). Ele rejeita categoricamente a idéia de que a encenação possa ser uma arte de *criação*. O homem de teatro, seja ele diretor ou ator, é apenas um intérprete:

> O criador, no teatro, é o autor — na medida em que contribui com o essencial. Quando as virtudes dramáticas e filosóficas de sua obra são de tal ordem que não nos concedem nenhuma possibilidade de criação, ainda assim nos sentimos, após cada apresentação, *seus devedores*.[37]

A encenação emana diretamente do texto, das falas e das rubricas. E tudo aquilo que não encontra fonte e justificação no texto, "tudo que é criado fora dessas indicações, é *mise-en-scène* e deve, por isso, ser desprezado e rejeitado" (*op. cit*, p.66). Não podem existir, com efeito, dois criadores concorrentes. Proclamar a vocação criadora do encenador equivale automaticamente a repelir o autor, a excluir o texto. Significativamente, Vilar só vê dois espaços em que o diretor possa expandir uma criatividade: aquele deixado livre pela falha do autor, "quando a peça é nula" (quer dizer, quando o texto se aniquila por si só), e aquele de um teatro sem texto. Entre as práticas do ator, porém, existe uma arte de criação autêntica: a da mímica. "Basta um roteiro de *commedia dell'arte*, e eis que o meu corpo fala" (*op. cit.*, p.67).

E, no entanto, se tais afirmações perpetuam as lições de Copeau e do *Cartel*, Vilar tem uma consciência histórica de si mesmo e da sua posição. Tem o sentimento de que a sua teoria do teatro não é imutável; que uma inversão da hierarquia — que se acredita inerente à essência do fenômeno dramático — poderá vir a ser o desfecho da evolução do teatro contemporâneo. Depois de ter afirmado que o encenador não pode ser um criador, Vilar observa de repente que "os verdadeiros criadores dramáticos dos últimos 30 anos (o pronunciamento é de 1946) não são os autores, mas os encenadores" (*op. cit*, p.77). Uma

37. *Op. cit.*, p.65.

contradição? Não. É que Vilar encara o teatro com um olhar histórico: "Temos portanto vivido um período *estritamente inédito do teatro*, sem termo de comparação com o passado." Vilar faz essa constatação "sem júbilo" — a expressão aparece na sua exposição repetidas vezes. Mas trata-se da lúcida constatação de um paradoxo: os encenadores, que veneram o texto como uma religião, não conseguiram (ou não quiseram?) encontrar os autores que pudessem legitimar o humilde apagamento do homem de teatro. E então? Estaríamos diante de uma duplicidade desses artistas do palco que se desculpam pelas suas audácias através de um discurso no qual eles próprios só em parte acreditam, e que, conscientemente ou não, escolhem textos cuja fragilidade lhes deixa as mãos livres? Ou estaríamos num período de vacas magras no que diz respeito à literatura dramática? Vilar atribui esse avanço dos encenadores que passa por cima dos próprios pontos de vista às "brincadeiras um pouco pesadas, radicais-socialistas, do Sr. Jules Romains",[38] e "à massa cozida demais, ou mal cozida, dos autores contemporâneos que Pitoëff montava".[39] Entretanto, Vilar sabe muito bem que esse mesmo período foi o da descoberta de Pirandello, de Synge, de Claudel... Mas tudo se passa como se a história do teatro tivesse agora passado a correr em duas pistas. Como se à história tradicional dos textos e dos autores se acrescentasse, para o teatro contemporâneo, uma história das formas, das buscas, das inovações do palco, e Vilar pressente que essa história bem que poderá vir a superar a primeira:

> A história talvez esqueça os nomes de Shaw e Pirandello, por exemplo, mas de agora em diante não poderá deixar de se lembrar da obra, embora não escrita, dos encenadores; *da mesma forma como não esqueceu o papel da* commedia dell'arte *nos séculos XVI e XVII e no início do século XVIII.*[40]

Essas reflexões de Vilar no início da sua carreira são, no caso, bem reveladoras da situação de um diretor francês dos anos 1950. Vilar tem

---

38. Jouvet havia montado com triunfal sucesso as peças de Jules Romains *Knock*, em 1923, e *Donogoo*, em 1930.

39. O repertório dos Pitoëff — Georges e sua mulher Ludmilla — era, na verdade, bastante heterogêneo: d'Annunzio e Lenormand figuravam ali, lado a lado com Tchecov, Ibsen, Claudel e Pirandello.

40. *Op. cit.*,p.79.

consciência de estar assistindo a uma transformação, de estar participando dela, vivendo uma reviravolta na prática ocidental do teatro.

E é sintomático que o discípulo de Dullin designe como uma "heresia", mas uma heresia fascinante, essa idéia — que, no entanto, já estava há muito *no ar* — de que o encenador poderá vir a tornar-se o verdadeiro criador do teatro. Ele atribui essa visão do futuro menos a uma evolução histórica da arte cênica do que à fraqueza conjuntural dos escritores, incapazes de "devolver ao teatro as suas virtudes mágicas". Nessa época, Vilar adere explicitamente à herança de Artaud, preconiza um teatro do *sortilégio.*[41] Aos seus olhos não é que o encenador tome o poder: ele preenche um vazio. Um vazio que ameaça matar o teatro. E esse enamorado dos grandes textos encara a tomada do poder pelos encenadores com mais resignação do que entusiasmo. Estamos longe, em todo o caso, da reivindicação imperialista de Craig ou de Artaud.

> Considerando que não há poetas, embora haja tantos autores dramáticos; que a função de dramaturgo não tem sido, nos tempos de hoje, efetivamente assumida; e que, por outro lado, os iniciadores, os técnicos, quero dizer os diretores, têm ultrapassado, às vezes com felicidade, as fronteiras que uma moral conformista do teatro lhes havia fixado, é a estes últimos que devemos oferecer o papel de dramaturgo, essa tarefa esmagadora; e, uma vez isso admitido, não mais importuná-los nem tentar enfraquecer neles o gosto do absoluto.[42]

Essa evolução não é somente um fato consumado. Ela foi, se não provocada, pelo menos precipitada, por toda uma corrente do pensamento teatral que se vinha desenvolvendo desde o início do século, engrossada particularmente pelos escritos e pelas obras de Craig e Meyerhold no exterior e de Artaud e — numa medida menor — Baty na França.[43] Mesmo se os seus pontos de chegada são estéticas muito diferentes umas das outras, suas premissas são análogas.

---

41. Note-se que Vilar não acompanha exatamente a moda: em 1946, o palco francês é dominado por um teatro de reflexão — filosófica ou política — que tem uma desconfiança excessiva em relação aos faustos do espetáculo e da linguagem. *As moscas*, de Sartre, data de 1943; o seu *Entre quatro paredes*, bem como *O mal-entendido*, de Camus, de 1944; e *Calígula*, também de Camus, de 1945.

42. *Op. cit.*, p.85.

43. Sob certos aspectos a teoria brechtiana do espetáculo preconiza uma dessacralização do texto, e não uma desvalorização. Como demonstra a prática do Berliner Ensemble, essa teoria propõe uma utilização diferente do texto. Voltaremos a esse assunto.

A valorização do texto havia conduzido a uma verdadeira sacralização. Por um lado, as complacências da encenação a tornaram indigna das suas pretensões, incapaz de concretizar essa celebração do texto-ídolo. Por outro, o *textocentrismo* desviou o espetáculo ocidental para o trilho do mimetismo e do ilusionismo. O que significa que as possibilidades específicas do palco e do teatro não foram exploradas, nem sequer experimentadas, senão de modo intermitente. Em vez de dispor de meios e de liberdade para inventar formas novas, originais, emanadas diretamente da sua prática, o encenador teve de sujeitar-se a uma exigência de reprodução, mais ou menos estilizada, de modelos alheios ao teatro. Em outras palavras, o palco ocidental só abriga um teatro sem teatralidade!

O que alguns definiram como a utopia de Craig caracteriza-se pela supressão não tanto do texto dramático mas sim do autor, do predomínio e da autonomia que ele exige, em vez de conformar-se em ser apenas um dos elementos do espetáculo. Pois se o texto não é uma obra-prima, essa exigência do autor é presunçosa. E se ele é uma obra-prima, comporta o inconveniente de bastar-se a si mesmo. Confrontados com ele, os recursos do espetáculo reduzem-se a irrisórios simulacros. E, uma vez levado à cena, ele permanece sendo uma espécie de corpo estranho que o teatro não consegue integrar.

A encenação só se tornará uma arte quando for capaz de produzir obras. Utilizando — e por que não? — a palavra entre vários outros instrumentos, ela deverá ser totalmente concebida e realizada pelo *régisseur* (na terminologia de Craig, sinônimo de diretor ou encenador); e só disporá de verdadeira existência nos limites do espaço e do tempo da apresentação:

> O AMADOR DE TEATRO — Quer dizer que não se deveria nunca representar *Hamlet*?
> O DIRETOR — O que adianta tal afirmação? *Hamlet* continuará sendo representado ainda durante algum tempo, e o dever dos seus intérpretes será fazê-lo o melhor que puderem. Mas virá o dia em que o teatro não terá mais peças para representar, e criará obras próprias à sua arte.
> O AMADOR DE TEATRO — E essas obras parecerão incompletas quando apenas lidas ou recitadas?
> O DIRETOR — Sem dúvida, elas estarão incompletas em qualquer lugar

> outro que o palco, insuficientes sempre quando lhes faltarem a ação, a cor, a linha, a harmonia do movimento e do cenário.[44]

Esse texto de 1905 ilustra a audácia do pensamento de Craig quanto à especificidade da arte teatral. Na mesma época, em Moscou, Meyerhold separa-se do seu mestre Stanislavski para fundar a Sociedade do Drama Novo (1902) e trabalhar em completa oposição à estética naturalista, que, como já vimos, desenvolve-se através da materialização do potencial de um texto. Já Meyerhold quer explorar os recursos específicos do teatro e dominar todas as possibilidades de uma teatralidade em estado puro. Sem dúvida, ele encena *textos* (Maeterlinck, Calderon, Wedekind, Ibsen etc.), mas rejeita toda subordinação do espetáculo ao mimetismo psicológico ou ao realismo sociológico tão caros a Stanislavski.

A relação do espaço com o corpo do ator e com os seus gestos, o jogo de contrastes do movimento e da imobilidade, dos indivíduos e dos grupos, o uso sonoro da voz humana (gritos ritmados, murmúrios...), tudo isso torna-se uma matéria-prima privilegiada do teatro meyerholdiano, conforme demonstra a encenação por ele concebida para *Irmã Beatriz*, de Maeterlinck. Pesquisas de ordem pictórica e musical substituem o conteúdo humano do texto. Esse formalismo valeu-lhe fortes recriminações (por parte de Stanislavski, notadamente). E não há dúvida de que esse "teatro exclusivamente teatral" tende a desviar-se para um tipo de espetáculo próximo de formas não-dramáticas do teatro. Remetendo às artes plásticas, à pintura, à música, à dança, ele procura fixar as leis fundamentais da teatralidade. Dedica um intenso interesse às tradições estranhas ao *textocentrismo* ocidental, tais como as do balé, do circo, da *commedia dell'arte*, do nô ou da ópera chinesa.

Nos anos que se seguiram à Revolução de 1917, Meyerhold manteve essa orientação, conferindo à música, à luz, ao corpo humano uma função essencial na elaboração de formas especificamente teatrais. E o seu impulso contribuiu para que o palco se tornasse uma área de

---

44. *De l'art du théâtre*, primeiro diálogo, Lientier, p.118.

atuação construída e equipada de tal modo que todos os recursos de uma teatralidade pura possam se desencadear ali.

Quanto ao texto, Meyerhold não hesita em adaptá-lo, ao mesmo tempo para submetê-lo às suas pesquisas formais e para iluminar o seu significado histórico ou político. Cabe observar, a esse respeito, que a acusação de formalismo tantas vezes levantada contra o teatro de Meyerhold é, em última análise, precariamente fundamentada. Ele considera, apenas, que o sentido de um texto pode modificar-se de uma época para outra, de um público para outro, e que as *intenções* do autor não podem excluir outras referências na interpretação de uma peça e na sua encenação. Em 1918 ele monta, com a colaboração do autor, o *Mistério bufo*, de Maiakovski. Essa associação com o poeta futurista, com vistas à realização de uma "representação heróica, épica e satírica da nossa época", demonstra claramente que Meyerhold não almejava a exclusão do texto, mas uma articulação diferente do texto e do espetáculo. A continuação de sua carreira traz a confirmação disso: a palavra não domina mais o espaço cênico; o cenário ilusionista é substituído por uma organização funcional posta a serviço do virtuosismo corporal do ator; no lugar da interpretação psicológica inerente ao naturalismo de Stanislavski, a prática de um desempenho com máscara que impõe uma tipologia sem individualização — mas não necessariamente sem sutileza — e o recurso da *pré-representação* destinada a romper a identificação do espectador e do ator com o personagem.[45]

Nada disso impede Meyerhold, nem de longe, de "produzir um sentido", apoiando-se, sem respeito excessivo, em obras canônicas do repertório russo (Soukhovo-Kobylin, Ostrovski, Gogol, Griboiedov etc.). As peças modernas montadas por Meyerhold falavam também de problemas de interesse imediato para o espectador soviético contemporâneo: relações da URSS com o Ocidente capitalista, luta revolucionária da China, expansão da burocracia e do conformismo pequeno-

45. Pode-se definir essa técnica como uma das modalidades possíveis daquilo que Brecht chama de "distanciamento". Trata-se de procedimentos (pantomima) inspirados nos teatros do Extremo Oriente, e que permitem ao ator sair do seu personagem e comentar a sua interpretação.

burguês na nova sociedade...[46] E não é por acaso que homens de teatro como Piscator e Brecht, preocupados com a criação de formas novas adaptadas a um novo conteúdo e com a invenção de uma realização cênica crítica e política, atribuíram enorme importância às pesquisas de Meyerhold. Toda a sua obra demonstrou, com efeito, que, ao colocar em oposição o sentido e a forma, o teatro de texto e o teatro sem texto, deturpava-se e simplificava-se a crucial questão das relações entre texto e espetáculo.

Na França, Gaston Baty reagiu por sua vez contra a submissão da encenação ao texto, e retomou, ou reencontrou, as idéias de Craig sobre a supremacia do encenador: a finalidade do teatro é o espetáculo. Este só adquire a perfeição e homogeneidade que configuram uma obra de arte quando o encenador está na plenitude dos seus direitos como autor, como inventor. Nesse panorama, o escritor é apenas um técnico, entre vários outros. Suas intenções e seus desejos não podem prevalecer sobre os do encenador. "O homem de letras", escreve Baty a Lugné-Poe em 1917, "o pintor, o compositor, o ator darão a sua colaboração sob a direção do encenador, que será para eles aquilo que o regente é para os músicos." A metáfora sugere ao mesmo tempo o poder absoluto de um, a disciplina sem falhas dos outros, mas também a fusão de todos num projeto interpretativo que se trata de levar a um grau de perfeição que o tornará irrefutável. Pois existe o texto, aquilo que ele exprime e sugere; mas existe também um *além-do-texto*. A vocação do encenador, segundo Baty, consiste em fazer surgir esse rosto secreto. Essa idéia esclarece a sua prática teatral e permite, ao mesmo tempo, corrigir uma aparente contradição que lhe foi às vezes atribuída. Com efeito, alguns bons espíritos observaram que Baty reclamava a derrubada de *Sua Majestade a Palavra* do trono, enquanto perpetuava nas suas próprias realizações o teatro mais literário que se possa imaginar: obras-primas do repertório dramatúrgico (Racine, Musset), adaptações teatrais de romances (Flaubert, Dostoievski) etc.:

---

46. Inicialmente sustentada pelo Poder soviético, a arte de Meyerhold foi criticada a partir dos anos 1930 como incompatível com o "realismo socialista". Seu teatro foi fechado em 1938. No ano seguinte, Meyerhold foi preso. Parece ter morrido, segundo tudo indica, num campo de concentração, em 1940. Foi "reabilitado" em 1956.

> Um texto não pode dizer tudo. Ele vai até um certo ponto, lá até onde pode ir qualquer palavra. Além desse ponto começa uma outra zona, zona de mistério, de silêncio, daquilo que se costuma designar como atmosfera, ambiente, clima, conforme queiram. Expressar isso é o trabalho do encenador. Representamos o texto todo, tudo aquilo que o texto pode expressar, mas queremos também estendê-lo para aquela margem que as palavras sozinhas não conseguem alcançar.

Acontece que Baty procura nem tanto libertar-se do texto, mas sobretudo livrar-se das restrições que uma certa tradição, em nome dos pretensos direitos desse texto, impunha à criação do encenador. Isso explica as escolhas de Baty: autores e obras modernas de segunda ordem (*Intimité*, de Pellerin, em 1921 — *Maya*, de Gantillon, em 1924; *Prosper*, de Lucienne Favre, em 1934) que lhe deixam campo livre para exercer o seu extraordinário senso da magia teatral; adaptações de romances famosos (*Manon Lescaut*, *Madame Bovary*, *Crime e castigo*) que favorecem, na sua linguagem cênica, uma deslumbrante criação pictórica — como, por exemplo, na imagem da reunião dos agricultores de Yonville, com os reflexos dos fogos de artifício iluminando os rostos de Emma Bovary, de Carlos e de Rodolfo; e, finalmente, as obras consagradas, remetendo a uma tradição interpretativa que Baty se comprazia em despedaçar. Suas encenações de *Lorenzaccio* (1945), apresentado numa vitrine, ou de *Berenice* (1946), que ele faz apresentar na frente das futuras ruínas de Roma, contêm, na liberdade de sua concepção, um modernismo que anuncia, por exemplo, as *leituras* tipo antiferrugem de um Planchon ou um Chéreau.

Aproximadamente contemporânea de Baty, a teoria de Artaud revela-se, na prática, infinitamente mais radical, a tal ponto que muitos viram nela uma utopia poética mais do que um instrumento conceitual que permitisse *pensar* um *outro* espetáculo. Já na década de 1920 Artaud, como Baty, insurge-se contra a tirania do verbo. Não é que ele rejeite, de saída, qualquer utilização do texto. Reivindica apenas que o encenador tenha, em relação a esse texto, uma inteira liberdade de manobras. Opondo-se à concepção tradicionalmente *monossêmica*, ele afirma que o texto teatral possui uma riqueza polissêmica ampliada pela relação existente entre esse texto e o encenador: "A submissão ao autor", escreve Artaud em 1924, "a sujeição ao texto, que manifestação fúnebre! Pois cada texto tem infinitas possibilidades. O espírito do texto, sim, mas não a sua letra." (*OC*, t.1, p.213). E, a partir do Théâtre Alfred-Jarry que ele funda em 1927 com Roger Vitrac, a sua concepção afasta-se da de Baty, que até então ele seguira bastante de perto. O texto, para Artaud, torna-se em primeiro lugar um instrumento, o veículo, o trampolim de uma materialidade sonora, de uma energia física. Em outras palavras, ele rejeita — e *O teatro e seu duplo* reafirmará vitalmente essa recusa — tudo aquilo que define as qualidades literárias e poéticas que costumam ser valorizadas numa obra dramática:

> Uma única coisa nos parece invulnerável, uma única coisa nos parece verdadeira: o texto. Mas o texto enquanto realidade distinta, que existe por si mesma e se basta a si mesma, não quanto ao seu espírito, que estamos o menos possível dispostos a respeitar, mas simplesmente quanto ao deslocamento de ar que ele provoca. E ponto final.[47]

É que o palco artaudiano quer introduzir uma radical inversão de valores e hierarquias. O teatro deve afirmar-se como arte específica, autônoma. Deve contar apenas com as suas formas próprias, seus meios, suas técnicas. Não deve poder ser reduzido a nada que não seja ele mesmo. E antes de mais nada, precisa libertar-se da colonização da tutela do significado. Segundo Artaud, a vocação do teatro não é servir de veículo a um sentido intelectual, mas ser o lugar e o meio de uma comoção catártica do espectador. A intelectualização do teatro ocidental desvitalizou-o, tornou-o anêmico, como um câncer faz:

> Por que será que no teatro, pelo menos no teatro tal como o conhecemos na Europa, ou melhor, no Ocidente, tudo que é especificamente teatral, ou seja, tudo que não obedece à expressão através das palavras, ou ainda, se quiserem, tudo aquilo que não está contido no diálogo (e até o próprio diálogo, quando considerado em função de suas possibilidades de sonorização no palco, e das exigências dessa sonorização) seja relegado a um segundo plano?[48]

O texto literário procura, no melhor dos casos, uma emoção bem-comportada. O espetáculo artaudiano deveria, idealmente, deixar o espectador ofegante e, para chegar a isso, inventar uma linguagem

47. *Théâtre Alfred-Jarry première année saison 1926-1927* (*OC*, t.2, p.18).
48. *O teatro e seu duplo*, capítulo intitulado "A encenação e a metafísica".

encantatória cuja violência fosse capaz de atravessar esse casco endurecido sob o qual as palavras aprisionam os homens. Os homens que, na visão de Artaud, deveriam ser "como supliciados que são queimados vivos e fazem sinais das suas fogueiras" (*op. cit.*, p.18).

Como vemos, se a dramaturgia artaudiana expulsa as estruturas intelectualizadas do texto, isso ocorre não simplesmente para devolver ao diretor uma liberdade criadora perdida, mas sim, essencialmente, porque o trabalho teatral se atribui uma outra missão, na qual a própria noção de obra de arte fica completamente irrisória. O teatro de Artaud pretende tomar o lugar de um mundo no qual reina a morte, tornar-se espaço de verdadeira vida, ainda que a comoção faça o espectador gritar... "A tarefa mais urgente me parece a de determinar em que consiste essa linguagem física, essa linguagem material e sólida através da qual o teatro possa tornar-se diferente da palavra" (*op. cit.*, p.46).

Se Artaud elimina o texto, ele conserva as palavras. Pois as palavras podem servir de base a uma prática esquecida pelo teatro contemporâneo, embora muito antiga. Prática usada nos rituais, nas cerimônias mágicas: a prática encantatória, cujos poderes a linguagem poética se empenha às vezes em reencontrar: "As palavras serão utilizadas num sentido encantatório, verdadeiramente mágico — em função de sua forma, de suas emanações sensíveis, e não mais de seu significado."[49]

Não se trata portanto de expulsar o texto para reencontrar formas já catalogadas da teatralidade. O que é anulado aqui é tudo aquilo que produz *sentido, mensagem*; o autor, sem dúvida, mas de certa maneira também o encenador. Pois, a partir dessa visão, o único sentido haverá de emergir do acontecimento teatral. Quer dizer que escapará do domínio tanto do autor quanto do diretor. Surgirá daquilo que mais tarde Grotowski chamará de *encontro*. Do confronto entre espectador e espetáculo. De uma sacudidela violenta, de uma comoção, de uma transformação do primeiro pelo segundo.

Se o teatro de Artaud nunca conseguiu concretizar-se,[50] se os projetos de Artaud, realizados ou não, revelam senão uma contradição,

---

49. *Op. cit.*, capítulo "O Teatro da Crueldade, segundo manifesto".

50. Artaud era o primeiro a dar-se conta de que nunca havia conseguido materializar o seu "Teatro da Crueldade". E, mais tarde, as tentativas mais convincentes do teatro contemporâneo entre aquelas referidas como suas aproximações ou etapas — as do Living Theatre e de

ao menos uma distorção entre o teórico e o prático, nada disso afeta, em última análise, a importância de sua obra para o conjunto do teatro contemporâneo. O extremismo da sua utopia permitiu sem dúvida a esse teatro *pensar* a derrubada completa do sistema de valores e de formas no qual se baseava até então a arte da encenação.

E como se apresenta o emprego do texto no teatro contemporâneo?

Uma das tendências mais famosas do pós-guerra é certamente a de Brecht, cuja importância pode ser aferida pela sua repercussão sobre o teatro internacional dos últimos 20 anos.

A teoria brechtiana do teatro coloca o problema do texto em termos novos. Não se trata mais, com efeito, de saber que importância lhe deve ser atribuída em relação aos outros elementos do espetáculo, nem de definir um esquema de subordinação mais ou menos acentuada desses outros elementos frente ao texto. Brecht interroga-se sobre a função do texto dentro do conjunto da realização cênica, sobre as possibilidades que ele oferece de representar diversos significados, seja por oposição àquilo que o palco deixa à mostra, seja por sua adaptação (ou inadaptação) a um público particular.

Uma das originalidades da prática brechtiana consiste em fazer intervir concomitantemente diversos modos de teatralização do texto: os diálogos, é certo, mas também os *songs*, sem falar no material gráfico (tabuletas, projeções, inscrições, diagramas, *slogans* etc.). Os *songs* intervêm, como se sabe, como instrumentos do *distanciamento* (a esse respeito, ver capítulo IV, p.140), no sentido de que introduzem um sistema de quebras destinado a romper a continuidade da ação, a *naturalidade* de uma interpretação, a identificação com o personagem. Ruptura, em primeiro lugar, entre o personagem e o ator: o *song* é cantado pelo ator, "de frente para o público", e o personagem que esse ator encarna é provisoriamente relegado a um segundo plano. Ele não é anulado, pois o intérprete se parece ainda com o personagem, mas fica, digamos, como que *suspenso*. O que tem como resultado lembrar que o personagem não é uma imitação do real, mas uma simulação,

---

Grotowski — permitiram sobretudo que o sonho artaudiano fosse sonhado por um público cada vez mais amplo.

um objeto fictício. Essa primeira ruptura é reforçada por duas outras separações: a que é imposta pela passagem da *fala falada* para a *fala cantada*, e a que opõe mutuamente dois significados, uma vez que o *discurso do song* comenta, de maneira freqüentemente irônica ou crítica, o do personagem, bem como o seu comportamento. Cabe acrescentar a tudo isso a intervenção da partitura musical que pode introduzir conotações opostas àquelas veiculadas pelas letras do *song*. Finalmente, o efeito de distanciamento é ainda enfatizado pelo isolamento do número cantado (mudança da iluminação, em princípio fixa, contraponto do texto escrito que exibe, numa tela ou tabuleta, o título da canção etc.) no conjunto do espetáculo. Como vemos, a novidade da prática brechtiana tem a ver com a invenção de um texto *plural*, cuja heterogeneidade reforça as possibilidades significantes, através da dialética semiológica que introduz.

Quanto aos elementos gráficos do espetáculo, eles realizam o mais surpreendente dos paradoxos: integrar o básico do textual — a linguagem escrita — numa prática artística que pareceria, *a priori*, excluir tal recurso. Tomar como referência as famosas *tabuletas* elisabetanas é, sem dúvida, inevitável. Assim como cabe frisar uma diferença essencial: para o teatro elisabetano, a *tabuleta* é um instrumento meramente funcional, um meio elegante de resolver o espinhoso problema da localização da ação.

Talvez valesse a pena relembrar também o cinema mudo. Mas o surgimento do filme falado atesta que também aqui a inserção de um texto escrito na continuidade do espetáculo não passava de uma solução instrumental, que desapareceria tão logo a técnica permitisse integrar no filme o verdadeiro diálogo falado. Em Brecht, o texto a ser *lido* reintroduz o mundo real como um dado exterior, ainda que não alheio, ao espetáculo. Este não é mais um universo fechado sobre si mesmo. Os cartazes isolam os "quadros", cortam a ação. Portanto, o espetáculo não pode mais ser recebido como uma reprodução mimética (ilusionista, mistificadora) de uma realidade da qual ele pretenderia oferecer a totalidade. Mas, inversamente, não pode tampouco ser reduzido a uma ficção que não representa nada além da sua própria fabulação.[51]

---

51. A título de exemplo, podemos citar *A resistível ascensão de Arturo Ui*. Nessa *parábola* cada quadro se encerra pelo aparecimento de um texto escrito que permite articular a "palhaçada"

No que diz respeito ao diálogo propriamente dito, ele recebe um tratamento que não é sempre, ou não é continuamente, o do teatro realista. Aqui também a heterogeneidade é um traço essencial da escrita brechtiana. Por exemplo, *Arturo Ui* mistura sutilmente — e a mistura dá às falas um colorido bastante artificial — as referências culturais (a tradução alemã de Shakespeare feita por Schlegel, de uma nobreza bem acadêmica) e a trivialidade que se espera de medíocres *gangsters* ítalo-americanos, a prosa e os versos... Essa heterogeneidade da escrita coloca o ator *em falso* e lhe proíbe tanto a representação heróica (*o grande estilo*) como o mimetismo naturalista. Desse modo, o texto, como qualquer instrumento da representação, é exibido assumidamente enquanto texto de teatro, mostrado como um artefato, uma combinação de referência que articula elementos incompatíveis pelo critério da verossimilhança.

Se acrescentarmos o fato de que as técnicas da encenação *épica* multiplicam os recursos significantes do espaço (cenografia, objetos etc.), da representação do ator, da música etc., há de se convir que a dramaturgia brechtiana demonstra meridianamente o caráter enganador do debate que pretende contrapor o texto ao espetáculo, o teatro do significado ao teatro do significante. Brecht mostra, com efeito, que o espetacular não é forçosamente insignificante[52] e que entre a idéia e a imagem cênica não existe uma incompatibilidade insuperável. Pelo contrário, aos olhos de Brecht uma idéia só é legitimada teatralmente a partir do momento em que ela consegue visualizar-se. Um dos exemplos mais freqüentemente citados para ilustrar tal concepção é sem dúvida o quadro de paramentação do papa, em *Galileu Galilei* (quadro 12): eleito papa, com o nome de Urbano VIII, o cardeal Barberini é um matemático humanista aberto às exigências da liberdade indispensável à pesquisa científica. Inclina-se, portanto, a tomar a defesa de Galileu. "A medida que o quadro se desenrola, especifica Brecht, ele desaparece mais e mais debaixo de grandiosas vestimentas." Assim opera-se *visual-*

---

que acaba de ser representada com a realidade histórica — a tomada do poder pelos nazistas — da qual ela ofereceu uma paródia ao mesmo tempo burlesca e estridente.

52. Se é verdade que o teatro épico "conta" em vez de "mostrar", seria equivocado pensar que ele favorece o discurso em detrimento do espetáculo. Não há nada mais conciso e visual do que um espetáculo brechtiano.

mente a transformação do indivíduo cuja função social se transforma. O cardeal se apaga, cedendo lugar ao papa Urbano VIII, ao chefe da Igreja católica que assume a continuidade de sua política. Quando terminou de paramentar-se com os ornatos pontificais, o novo papa cede à insistência do cardeal inquisidor: o sábio será entregue à Inquisição.

Sob certos aspectos, a prática brechtiana da encenação confirma os fundamentos das exigências de um Craig ou de um Artaud. Para alcançar a plenitude da sua eficiência, o espetáculo teatral deve ter um único mestre-de-obras. Não é por acaso que Brecht é ao mesmo tempo teórico, autor teatral e encenador, e que se apodera, se for o caso desviando-as completamente do seu sentido original, das obras de Sófocles ou de Shakespeare.

Ao mesmo tempo, Brecht prova que, uma vez respeitadas certas condições, o poder absoluto do texto (isto é, do autor) não resulta em castração do poder criador do encenador, nem tampouco em feitura insípida do espetáculo. O comportamento pessoal de Brecht, submetendo seu texto à prova dos ensaios, remanejando-o constantemente no decorrer do trabalho com os atores, mostra claramente que a uma nova utilização do texto pode e deve corresponder uma nova atitude do escritor em relação aos escalões da produção do espetáculo. Mas será que, no fundo, trata-se de uma novidade? A divisão das tarefas e a recusa, seja ela arrogante ou resignada, que o escritor opõe à idéia de intervir no trabalho cênico são, na verdade, um fenômeno histórico: antes do período romântico (Musset etc.) o autor dramático trabalhava freqüentemente como ator e *diretor* (Sófocles, Shakespeare, Molière etc.) ou, em todo o caso, interessava-se de perto pela tradução cênica da sua obra: Racine dirigia minuciosamente os desempenhos de Mlle Champmeslé, e Marivaux os de Sílvia.[53]

Apesar da diversificação das concepções e práticas que se afirmaram ao longo do século XX, existia ao menos uma resposta comum à questão de saber quem era o *criador* do texto: o autor. E isso mesmo

53. Inversamente, pode-se supor que as práticas do palco de que eles foram testemunhas devem ter tido uma influência — mas como avaliá-la com exatidão? — sobre a sua dramaturgia e a escrita dos seus textos.

quando se tratava de proclamar o predomínio do ator ou do diretor. O próprio Artaud propunha-se a recorrer ao abominado autor quando falava em encenar obras "sem levar em conta o texto" (*O teatro e seu duplo*). Peça elisabetana, melodrama romântico, conto do marquês de Sade, história de Barba Azul e até mesmo "o *Woyzeck* de Büchner, por espírito de reação contra os nossos princípios, e a título de exemplo daquilo que se pode tirar cenicamente de um determinado texto" (*op. cit.*). E quando opta por adaptar *Os Cenci*, longe de abolir o autor, multiplica a sua presença, pois escolhe curiosamente um *assunto* que se tornou *texto* várias vezes (Stendhal, Shelley etc.). Enfim, o procedimento de Artaud não é muito diferente do de Baty ao adaptar Flaubert. Ao mesmo tempo, a relação irreverente que ele mantém (ou pretende manter) com os textos é característica de um tratamento novo, que reencontraremos tanto em Brecht, quando ele se apodera de Marlowe, Shakespeare ou Jenz, como em Jerzy Grotowski.

Este último é inegavelmente uma das revelações mais fortes dos últimos anos, e o seu trabalho tem sido freqüentemente comparado com o de Artaud. Com a sua equipe de poucas pessoas do Teatro Laboratório de Wroclaw, ele voltou a concentrar o foco da problemática da representação no ator, e isso de um modo radical. O ator torna-se seu próprio personagem. Ele executa diante do espectador (mas não especificamente *para* ele) aquilo que Grotowski chama um *ato de desvendamento*. Nessas condições, o personagem tradicional não tem mais razão de ser. Ele servirá, porém, de molde, permitindo uma formalização decifrável do trabalho do ator. O que coloca, como vemos, a questão do lugar e até mesmo da natureza do texto no teatro de Grotowski.

Seria de esperar que esse tipo de teatro produzisse seus próprios textos, independentemente de qualquer consideração *literária* ou *artística*; que o ator seja mestre absoluto do discurso através do qual pretende *desvendar-se*. Basta, porém, consultar os programas do Teatro Laboratório para constatar que esse não é positivamente o caso. Encontramos ali os maiores nomes do repertório internacional: Byron (*Caim*, 1960), Marlowe (*Fausto*, 1963), Calderón (*O príncipe constante*, 1965); e os da literatura polonesa: Mickiewicz, Slowacki, Wyspianski. O último *espetáculo* apresentado em público, *Apocalypsis cum figuris*, define-se como uma coletânea de textos variados extraídos da Bíblia, de Dostoievski, de T.S. Eliot etc. Por outro lado, o *tratamento* do texto constitui-se numa operação essencial para a prática teatral grotowskiana. No seu livro *Em busca de um teatro pobre*, Grotowski dedica nada menos de três capítulos a esse problema. É fácil adivinhar, com efeito, que os grandes textos não são ali montados num espírito museográfico, e que a "fidelidade às intenções do autor" está longe de constituir a maior preocupação desse teatro.

O recurso ao texto, na experiência de Grotowski, fica mais claro quando levamos em consideração que o autodesnudamento do ator não deve ser um processo narcisista. Seu objetivo e sua função consistem em fazer ressoar alguma coisa na intimidade mais profunda do espectador, em atingi-lo num plano a que o teatro tradicional não tem acesso. Ora, esse *encontro* — para empregar mais uma vez a terminologia grotowskiana — não pode basear-se exclusivamente na experiência vital individual do ator. Por natureza, tal experiência é insuscetível de ser comunicada. E preciso chegar, portanto, à definição de um campo comum ao espectador e ao ator, de um espaço onde duas realidades existenciais possam *encontrar-se*. Segundo Grotowski, esse espaço é, em última análise, delimitado por um sistema de valores e tabus ao qual toda uma coletividade aderiu há várias gerações, e graças ao qual pôde, justamente, definir-se como coletividade específica. Trata-se portanto de uma herança, de uma experiência comum que se cristaliza e se formaliza através dos grandes mitos que fundam ou constituem uma cultura. Dentro dessa perspectiva, compreende-se melhor por que a *matriz* de um espetáculo de Grotowski deverá ser um *texto* carregado de uma dimensão mitológica e habitado por personagens-arquétipos. Isso explica também as precauções de Grotowski: uma tal experiência talvez seja suscetível de ser transposta, mas não de ser transportada, no sentido de que é indissociável do substrato cultural especificamente polonês, onde se cruzam o cristianismo e a tradição greco-latina.[54]

54. Vale a pena notar que as grandes figuras da tradição cristã atravessam freqüentemente os espetáculos grotowskianos: Caim, Cristo (*O idiota, O príncipe constante*) Deus e o Diabo (*Fausto*), diversas figuras evangélicas (*Akropolis, Apocalypsis cum figuris*) etc.

Essa experiência coletiva tem portanto, em primeiro lugar, uma dimensão diacrônica: ela provém de uma memória cultural. Mas ao mesmo tempo ela deve assumir uma dimensão sincrônica, para não correr o risco de significar um retorno ao tradicional teatro de celebração cultural. Ela deve pertencer à memória pessoal do ator e do espectador. Dai o movimento em mão dupla que anima a busca do ator grotowskiano e institui uma verdadeira dialética da *adoração* e da *profanação* (os termos são de Grotowski): os mitos em que está enraizada a memória coletiva são retomados, *reativados* — esta é a *adoração*; ao mesmo tempo, são confrontados com uma realidade existencial contemporânea que pode contestá-los, pulverizá-los — eis a *profanação*. Grotowski explica:

> Essas obras me fascinam, porque nos proporcionam a possibilidade de um confronto sincero, um *confronto* brutal e repentino, entre, por um lado, as crenças e experiências de vida das gerações que nos precederam e, por outro, as nossas próprias experiências e preconceitos.[55]

Este processo de *confronto* justifica o tratamento do texto. Ele é triturado, remodelado ao sabor das exigências da introspecção e do autodesnudamento empreendidos pelo ator; ou seja, a partir de uma relação que é estabelecida entre o mito (experiência coletiva) e a "vivência" pessoal.

Um exemplo concreto permitirá certamente captar melhor o processo grotowskiano. Na origem de *Akropolis* existe um drama político de Wyspianski, próximo do teatro simbolista. Na catedral de Cracóvia, numa noite da Ressurreição, as figuras das tapeçarias, dos quadros e das esculturas ganham vida. Diante do público são representadas algumas das grandes cenas da mitologia grega e do Antigo Testamento. Em suma, um cerimonial que celebra essa tradição cultural múltipla onde está enraizado aquilo que poderíamos chamar o ser polonês. Mas essa tradição fundamental de uma harmonia, de uma unidade, de uma especificidade, é confrontada por Grotowski com uma outra experiência, esta contemporânea e radicalmente antinômica da primeira. A afirmação dos valores humanos (humanistas) é como que ampliada pelo telescópio da sua própria negação. A memória cultural de um povo,

55. *Em busca de um teatro pobre.*

seus mitos e aquilo que eles proclamam serão encarados a partir de um outro espaço de memória, o da experiência dos campos de concentração.

Portanto, a *Akropolis* de Grotowski não está mais situada na catedral de Cracóvia, mas num campo de extermínio. Com isso, entram em choque as duas concretizações antagônicas do pensamento e da *civilização* do Ocidente. Os presos representam, num universo de pesadelo, os grandes mitos exaltados por Wyspianski. Desse modo, os valores humanistas e cristãos ligados a esses mitos (amor, caridade, abnegação etc.) são simultaneamente afirmados e postos em questão, adotados e profanados, através do processo de desumanização do campo de concentração:

> A derradeira visão de esperança é salpicada de sarcasmo blasfematório. Tal como é representada, a peça pode ser interpretada como um apelo à memória ética do espectador, ao seu subconsciente moral. O que se passaria com ele se fosse submetido ao teste supremo? Seria transformado numa vazia concha humana? Tornar-se-ia vítima desses mitos coletivos criados para fins de autoconsolo?

Como vemos, não se trata portanto, ou não se trata apenas, de um teatro polêmico. Ele não afirma o desmoronamento de um sistema de valores que se tornaram mistificadores no quadro de uma realidade que os despedaça. Teatro da interrogação, ele propõe ao espectador uma experiência dos limites. No fundo de si mesmo o espectador descobrirá a função dessa rememoração coletiva: processo de expulsão, de desalienação, ou então último recurso contra um universo que o nega, ato extremo de resistência contra a animalidade que o submerge...

Com a experiência de Grotowski, portanto, a resposta à pergunta sobre quem é o criador do texto sofre uma modificação. É o autor, sem dúvida, mas não é mais apenas ele. O ator e a coletividade em que ele se insere participam da elaboração do texto. A partir de então, não é mais difícil imaginar uma outra prática, que excluiria a necessidade de recorrer a um texto-pretexto, a um texto anteriormente constituído. Daí em diante, é o conjunto de todos os que representam o texto que se constitui no seu autor coletivo.

A criação dramatúrgica coletiva caracteriza as buscas mais inovadoras dos anos 1970. E é nesse caminho que o Théâtre du Soleil e a sua animadora Ariane Mnouchkine decidem engajar-se a partir de 1969.

Até então o grupo havia apresentado, numa abordagem mais tradicional dos respectivos textos, peças como *A cozinha*, de Arnold Wesker, e *Sonho de uma noite de verão*.

A dramaturgia coletiva pressupõe a invenção de um método. E é evidente que cada ator não vai, no seu cantinho, *escrever* o seu papel, ou uma cena. O Théâtre du Soleil desenvolve por conseguinte um amplo trabalho de *improvisação*, baseado em temas, roteiros ou indicações técnicas e estilísticas utilizados como pontos de referência: os palhaços, os personagens tradicionais da *commedia dell'arte* etc. Não é por acaso que são exploradas formas fixas, práticas catalogadas de representação sem autor e de criação do texto a partir da própria representação dos comediantes. O primeiro espetáculo concebido desse modo, *Les clowns* (1969), constitui uma espécie de batismo de fogo que revelou a necessidade de ultrapassar a estrutura demasiadamente frouxa dos números justapostos e de integrá-los num conjunto orgânico. É assim que foi elaborado *1789*. Ariane Mnouchkine sugeriu como hipótese geradora da obra a seguinte idéia:

> O Théâtre du Soleil representa um espetáculo dado por saltimbancos de 1789 que, a qualquer momento, devem ser capazes de emitir um julgamento crítico sobre o personagem que encarnam.[56]

A partir disso, são os grandes acontecimentos, colhidos e mitificados pela memória coletiva, que orientam o trabalho de improvisação: a Tomada da Bastilha, a convocação dos estados gerais; ou, ainda, uma soma de conhecimentos históricos sobre as diversas camadas sociais da época, a escassez de gêneros, a recuperação da Revolução pela burguesia, que foi a sua verdadeira força instigadora...

Em 1972, *1793* dá continuidade ao primeiro espetáculo. Trata-se, também aí, de um trabalho de escrita coletiva que se propõe mostrar a História vista pelo povo. O dado que norteia a representação não é mais exatamente o mesmo: os atores representam, dessa vez, "o papel dos membros da Guarda Nacional e outros populares que contam, uns aos outros, a Revolução" (texto de *1793*). Nessa perspectiva, o texto nasce, ao mesmo tempo que o espetáculo, do próprio corpo e da voz

---

56. Texto de *1789*.

do ator que procura, freqüentemente às cegas, o *seu* personagem. A improvisação, é bom frisar, não se apóia exclusivamente na memória e na espontaneidade individuais. Ela utiliza também o trampolim da reflexão coletiva, da leitura de textos documentários, históricos etc., ou qualquer outro material que possa enriquecer a pesquisa do improvisador. É lido, por exemplo, o relato sobre a jornada de 14 de julho redigido por um relojoeiro da época. Os atores trabalham em grupos intercambiáveis. A encenadora Ariane Mnouchkine intervém para propor idéias, evitar que as improvisações se desviem para longe das formas fundamentais que devem assegurar a unidade e a coerência do espetáculo. Ela é mais um guia do que um *régisseur* no sentido que Craig deu ao termo, pois se abstém de impor dogmaticamente uma visão pessoal a ser materializada pelos intérpretes.[57]

Com *L'âge d'or (première ébauche)*, em 1975, o Théâtre du Soleil continua e aprofunda a sua pesquisa. Trata-se, no caso, de inventar uma forma de espetáculo, mais uma vez baseada em dramaturgia coletiva, e que, tomando o cuidado de evitar as armadilhas da imitação realista, seja uma evocação da realidade contemporânea. Os atores optam por recorrer às técnicas de palhaços, que aprenderam a dominar anteriormente, e decidem fazer reviver também as da *commedia dell'arte*, desempenhando os tipos que aquele teatro criou e consagrou (Arlequim, Pantaleão, Brighella etc.), mas também procurando inventar outros, sugeridos pela vida moderna. Os primeiros conservam os grandes traços estruturais dos seus modelos: Arlequim é ingênuo e guloso, e Pantaleão, como sempre, ávido e libidinoso. Entretanto, sua posição social é transposta e adaptada à realidade do mundo contemporâneo. Arlequim será Abdallah, o trabalhador imigrado; e Pantaleão será um corretor imobiliário.

O texto é, portanto, inventado a partir de um conjunto de regras deliberadamente assumidas: as da tradição — por exemplo, redescoberta da expressividade da representação com máscaras; mas também as

57. Essa nova relação que se estabelece entre o encenador e os seus atores é suscetível de ser comparada à que existe entre Grotowski e os integrantes do seu elenco do Teatro Laboratório de Wroclaw.

opressões impostas pelas situações características da época atual — aborto, drogas, trabalho num canteiro de obras etc. — que obrigam a inovar. O trabalho do elenco apóia-se, como nos espetáculos anteriores, na reflexão, análise e crítica coletivas, mas também no contato com públicos socialmente homogêneos (imigrantes, mineiros da região de Cévennes, trabalhadores das usinas da Kodak), aos quais se pede que sugiram temas para as improvisações, as critiquem, forneçam detalhes técnicos e psicológicos sobre sua vida profissional, seu enquadramento social etc.

O sucesso de *L'âge d'or* poderia provar, se tal prova fosse necessária, que uma experiência de vanguarda não é por natureza incompatível com o gosto de um grande público. E, em todo o caso, o Théâtre du Soleil demonstrou a viabilidade de um modo diferente de criação do texto. Essa nova prática engaja toda uma coletividade; e elimina, ou pelo menos atenua, o tão deplorado corte que afasta, no teatro tradicional, os especialistas ativos dos espectadores passivos. Ela retira as divisões que separam as competências.

Como se coloca, diante de tal desfecho, o *status* do texto? Ele perde sem dúvida o aspecto *sagrado* que emanava, tradicionalmente, das suas virtudes literárias — mas pode-se afirmar que essa perda representa um prejuízo? O espetáculo não aparece mais, em relação ao texto, como uma espécie de extensão, sem dúvida sedutora, mas em última análise pouco essencial. Com efeito, o texto de autor apresenta-se sempre como um objeto de leitura independente de qualquer realização cênica, e que se basta a si mesmo. As criações textuais coletivas, pelo contrário, não pretendem ser outra coisa senão instrumento de um espetáculo. É que elas, por si sós, não constituem mais exatamente esses organismos autônomos, fechados sobre si mesmos, que se costumava chamar de *obras dramáticas*.

É sintomático, a esse respeito, que o Théâtre du Soleil se tenha negado a publicar o texto de *L'âge d'or*, contrariamente ao que fizera com *1789* e *1793*. O grupo justifica essa decisão com dois argumentos. Em primeiro lugar, em *L'âge d'or* a dimensão verbal é indissociável da dimensão gestual, esta sendo freqüentemente fonte daquela. Publicar apenas o diálogo, mesmo acompanhado de rubricas detalhadas, equivaleria no fundo a modificar e mutilar o verdadeiro texto. Por outro lado, equivaleria a cristalizá-lo num estado pretensamente definitivo, quando, na concepção do grupo, se trata de um "primeiro esboço".

Isso mostra que estamos aqui diante de uma nova concepção do texto dramático. Não mais uma "obra", mas aquilo que os anglo-saxões chamam de *work in progress*, um material aberto, transformável. Uma novidade que talvez seja apenas a restauração de uma tradição esquecida: basta lembrar os roteiros da *commedia dell'arte* que os elencos utilizavam, nas suas peregrinações, com a maior das liberdades. Adaptando-os às possibilidades e aos recursos dos comediantes. Adaptando-os ao contexto político e social do momento e do lugar de representação. Texto múltiplo, portanto, suscetível de infinitas modificações, inseparável da sua representação. E, por isso mesmo, impublicável.

É incontestável que hoje em dia o encenador conseguiu libertar-se da tutela do autor. Excetuando alguns espíritos rabugentos, o público aceitou julgar uma encenação pelo critério do seu rigor, da sua riqueza, originalidade etc., enfim, das suas qualidades intrínsecas, e não mais em função de uma pretensa fidelidade que na maioria das vezes representava apenas uma idéia mais ou menos pessoal, mais ou menos adquirida, que cada espectador se fazia do texto em questão.

E no entanto, contrariando os receios de uns e os desejos de outros, as experiências contemporâneas, mesmo as mais audaciosas, não inventaram um teatro sem texto. Os maiores acontecimentos dos últimos 30 anos, em matéria de encenação, pertenceram claramente a um teatro em que o texto permanece sendo um dos pilares do edifício, quer se trate de obras do repertório clássico montadas de maneira totalmente inovadora — as montagens das obras de Molière por Planchon ou Vitez, por exemplo, ou o *Lorenzaccio* dirigido por Otmar Krejca no Teatro Za Branou de Praga (1969), as encenações shakespearianas de Peter Brook, sobretudo o *Rei Lear* e o *Sonho de uma noite de verão*, os Goldoni de Strehler etc., quer se trate de textos novos, tornados resplandecentes pelas mais variadas encenações: *As criadas*, de Genet, criadas por Jouvet em 1947 e retomadas sob ângulos completamente novos por Victor Garcia e Jean-Marie Patte, ou *A resistível ascensão de Arturo Ui*, de Brecht, em apresentações encenadas com poucos anos de intervalo por Manfred Wekwerth e Peter Palitszch no Berliner Ensemble, por Jean Vilar no Théâtre National Populaire, por De Bosio em Turim, por Erwin Axer em Varsóvia.

Ao mesmo tempo, outras fórmulas de tratamento e de criação do texto surgiram e se firmaram. É o caso, notadamente, da adaptação, da colagem, do uso da improvisação, da criação coletiva etc. Nada disso impede que em última instância o espectador esteja colocado em confronto com um texto, muitas vezes denso e forte, e sempre de primeira importância no que se refere ao desejo de transmitir um significado. Os brilhantes sucessos do Théâtre du Soleil, do Théâtre de l'Aquarium e de vários outros grupos que lamentavelmente não é possível citar aqui dão disso um expressivo testemunho.

Tudo isso prova que as reações de rejeição surgidas na primeira metade do século não produziram o efeito destruidor que se podia esperar ou recear. Nenhum encenador conseguiu, e no fundo nem sequer procurou, anular o texto. Em compensação, esse movimento suscitou um outro tipo de texto, completamente integrado ao espetáculo, a ponto de tornar-se indissociável deste, mesmo quando existe na fonte um grande clássico da literatura: é o caso, por exemplo, de *Orlando furioso* adaptado do original de Ariosto por Edoardo Sanguinetti, e que ninguém cogitaria, entretanto, de dissociar do extraordinário espetáculo que Luca Ronconi soube extrair dali (1969).

A grande novidade talvez consista, afinal de contas, na coexistência de dois tipos de textos bastante diferentes: os que podem ser apreciados, conforme a tradição nos havia acostumado, no simples ato de leitura independentemente de sua existência cênica. Será preciso dizer que é possível encontrar prazer e interesse na leitura do teatro de Brecht, de Genet ou de Beckett? E, do outro lado, temos os textos que não existem nem pretendem existir fora do teatro. É justo, com efeito, reconhecer que a leitura de *1789*, de *Orlando furioso*, de *Frankenstein* ou de *Paradise now* (Living Theatre), bem como a de *O príncipe constante* (Grotowski) ou de *Einstein on the beach* (Bob Wilson), para mencionar apenas alguns grandes acontecimentos do teatro dos últimos tempos, não proporciona senão um interesse documentário. Ora, todos esses textos revelaram-se na prática maravilhosos instrumentos de teatro. Textos admiravelmente *funcionais*, sem dúvida, e idealmente adaptados à finalidade de representação que os fez nascer. Ao mesmo tempo, textos de grande riqueza de significados e de grande eficiência poética, ou melhor — e esta nuança explica decerto o essencial — trampolins, suportes para espetáculos dos quais jorram significado e poesia. Trata-se portanto, neste último caso, de textos que têm como uma das características fundamentais precisamente o fato de serem indissociáveis da representação para a qual e pela qual foram concebidos. E isso a tal ponto, aliás, que não se imagina como eles poderiam prestar-se a experiências múltiplas de encenação.[58] Seria inútil procurar estabelecer uma hierarquia entre essas duas categorias de textos. É incontestável que no segundo caso se trata *também* de grandes textos de teatro, mas por motivos diferentes dos que são responsáveis pela admiração que dedicamos aos textos de autor.

O autor, aliás, não foi deixado de lado nessa evolução da prática teatral. O mecanismo tradicional não desapareceu em absoluto, e continuamos vendo excelentes autores confiando suas obras a excelentes diretores encarregados de providenciar a sua representação teatral, dentro de um completo acordo estético e ideológico. Mas a recusa de divisões estanques talvez seja fenômeno ainda mais característico da época atual: os melhores autores não hesitam em tornar-se encenadores de suas peças (Samuel Beckett, Marguerite Duras etc.), do mesmo modo como os diretores se dispõem a escrever seus próprios textos (Roger Planchon e outros). É uma forma como outra qualquer de dar razão aos homens de teatro que, desde Craig e Artaud, preconizam a unificação das contribuições criativas no teatro.

Ainda por cima, o escritor profissional não é absolutamente excluído das novas formas de escrita que se impuseram. Ele pode entrosar-se no trabalho coletivo, assumir as funções de *dramaturgo*, de conselheiro em dramaturgia, como no Berliner Ensemble e nas companhias de inspiração brechtiana. Ele proporá, então, não tanto textos, mas *soluções textuais* aos problemas que se apresentam; dará forma àquilo que é esboçado no trabalho de improvisação ou de ensaios; ou ainda, adaptará, transformará tal texto adotado como ponto de partida, não mais ao sabor de sua inspiração, mas atendendo a necessidades precisas do encenador e dos seus intérpretes.

É portanto um completo equívoco falar, como o fazia Vilar logo após a guerra e como se faz às vezes ainda hoje, de uma decadência dos

58. É significativo que nenhum encenador tenha tido a idéia de remontar — como se remonta *Tartufo* — um *Orlando furioso*, *1789*, *Paradise now*, *Akropolis* ou *O olhar do surdo*... Isso, sem dúvida, porque o verdadeiro autor é aqui o encenador. E quem teria a idéia de reescrever *Tartufo*?

autores dramáticos, de uma crise de vocações... A evolução a que assistimos assemelha-se a uma mutação. O lugar e a função do autor teatral estão sendo fundamentalmente redefinidos. Será esse um motivo suficiente para equiparar essa transformação a um empobrecimento ou a uma decadência?

CAPÍTULO III

A explosão do espaço

Se quiséssemos reunir numa fórmula sintética a questão do espaço no teatro do século XX, teríamos poucas alternativas para uma simplificação do tipo: "palco italiano — sim ou não?". Nosso século, com efeito, parece ter sido o que primeiro tomou consciência do caráter *histórico* da chamada representação *à italiana*. Sem dúvida, já se sabia anteriormente que esse tipo de espetáculo tomou impulso nos principados italianos do século XVI; e que outras práticas haviam existido antes (o teatro antigo que os primeiros *humanistas* sonharam em restaurar; representações medievais dos *Mistérios* e *Milagres* etc.). Mas na verdade, a partir do século XVII, tudo acontece como se o palco italiano fosse tido como uma espécie de realização plena, uma fórmula sem dúvida suscetível de melhorias técnicas, mas perfeita quanto ao princípio, e como que inerente à própria natureza do teatro. Lembrar que o teatro *à italiana* é, de toda a evidência, um fenômeno histórico equivale implicitamente a constatar que ele é relativo e revogável.

É claro que outras práticas nunca deixaram de coexistir com o palco italiano: a *commedia dell'arte* com os seus tablados, o circo etc. No entanto, o palco italiano ocupa uma posição dominante em toda a vida teatral do século XIX e, com algumas exceções, na primeira metade do século XX. Com os seus aperfeiçoamentos técnicos — sem esquecer o conforto e os diversos requintes que proporciona aos espectadores — ele aparece como o supra-sumo da arquitetura teatral. Ele é a solução que oferece as melhores condições de visibilidade e de acústica. A que possibilita todas as transformações cênicas exigidas pela ação. A que permite os efeitos de ilusão (desde a imitação naturalista até a magia feérica) mais perfeitos. Comparadas com o teatro italiano, as outras fórmulas aparecem, seja como tentativas às cegas, aproximações reconduzindo aos poucos à solução inexcedível que ele representa, seja como um mal menor resultante da precariedade de recursos técnicos de que dependem as atividades do espetáculo.

É certo, por outro lado, que o espaço à moda italiana é o que melhor se presta à execução das concepções que prevalecem no fim do século XIX e no início do século XX. E não deixa de ser verdade que essas concepções puderam ser formuladas e desenvolvidas justamente porque existia um tal espaço. Evidentemente, Antoine nunca teria podido elaborar a sua teoria da *quarta parede*[59] num quadro outro que o do palco italiano. E a posição fixa do espectador, no seu face-a-face com o espetáculo, reproduz aproximadamente a atitude de quem contempla uma pintura; o que não podia deixar de favorecer a renovação da cenografia pelos pintores.[60] Existe, enfim, uma evidente relação entre as concepções estéticas que se enfrentam ou caminham lado a lado e a arquitetura que as abriga. Por sua vez, os enriquecimentos que essas novas concepções trazem ao espetáculo têm o efeito de reforçar o monopólio da arquitetura à italiana.[61]

Essa situação pode ser igualmente atribuída às condições sócio-econômicas que regem os destinos do teatro. Não se reivindica uma arquitetura teatral cuja concepção seja revolucionária, porque se sabe que uma tal exigência, considerando os meios que ela requer, pertence ao reino da utopia. A maioria das salas teatrais foi construída nos séculos XVIII e XIX. Todas elas obedecem às normas do espetáculo à italiana. Isso proporciona satisfação ao conjunto do público interessado (aristocracia e burguesia) e, segundo tudo indica, a 99% dos profissionais de teatro. Mesmo nos casos em que o Estado ou a iniciativa privada se encarregam da construção de um novo teatro, pode-se ter certeza de

59. Ver capítulo I, p.28-29.

60. Ver capítulo I, p.31ss. Não seria inútil lembrar, embora sem entrar em detalhes, que o desenvolvimento das técnicas cenográficas acha-se intimamente ligado à evolução da pintura. (Ver, a respeito, o bem documentado estudo de Hélène Leclerc: "La scène d'illusion et l'hégémonie du théâtre à l'italienne", no livro *Histoire des spectacles*. Paris, Gallimard, Encyclopédie de la Pléiade, p.581-624.

61. Por exemplo, as modulações da abertura de boca de cena introduzidas pela encenação naturalista, ou as pesquisas dedicadas à iluminação e à renovação que ela traz para a arte da cenografia (Appia, Craig etc.).

que será respeitada uma tradição tão unanimemente venerada, ainda que introduzindo arrumações e aperfeiçoamentos tornados possíveis graças às técnicas modernas. Os dois teatros construídos pelos irmãos Perret nos Champs-Elysées em 1911-1913 (o Théâtre des Champs-Elysées e a Comédie des Champs-Elysées) são uma boa prova disso.

De qualquer maneira, a evolução, nesse campo particular, caracteriza-se pela lentidão. E não é que o palco italiano, apesar de tudo, esteja acima de qualquer questionamento. Em maio de 1890, em *Théâtre libre*, Antoine denuncia a irracionalidade do espetáculo à italiana: a forma circular da sala compromete a visibilidade do espetáculo e, segundo ele acrescenta, "um terço dos espectadores não ouve bem". Ele critica também o desconforto das poltronas. Preconiza uma racionalização da estrutura da sala inspirada no teatro que Luís II da Baviera havia mandado construir para Wagner em Bayreuth em 1876, de acordo com as concepções deste último. O que é, afinal, que ele sugere?

> Colocar todos os espectadores de frente, dispostos normalmente em planos com declive de tal modo que mesmo o mais afastado se ache ainda numa posição razoável para que seu raio visual abranja completamente a totalidade do palco.[62]

Mas o que conduz sobretudo a um questionamento da estrutura à italiana são as tentativas de democratização do teatro. Não é segredo para ninguém, com efeito, que a sala italiana é o espelho de uma hierarquia social. Que a qualidade desigual das localidades, quer se trate da visibilidade, da acústica ou do conforto, não deriva de uma impossibilidade técnica: ela reproduz uma ordem na qual não convém que o pequeno comerciante se beneficie das mesmas facilidades que o príncipe. Na qual convém que o rico seja favorecido em relação ao menos rico. Uma pessoa vista na frisa central e uma outra vista num camarote lateral do terceiro balcão não são situadas exatamente num nível igual na sociedade...

Democratizar o teatro seria, portanto, democratizar antes de mais nada a relação mútua dos espectadores, assim como sua relação com o palco. Já em 1903, Romain Rolland sugere um caminho que será

---

62. *Op. cit.*

efetivamente adotado um pouco mais tarde: tirar o teatro da sala italiana, cujas possibilidades de arrumação e adaptação são limitadas, e instalá-lo em outros locais mais adequados. A uma nova prática do teatro precisa corresponder uma nova arquitetura:

> Para o teatro do povo, só preciso de uma ampla sala, quer de picadeiro, como a sala Huyghens, ou de reuniões públicas, como a sala Wagram — de preferência uma sala com declive, para que todos possam enxergar bem; e no fundo (ou no meio, se for um circo) um alto e amplo tablado nu.
>
> Em resumo, uma única condição me parece necessária para o teatro novo: a de que tanto o palco como a sala possam abrir-se a multidões, conter um povo e as ações de um povo.[63]

Cabe observar, porém — e esta observação poderá ser retomada muitas vezes — que tais sugestões, se podem contribuir para modificar um certo número de tradições criadas pelo palco italiano (a do cenário construído, por exemplo, ou a da representação psicológica), não chegam a transformar realmente a relação do espectador com o espetáculo. Trata-se sempre de uma relação fixa. De um cara-a-cara.

Apollinaire não se preocupava de verdade com realização cênica, o que deixava a sua imaginação completamente livre. E o teatro dos seus sonhos é de uma audácia curiosamente premonitória das pesquisas mais recentes em matéria de espaço teatral. Nada de arquitetura à italiana, nada de frente-a-frente estático. No prólogo de *As tetas de Tirésias* lemos:

> A peça foi feita para um palco antigo
> Pois ninguém construiria para nós um teatro novo
> Um teatro circular com dois palcos
> Um no centro e outro formando como um anel
> Em volta dos espectadores e que permitirá
> Um grande desenvolvimento da nossa arte moderna.[64]

Nem o próprio Artaud irá mais longe ao pedir, uns 20 anos depois, em O *teatro e seu duplo*, que a arquitetura teatral permita à ação dramática envolver o espectador sentado no centro do espaço, sobre

---

63. *Le théâtre du peuple.* Paris, Albin Michel, p.121.
64. *OC*, Gallimard, "Pléiade", t.1, p.881.

cadeiras giratórias. A ação se desencadearia em diferentes níveis e em quatro pontos cardeais, graças a um complexo sistema de passarelas, escadas e planos de representação.[65] Já em 1924, aliás, Artaud aspirava a escapar às limitações da estrutura à italiana e sonhava em abolir o caráter fixo da relação entre espectador e espetáculo, em torná-lo ao mesmo tempo múltiplo e fluido: "Seria necessário modificar a conformação da sala e fazer com que o palco pudesse ser deslocado de acordo com as necessidades da ação."[66]

O que impressiona em Artaud, como foi muitas vezes observado, é a constante defasagem entre a intransigência das suas declarações de princípios e a flexibilidade com que se adaptava às limitações que lhe eram impostas pela realidade teatral de seu tempo. A tal ponto que as realizações de Artaud sempre se fizeram num palco italiano, até mesmo a de *Os Cenci*, que, em 1935, constituiu a sua última tentativa de dar uma tradução cênica às suas idéias; segundo sua própria expressão, "uma etapa na direção do teatro da crueldade".

Deve-se atribuir essa contradição à personalidade atormentada de Artaud, esbarrando constantemente nos obstáculos sócio-econômicos do teatro? Teria ele receado que, se emigrasse para um galpão qualquer da periferia, conforme cogitava no papel, o público não o acompanharia? Numa carta dirigida a Jean Paulhan, datada de 24 de setembro de 1932, reconhece "a grande dificuldade (...) de achar o galpão, a usina ou a capela desativada, *dentro de Paris* (o grifo é de Artaud), e num bairro acessível ao público" (*OC*, t.5, p.173).

Há de se reconhecer, portanto, que durante a primeira metade do século XX, pelo menos na França,[67] se a arquitetura à italiana é questionada,

---

65. "Uma comunicação direta vai estabelecer-se entre o espectador e o espetáculo, pelo fato de o espectador, situado no meio da ação, ser envolvido e atravessado por ela. Tal envolvimento decorre da própria configuração da sala." *OC*, Gallimard, t.4. p.115.

66. *OC*, Gallimard, t.2, p.216.

67. O prestígio que conserva na Grã-Bretanha o palco elisabetano deu mais força ao impulso de questionamento do palco fechado que caracteriza o teatro à italiana. Já na década de 1920 foram feitas várias tentativas no sentido de transformar certas arquiteturas existentes, suprimindo, por exemplo, a boca da cena, modificando a disposição do público etc. Esse movimento favorável ao restabelecimento do palco *aberto* teria continuidade após 1945. Ver, a respeito, o estudo de Richard Southern intitulado "Scène ouverte et scène fermée", no livro *Le lieu théâtral dans la société moderne*. Centre National de la Recherche Scientifique, 1969.

e parcial ou totalmente condenada, essa rejeição não ultrapassa nunca o plano do discurso teórico para "desembocar" na invenção de *outro* palco e de *outro* espetáculo. Dali, talvez, a repercussão da tentativa de Vilar em Avignon, em 1947, da qual falaremos mais tarde,[68] e das experiências mais recentes e mais radicais, levadas a cabo nos anos 1960, notadamente pelo Living Theatre, por Jerzy Grotowski, por Luca Ronconi e por Ariane Mnouchkine.

Voltemos, porém, ao início do século. Em 1913, Jacques Copeau instala-se na sala que viria a ser o Théâtre du Vieux-Colombier. Conserva a relação frontal estática, à qual o espectador está, então, acostumado com exclusividade. Mas o palco não está mais separado da sala: há uma interligação através de uma escada; e, a exemplo de Craig, a quem admira profundamente, Copeau utiliza uma iluminação modulável, cuja fonte se situa atrás do público, evitando assim o efeito de separação entre o espectador e a caixa do palco que o uso da ribalta costuma suscitar.

Fiel à sua estética despojada, Copeau elimina o cenário construído. No Vieux-Colombier, a arquitetura do palco é constituída de uma estrutura fixa em planos horizontalmente superpostos. Como Vilar mais tarde, ele utiliza, para singularizar e animar esse espaço, a iluminação e o acessório sugestivo. Mas não questiona a posição frontal tradicional; sobretudo porque as peças que escolhe para o seu repertório são, antes de mais nada, *belos* textos, obras literárias que visam ao prazer auditivo, visual, intelectual de um espectador concentrado.

Observações semelhantes valem também para os membros do *Cartel*,[69] que não conseguem fixar-se por muito tempo num mesmo teatro e perambulam de uma sala para outra, ao sabor da conjuntura. Sua estética, para dizer a verdade, acomoda-se bem nesses palcos tradicionais, especialmente a de Baty, cujo pictorialismo e magia pedem imperativamente o palco fechado e o espaço à italiana.

Antes de prosseguir, talvez seja útil recapitular as objeções levantadas contra o palco italiano. Os partidários da democratização do teatro

68. Ver p.93-4.

69. Baty, Dullin, Jouvet e Pitoëff.

opõem-se à desigualdade perpetuada pela organização da sala. Os que sonham com uma nova estética do palco contestam a posição que ela impõe ao espectador: uma relação com o espetáculo fundamentalmente *estática*, na medida em que ele fica sentado num mesmo lugar do início ao fim da representação, condenado a uma percepção que se faz num ângulo e a uma distância invariáveis; e basicamente *passiva*, uma vez que em momento algum o espectador pode intervir no desenrolar do espetáculo. O palco fechado, em outras palavras, tornou-se uma caixinha de mágicas. O espectador foi condicionado por mais de três séculos de tradição ilusionista, que o habituaram a confundir esse tipo de espetáculo com a encarnação de uma essência do teatro.

Vale a pena frisar que essas diferentes críticas não apareceram simultaneamente no discurso teórico sobre o teatro. Se, por exemplo, Antoine critica o *irracionalismo* da estrutura à italiana, a sua estética tenderia até mesmo a reforçar a atitude estática e passiva do espectador, e a teoria da quarta parede tem como efeito, senão como função, a abolição até mesmo da consciência da sua posição de espectador. Por outro lado, o mimetismo naturalista necessita imperativamente do palco ilusionista, pois todas as suas inovações visam a reforçar ou a multiplicar os *efeitos do real*.

No que diz respeito aos simbolistas, é notavel que eles nunca tenham cogitado de um outro envolvimento do espectador além daquele possibilitado pela libertação do devaneio e da imaginação e favorecido pela alucinatória posição frontal do palco italiano. Artaud foi sem dúvida um dos que primeiro compreenderam, nos anos 1920, que a invenção de um novo teatro implicava a transformação das relações entre platéia e espetáculo; ou seja, em última análise, a explosão do palco.

Dito isso, seria uma visão simplista querer dividir o mundo do teatro em um time tradicional, agarrado ao dispositivo à italiana, e os batalhões dos modernistas partidários de sua abolição. As coisas são sem dúvida mais complexas, e se é verdade que no início do século a maioria dos homens de teatro não cogita de contestar o palco italiano porque é incapaz de *pensar* uma outra solução arquitetônica, o fato é que aqueles que preconizam modificações, ou mesmo revoluções, na prática da encenação não recomendam necessariamente o exílio artaudiano para o lado dos galpões, das fábricas ou das capelas desativadas. De qualquer modo, é importante notar que a manutenção do palco italiano é agora objeto de amadurecida reflexão e argumentação. Quer dizer que ele não é mais considerado como uma estrutura *natural*, inerente à própria essência da arte teatral, e portanto inexcedível e incontornável, mas como conseqüência histórica de uma evolução em marcha, um sistema aberto suscetível de ser transformado e aperfeiçoado. E é visto sob esse prisma que ele é integrado a teorias, e mesmo a experiências, que pretendem nada menos do que uma revolução da prática do teatro. Sob esse aspecto, dois exemplos são particularmente significativos: o de Craig e o de Brecht.

Se Craig se acomoda ao palco italiano, é porque sua estética exige o frente-a-frente tradicional, a imobilidade do espectador. Pois a encenação é uma obra de arte. Quer dizer que ela se assemelha a uma liturgia da beleza, dentro da qual o lugar do espectador é o do fiel, do adorador. Ele não tem outra função do que a de contemplar e admirar uma criação cujos meios e cuja *magia* devem permanecer um mistério para ele.

Craig teve de lamentar freqüentemente as mil e uma intervenções do acaso e da inconstância humana que tornam a perfeição de um espetáculo infinitamente precária. E se o ator é o alvo principal de sua desconfiança — a tal ponto que ele chega a sonhar com um teatro sem ator! — como imaginar que ele pudesse sequer cogitar da participação do espectador numa representação que se define como um universo fechado sobre a sua própria perfeição formal? As recriminações de indisciplina, frivolidade e rotina que ele dirige aos intérpretes mais experimentados, podemos bem adivinhar que intensidade atingiriam, se suscitadas pelos espectadores... E a sua veemência seria inevitável, considerando que a intervenção do espectador num espetáculo só pode situar-se no plano da espontaneidade e da improvisação, coisas que Craig pretendia extirpar radicalmente.

Acrescenta-se a isso o pictorialismo de uma concepção da imagem cênica[70] que não admite nem autoriza qualquer outro modo de percepção da obra teatral salvo a relação frontal.

---

70. Vale frisar que Craig foi duradouramente influenciado pelas pesquisas gráficas e pictóricas dos pintores de seu tempo, notadamente pelos membros do New English Art Club.

Portanto, se as reflexões de Craig, a intransigência da sua concepção estética e as decepções da prática o conduzem a um questionamento da sala à italiana, ele não incrimina a estrutura arquitetônica nem a posição do espectador por ela condicionada, mas sim um equipamento técnico que não permite atender a todas as exigências do espetáculo ideal. Em outras palavras, não se trata de suprimir a indispensável relação frontal entre o espectador e a realização, mas de fazer com que uma revolução técnica interna capacite o palco italiano a ser o instrumento adequado à revolução estética preconizada por Craig.

Convém reconhecer, aliás, que havia uma afinidade particular entre o espetáculo craiguiano e a estrutura do teatro italiano. Pelo seu despojado monumentalismo, pelo seu desejo de ser um jogo de formas e de volumes animado pela sombra e pela luz, essa estética pede a posição frontal do público. E, talvez mais ainda, pela sua determinação de ampliar a profundidade da imagem cênica, de conferir ao espaço cênico um poder de sugestão que ele nunca havia até então conhecido, Craig não podia abrir mão do palco ilusionista e da perspectiva tradicional que nele é posta em ação.[71]

As pesquisas de Craig visavam a uma animação cada vez mais complexa e rica das possibilidades expressivas do espaço cênico. Daí um trabalho, em matéria de luz, que tanto impressionou seus contemporâneos. E também a famosa invenção dos *screens*, espécie de anteparos que devem poder ser manejados à vontade e permitir uma fluidez das formas e volumes, fluidez que a luz, cortando as linhas retas, suavizando os volumes, arredondando os ângulos ou, ao contrário, pondo-os em evidência, tornaria absoluta. Essa inovação técnica, que permitiria passar de um palco *estático* a um palco *cinético*, é julgada por Craig tão fundamental que ele considera estar inaugurando, com ela, um novo espaço de representação, o *quinto palco* (os quatro anteriores sendo o

71. Os seus contemporâneos mostraram-se imediatamente sensíveis a esse aprofundamento poético do espaço cênico. Basta citar como exemplo este comentário de Isadora Duncan sobre o cenário de *Rosmersholm*, de Ibsen, concebido por Craig para a encenação por ele realizada, junto com Appia, em Florença, em 1906:

"Por meio de vastos espaços azuis, de harmonias celestes, de linhas ascendentes, de massas colossais, a alma é transportada para a claridade daquela baía, do outro lado da qual se estende não uma pequena alameda, mas o infinito do universo" (*My Life*. Nova York, Boni & Liveright, 1927, p.216).

anfiteatro grego, o espaço medieval, os tablados da *commedia dell'arte* e, finalmente, o palco italiano). Como vemos, se Craig se conforma com a estrutura à italiana, ele não hesita em esvaziá-la de tudo que não corresponde à sua estética, e em remodelá-la à sua conveniência. Em última análise, os únicos elementos conservados ou melhorados são os equipamentos técnicos (maquinaria, iluminação), a relação frontal entre palco e platéia e a invisibilidade das fontes de produção do espetáculo.

Quanto a Brecht, se ele rejeita energicamente a desigualdade social refletida e perpetuada pela sala italiana, se condena o ilusionismo e a relação alucinatória que o espetáculo tradicional instaura graças às possibilidades técnicas do palco fechado, nem por isso deixa de conservar na sua prática os recursos técnicos e a relação frontal estática que caracterizam a estrutura à italiana.

Cabe, porém, deixar claras algumas nuanças. Em primeiro lugar, Brecht procede como Craig, pelo menos no plano teórico. Não hesita em apoderar-se do teatro italiano para esvaziá-lo de tudo que lhe parece inútil ou perigoso. Para enchê-lo com tudo que lhe parece necessário ou proveitoso. No fundo, acha-se tão pouco apegado à arquitetura tradicional que está literalmente pronto a fazer explodir o palco italiano:

> Conforme o caso, o arquiteto teatral substituirá o piso do palco por tapetes rolantes, a parede de fundo por uma tela de cinema, os bastidores laterais por um poço de orquestra. Transformará o urdimento fixo em varas com polias e cogitará até de transportar a área de representação para o centro da sala. Sua tarefa consiste em mostrar o mundo.[72]

Por outro lado, Brecht investe contra o pictorialismo que caracteriza os mais recentes embates do espetáculo em palco italiano, quer se trate de encenação naturalista ou de pesquisas simbolistas e expressionistas. Pede que o palco se torne uma *área de jogo*, um ringue, um espaço concebido em função das necessidades da representação do ator:

> Abstraindo do fato de que só existem na sala alguns lugares onde o quadro cênico produz plenamente o seu efeito, enquanto de todos os outros ele aparece mais ou menos deformado, a área cênica composta à maneira de um quadro não possui nem as qualidades de uma obra de artes plásticas,

72. Capítulo intitulado "L'architecture scénique", em *Écrits*. L'Arche, t.1, p.424.

> nem as de um terreno, por mais que tenha a ambição de ser uma e outra coisa ao mesmo tempo. Só a representação dos personagens que ali se movimentam fará de um espaço uma boa área de representação.[73]

Poder-se-ia dizer que, em última análise, Brecht conserva a estrutura à italiana para desfigurá-la de dentro, voltando contra ela os seus próprios recursos técnicos. No que diz respeito ao espectador, não é difícil perceber por que Brecht preserva a sua relação tradicional com o espetáculo: distância, atitude estática, posição frontal... O estudo de três séculos de teatro aristotélico (na terminologia de Brecht, o termo designa o conjunto das tradições que regem a prática ocidental de teatro) mostra de modo patente que o espetáculo em palco italiano constituiu-se numa luta permanente pela conquista de uma ilusão que não foi instituída *a priori*, e que foi sempre tecnicamente precária e simbolicamente perecível. O menor imponderável (o ranger de uma polia na manobra do alçapão que faz surgir o fantasma de Banquo...) pode impedir a *alucinação* do espectador, arruinar a *magia* do espetáculo, devolvendo ao primeiro a consciência de sua posição e de sua atividade. Mesma coisa para a evolução da percepção, do gosto: a recitação cantada de Sarah Bernhardt, que comovia os seus contemporâneos, que tornava *presente* a heroína por ela encarnada, hoje pareceria sem dúvida insuportável ou risível. Em outras palavras, contrariamente ao que insinua a história do espetáculo à italiana, cabe introduzir nuanças na idéia generalizada de que o palco fechado é uma máquina para fabricar ilusão, que se aperfeiçoa sem cessar: parece com efeito que a teatralidade tem uma constante tendência a ressurgir, mesmo dentro de uma estrutura como essa; e de que nada é mais difícil de conseguir, sobretudo na época do cinema, do que a abolição da sensação de estarmos assistindo a uma representação, sensação essa que a tradição aristotélica considerava perniciosa para a ilusão teatral.

Por conseguinte, para Brecht não é necessário, no fundo, rejeitar a arquitetura à italiana. Basta fazê-la trabalhar, por assim dizer, *no sentido contrário*. Ajudando a teatralidade a exibir-se assumidamente, em vez de recalcá-la. Mostrando os meios de produção do espetáculo, equipamentos elétricos, instrumentos musicais etc., em vez de dar-se tanto

---

73. *Op. cit.*, p.426.

trabalho para torná-los invisíveis. Enfim, a relação frontal, a distância e a imobilidade do espectador diante do palco, que na perspectiva de uma arte de participação e de ilusão apareceriam como obstáculos a serem contornados (de onde a preocupação de fazer com que o espectador perca a consciência de sua situação), tudo isso se torna a própria base do teatro *épico*: o espectador brechtiano deve ver *a distância*. Deve conservar a cabeça fria frente a um espetáculo que não pretende mais substituir a realidade. Deve estar em condições de exercer suas faculdades de surpresa, de julgamento crítico. Para alcançar esse objetivo, o que poderia haver de mais apropriado do que a posição sentada, a imobilidade, a visão frontal que varre livremente a totalidade de um espaço onde tudo lembra o fato de que ele é o terreno de uma representação teatral?

Dito isso, as transformações que Brecht pretende impor à utilização do palco italiano tornariam legítimo que ele falasse, como Craig, da inauguração de um *quinto palco*! Ele pede, com efeito, que a arquitetura do palco seja repensada em função de cada espetáculo a ser montado. E o termo *arquiteto cênico* que ele emprega, preferindo-o às denominações de decorador ou cenógrafo, insinua que não é apenas a caixa, mas a totalidade do teatro que deveria poder ser transformada. "Nada deve ser imutável aos olhos do arquiteto cênico, escreve Brecht, nem a localização nem a utilização habitual do palco. Cumprida essa condição, ele é um verdadeiro arquiteto cênico."[74]

Idealmente, a estrutura dos sonhos de Brecht seria no fundo uma arquitetura polivalente, suscetível de infinitas modulações e modificações, dentro da qual a prática à italiana não seria mais do que uma solução entre várias outras. Podemos ver ali a influência que exerceram sobre Brecht as pesquisas de Piscator, de quem ele foi colaborador durante algum tempo. As reflexões de Brecht sobre arquitetura cênica foram formuladas por volta de 1935. Ora, um pouco antes, em 1927, Piscator acreditou na possibilidade de fazer construir um teatro novo. A concepção teórica era de Piscator, as plantas do famoso arquiteto Gropius, e a construção seria assegurada pela Bauhaus. Infelizmente, o projeto não pôde ser concretizado. Mas a originalidade desse *teatro*

74. *Op. cit.*, p.430.

sintético consistia em permitir uma infinidade de soluções diferentes para os problemas de arquitetura do palco: a estrutura à italiana, é claro, mas também o palco circular, a simultaneidade de diversas áreas de representação, a verticalização do espetáculo graças a um sistema de escadarias móveis e de andaimes etc.

Não há dúvida de que a teoria teatral de Piscator opõe-se à de Brecht no sentido de que se apóia na noção de participação. Nem por isso deixa de ser verdade que os dois encenadores chegam, talvez por caminhos opostos, a concepções análogas em matéria de arquitetura de cena, que se caracterizam pela procura de uma flexibilidade absoluta do instrumento teatral.

Observe-se, porém, que, se nos dois casos o princípio do palco italiano é ultrapassado — inclusive no sistema *sintético* — , para Brecht trata-se de munir-se de todos os meios de evitar o ilusionismo inerente à tradição aristotélica, enquanto o objetivo de Piscator e de Gropius reside em multiplicar ao máximo o poder de ilusão do teatro. Gropius, por exemplo, criticava o palco italiano por apresentar "o grave inconveniente de não fazer participar o espectador de uma ação da qual está separado".[75]

Por fim, Brecht — que em 1917 participou ativamente de um seminário de Arthur Kutscher, renomado especialista de teatro e amigo de Wedekind — não ignorava evidentemente as pesquisas expressionistas realizadas entre 1918 e 1922 no campo que estamos abordando, e que apontavam como desfecho o abandono do palco fechado e a transformação do espaço cênico em área de representação, com supressão das barreiras que separavam, na estrutura à italiana, o público do espetáculo. "A revolução do teatro deve começar pela transformação do palco! (...) Não queremos um público, mas uma comunidade, num espaço unificado. (...) Não mais um palco, mas uma tribuna!", lia-se num manifesto expressionista.

Brecht teve também conhecimento da experiência de Max Reinhardt que, em 1919, fizera transformar o circo de Berlim num imenso teatro com capacidade para mais de 3 mil espectadores. Estes ocupavam

75. Ensaio intitulado "De l'architecture théâtrale moderne, à propos de la construction à Berlin d'un nouveau théâtre Piscator", citado por Piscator no seu livro *O teatro político*.

três quartos do círculo, enquanto o quarto restante e a arena estavam reservados ao espaço cênico. Nada de ribalta, nada de pano de boca. A fusão entre sala e palco era potencialmente realizável. Nesse local, que tem algo a ver com aquele sonhado por Romain Rolland (cf. acima, p.83-4), Reinhardt realiza espetáculos monumentais, grandes afrescos extraídos do repertório clássico (a *Oréstia, Júlio César, Os salteadores* etc.) ou de obras modernas tais como *Floria Geyer*, de Hauptmann, que relembra a revolta dos camponeses alemães no século XVI. Com *Danton*, de Romain Rolland, o espaço cênico transformava-se em tribunal, enquanto a multidão dos revolucionários estava misturada ao público na platéia.

Percebe-se que as pesquisas teóricas e às vezes as experiências práticas, nesse início do século XX, desembocaram, passando por cima de sua diversidade, num questionamento, total ou parcial, do espetáculo em palco italiano, seja através de tentativas de modificar o espaço interno dos teatros construídos dentro dessa convenção, seja procurando descaracterizar a prática tradicional de modo a explorar esse ou aquele elemento do espetáculo à italiana sem deixar-se escravizar pelo conjunto das suas limitações.

É verdade que as experiências mais inovadoras constituíam acontecimentos excepcionais e sem futuro na rotina diária do teatro ocidental. Rotina essa que, conforme já frisamos, permanecia reticente, não só por motivos econômicos, mas também porque a coletividade dos profissionais e freqüentadores de teatro não sentia uma verdadeira necessidade de abrir mão do conforto do espetáculo em palco italiano. Sob esse aspecto, Artaud constitui uma notável exceção na França da década de 1930; e será preciso aguardar até que Vilar, em 1947, saia vitorioso do desafio de abandonar o teatro italiano propriamente dito, e que esse rompimento alcance uma autêntica repercussão junto ao público.

Ao inaugurar em 1947 o primeiro festival de teatro em Avignon, Jean Vilar tenta resolver vários problemas que, globalmente falando, decorrem das limitações inerentes à estrutura à italiana.

Em primeiro lugar, a desigualdade social, há muito denunciada: não só a sala à italiana condicionava uma prática social de identificação (cada um reconhecendo-se nos seus vizinhos de platéia ou de balcão) e de exclusão (apenas a burguesia dispõe dos recursos materiais e culturais necessários para freqüentar teatro), mas ainda por cima três séculos de centralização haviam contribuído para reunir a base da vida teatral francesa dentro das fronteiras de alguns bairros parisienses, de maneira que uma desigualdade geográfica acrescentava-se à habitual seleção pelos critérios sociais. Tratava-se não só de um teatro da burguesia, mas da burguesia parisiense!

Escolher Avignon correspondia, para Vilar, a escapar desse monopólio parisiense. Um lugar longe de Paris, um lugar ao ar livre — isso seria o bastante para fazer surgir ao mesmo tempo outro público e outra prática teatral.

Por outro lado, e Vilar o sabia perfeitamente, numa França afetada, no pós-guerra, por toda espécie de pressões econômicas, ele não podia esperar que lhe construíssem um novo teatro, capaz de romper as normas habituais. Sob esse aspecto, o pátio do Palácio dos Papas, em Avignon, permitia o rompimento desejado. Espaço aberto e monumental, ele oferecia mil possibilidades para o corte das amarras da tradição. Mais exatamente, impunha esse corte! Na frente do admirável Muro era preciso inventar novas soluções. Por exemplo, tornava-se quase impossível manter a estética ilusionista e o cenário construído. Por um lado, não se dispunha de instrumentos técnicos indispensáveis (urdimento, varas...); por outro, havia uma insuportável desproporção entre o Muro e um cenário concebido em função do tamanho dos atores. A não ser que se ocultasse o Muro, mergulhando-o na escuridão. Mas, então, que sentido tem vir a Avignon, se for para ressuscitar o palco italiano?

Vilar opta pela solução oposta. Conserva o Muro e assume o seu caráter monumental. A especificidade desse novo espaço determina novas exigências, novas limitações... Se um certo teatro intimista se achava de saída excluído de um espaço que ameaçava esmagá-lo, a contrapartida positiva consistia em beneficar as peças que mereciam tal espaço, e que puderam reencontrar, nesse quadro excepcional, o sopro, a amplitude, a grandeza que as proporções mais modestas das salas habituais haviam feito esquecer. Foi possível, desse modo, descobrir verdadeiramente o *Cid, O príncipe de Homburgo, Lorenzaccio, A morte de Danton, Ricardo II*; mas também obras aparentemente menos adequadas a Avignon, tais como *Mãe Coragem* (Brecht), *Dom Juan* (Molière), *O triunfo do amor* (Marivaux), *Platonov* (Tchecov).

Voltaremos, no próximo capítulo, à utilização desse novo espaço pelas encenações de Vilar. Por enquanto, o que interessa é caracterizar Avignon em comparação com a estrutura à italiana.

Vilar optou sempre por encostar seus espetáculos contra o Muro. A relação entre o público e o espetáculo permanecia, portanto, tradicionalmente frontal. Mas as proporções, a grandiosa verticalidade do Muro, a largura e a profundidade do palco, a distância entre os espectadores (notadamente os das últimas filas) e o proscênio, tudo isso transformava radicalmente a convenção frontal em questão. E se for de todo necessário citar uma referência extraída da história do espetáculo, teríamos de pensar nas formas mais caras a Vilar: o anfiteatro antigo, ou a imensa cenografia medieval. Pois não se trata apenas de uma modificação da escala. Essa modificação conduz a uma transformação da própria prática teatral, do ponto de vista do público. A ambientação, o clima mediterrâneo, a estação do ano escolhida (julho), criam um contexto favorável a uma mudança de comportamentos, a uma assembléia festiva, muito distante do ritual parisiense. O sonho de Vilar era um teatro que unisse o público, que abolisse provisoriamente as discriminações sociais. Daí o abandono de qualquer exigência relativa ao traje[76] e a uniformização do *status* das localidades, independentemente da sua maior ou menor distância do palco.

O êxito veio aos poucos, e nunca foi desmentido, sobretudo a partir de 1951, quando Vilar assumiu a direção do Théâtre National Populaire. Historicamente é muito claro hoje em dia que a experiência de Avignon teve importância decisiva para a transformação das práticas e dos hábitos do teatro francês. Não há dúvida de que foi essa a primeira vez em que o abandono do palco italiano alcançou um sucesso de público tão retumbante e duradouro. Sucesso que desencadeou — através de um efeito de moda, mas também de libertação — grande quantidade de imitações pela França afora. No decorrer da década de 1950 multiplicaram-se os festivais de verão, em qualquer lugar onde o

76. A obrigatoriedade do traje completo no teatro caiu hoje em dia em desuso. Mas nos anos 1950 ela era efetiva, implícita ou explicitamente, e exercia uma real função de exclusão e homogeneização do público, no sentido de que ninguém podia — ou ousava — entrar num teatro sem ostentar a vestimenta-emblema da burguesia: terno e gravata para os homens, vestido *habillé* para as mulheres.

ambiente natural propiciasse o encontro, ao ar livre, entre público e espetáculo. Há de se reconhecer que nenhuma dessas tentativas igualou o impacto de Avignon. Com excessiva freqüência elas não passavam de pálidas imitações, ou se limitavam a transplantar, com todos os inconvenientes que tal transplante comporta, uma encenação concebida em função do palco italiano para um espaço ao ar livre.

Avignon foi também decisivo para a evolução posterior de Vilar: a repercussão dessa experiência esteve na origem da sua nomeação, em 1951, para a direção do Théâtre National Populaire.

O Théâtre de Chaillot, que lhe foi então confiado, não é um espaço tradicional, a começar pelas imensas dimensões do palco e da platéia. Essas proporções inusitadas impõem uma transformação da prática teatral que Vilar dificilmente teria podido conceber e executar sem a experiência de Avignon. É certo que o despojamento do espaço, com uma cenografia amparada pelos quatro pilares da iluminação, do ciclorama, dos panos laterais negros e do colorido sugestivo dos elementos cênicos, era uma opção que Vilar devia, em parte, às buscas de Appia e de Craig e, principalmente, às experiências de Copeau. Assim mesmo, cabe lembrar que na década de 1950 tais pesquisas eram do conhecimento apenas de um público restrito: profissionais de teatro, amadores altamente especializados. A concepção dominante continuava sendo a do cenário construído — um gostinho de estilização servindo de prova do modernismo do respectivo autor — cujos exemplos mais apreciados são aqueles propostos na época por Louis Jouvet e pelo seu cenógrafo Christian Bérard. Se aquilo que foi denominado mais tarde — e às vezes com ironia — *o estilo* TNP ganhou desde então algumas rugas, de tanto ter sido copiado por discípulos pouco inspirados, a ponto de aparecer como o novo academicismo teatral dos anos 1960, nem por isso se pode subestimar o efeito de choque, de rompimento, que ele provocou originalmente.

É verdade que o Chaillot, pela sua arquitetura, pelas suas dimensões desmedidas em comparação com as normas habituais, pelas novas condições que impunha ao espetáculo, tinha mais a ver com o teatro antigo do que com o espaço italiano. Ainda mais porque Vilar se empenhou em eliminar tudo aquilo que contribuía ainda para transformar o palco em caixinha mágica. Eliminou o pano de boca, de modo que antes do início da sessão o espectador podia ver o palco nu, iluminado pela mesma luz que a sala. O local mágico retomava assim um aspecto familiar e concreto. Exibia-se como uma pista, uma área de representação, um ambiente funcional de um trabalho do qual nasceria o espetáculo. Coerentes com esse espírito, as mutações do espaço cênico faziam-se muitas vezes *às vistas do público.* Trabalhadores do palco, maquinistas vestindo roupas que os integravam ao universo da peça, faziam as suas intervenções sob os olhares da platéia (para trazer ou tirar um elemento cênico, um praticável etc.), lembrando assim discretamente que o trabalho teatral desenrola-se simultaneamente nos bastidores e no palco. Vilar suprimiu também a ribalta que estabelecia uma espécie de fronteira luminosa entre o palco e a sala, anulando a materialidade do palco no lugar exato onde ela tem maiores chances de ser percebida, ou seja, no ponto de junção entre o real e o irreal. Desde então, essa materialidade passaria a ser ostensiva, em toda a sua nudez e proximidade, tanto mais que o tradicional poço de orquestra, que instituía um espaço-tampão entre o público e o tablado e reforçava o isolamento da caixa do palco, foi por sua vez abolido. Vilar aproveitou-se disso para aproximar o palco dos espectadores, ampliando-o para a frente, através de um proscênio que cobria o poço de orquestra e reduzia na medida do possível a distância, excessiva naquele teatro, entre o ator e o espectador.

Para ser completo, um estudo da estrutura específica do Chaillot não deveria restringir-se ao espaço que abrange o palco e a sala, mas levar também em consideração as dependências por onde o público circula. Sabe-se que uma das características da arquitetura do teatro italiano consistia em permitir, ou mesmo suscitar, certos hábitos sociais (a exibição, encontros, toda espécie de negociações...) que pouco tinham a ver com a arte do espetáculo. Daí a importância assumida, a partir do século XIX, pelos *foyers*, pelas escadas, pelos espelhos, por tudo que circunvizinha a sala. Daí também a superposição em andares das frisas e dos camarotes, às vezes com uma pequena saleta etc. Uma simples visita ao Palais Garnier seria, a esse respeito, mais sugestiva do que qualquer descrição! Na sua maioria, os teatros, mesmo os de construção recente, não questionaram essas dependências periféricas, porque a ideologia sobre a qual elas repousam não foi, por sua vez, questionada.

Vilar não era, evidentemente, responsável pela organização arquitetônica do Théâtre de Chaillot; mas tirou partido dela para instituir uma vida social diferente: bares mais funcionais do que suntuosos; locais de encontros entre os espectadores e os responsáveis pelo espetáculo (diretor, atores, cenógrafo); espaços para exposições relacionadas com o espetáculo etc.

Já em Avignon — o pátio do Palácio dos Papas não sendo um teatro, e estando localizado no coração da cidade, perto dos pontos habituais de encontro, praças públicas, botequins — a relação entre o teatro, o público e a cidade colocava-se espontaneamente num plano de familiaridade completamente diferente dos costumes parisienses e, na medida em que possamos imaginar, bastante próximo do convívio que existira nas cidades da Antigüidade ou nas vilas medievais por ocasião das manifestações teatrais.

Percebe-se portanto que Vilar, através de uma sucessão de arrumações precisas, e tirando partido de estruturas não destinadas à representação,[77] soube inventar um espaço diferente, que renovava consideravelmente a relação do público com a arte do espetáculo.

Continuava subsistindo, porém, um elo com a tradição do espetáculo à italiana, e restaria provar que Vilar tenha jamais cogitado de rompê-lo: o frente-a-frente entre espectador e espetáculo, a estática relação frontal já mencionada. Para explicá-lo bastam, além das limitações técnicas — sobretudo as de Chaillot — as próprias concepções de Vilar: o teatro, na opinião deste último, deve apelar para a reflexão e a compreensão do espectador. Teatro de participação e de emoção, sem dúvida; mas, ao mesmo tempo, lugar de meditação e de interrogação. Por outro lado, Vilar, herdeiro de Copeau e discípulo de Dullin, considerou sempre que o texto deve ser o núcleo orgânico do espetáculo, ao qual todo o resto deve ficar subordinado.[78] Assim sendo, a tradicional convenção frontal seria aos seus olhos a mais indicada para reunir as pessoas sem alucimá-las.

De qualquer modo, situada no seu contexto histórico, a dupla experiência de Vilar — em Avignon e no Chaillot — representou, no

---

77. Mesmo Chaillot havia sido originalmente concebido como um salão de convenções. Estava, aliás, ainda ocupado pela Organização das Nações Unidas quando Vilar assumiu a direção do TNP.

78. Ver capítulo II, p.56ss.

que se refere à renovação da estrutura espacial do teatro, a tentativa mais inovadora da década de 1950 na França.

O caráter radical do rompimento preconizado por Artaud em relação ao espaço tradicional já foi anteriormente frisado (ver p.84-5). Por terem permanecido muito tempo no campo da teoria, suas propostas só viriam a ter uma real influência sobre a evolução do espetáculo uns 30 anos mais tarde.[79]

Pelo mundo afora, o desejo de transformações, o cansaço diante das práticas conhecidas, e talvez também um questionamento de um brechtianismo que começava a afundar-se no academicismo, criaram um clima propício à (re)descoberta do Teatro da Crueldade. Em todo o caso, nossa época assistiu a um grande florescimento de experiências inspiradas nas teses artaudianas, ou em exata convergência com elas. As tentativas do Living Theatre nos Estados Unidos e, a seguir, na Europa, as buscas de Peter Brook na Inglaterra e de Jerzy Grotowski na Polônia constituem sem dúvida os empreendimentos mais rigorosos e bem-sucedidos sob esse aspecto.

Os animadores do Living Theatre, Julian Beck e Judith Malina, descobriram *O teatro e seu duplo* em 1958. Já fazia então uma década que eles vinham concentrando seus esforços numa revolução na representação do ator e no problema da participação do espectador. Seria preciso, porém, aguardar realizações relativamente tardias do grupo, tais como *Frankenstein* e *Paradise now*, criados, respectivamente, em 1965, em Veneza, e em 1968, em Avignon, para que transformações substantivas fossem impostas ao espaço tradicional.[80]

O dispositivo de *Frankenstein*, uma estrutura tubular de 6m de altura por 10m de largura, é dividido em 15 compartimentos repartidos verticalmente em três níveis interligados por escadas. O palco e a sala podem ser, portanto, se for o caso, integrados. Estamos, assim, diante de uma arquitetura que, embora suscetível de adaptar-se sem dificuldade

79. Vale a pena lembrar que Artaud faleceu em 1948.

80. Entretanto, já em 1963 a encenação de *The Brig*, ao trancar os atores por trás de uma cerca de arame farpado, acentuando a separação habitual entre eles e os espectadores, propunha-se a modificar a confortável neutralidade destes últimos, impondo-lhes um mal-estar decorrente de um sentimento de transgressão: estou vendo algo que não tenho o direito de ver...

a um espaço tradicional, permite produzir algumas das transformações preconizadas por Artaud: em particular, a diversificação vertical dos planos e a simultaneidade da ação, bem como o envolvimento do público pelo espetáculo.[81]

Quanto a *Paradise now*, ritual em que os atores encarnavam seus próprios personagens, a relação do espectador com o espetáculo afastava-se muito do caráter convencionalmente estático e passivo: o ator vinha interpelar o espectador, conversar com ele, ou mesmo conduzi-lo, no final, para fora do espaço do espetáculo. Espaço esse que adotava a conformação de uma área de representação central cercada de público sentado em arquibancadas ou cadeiras. Mas a própria concepção do espetáculo acabava contestando esse dispositivo: os espectadores podiam, com efeito, invadir o palco para improvisar, atendendo ao convite dos atores, e o próprio espetáculo podia transbordar da plataforma central para a sala.[82]

Quando, no fim da década de 1950, Jerzy Grotowski empreendeu as pesquisas sobre o trabalho do ator que lhe valeriam a notoriedade, ele não conhecia as teorias artaudianas. E, no entanto, ele se orienta para um teatro-acontecimento, para um teatro capaz, conforme Artaud queria, de "fazer o espectador chorar". Tal pretensão não podia concretizar-se no espaço tradicional. E as experiências do Teatro Laboratório de Wroclaw acabaram conduzindo a uma revolução da tradição cenográfica ocidental, aliás bastante diferente, é preciso reconhecer, daquela proclamada por Artaud.

Antes de mais nada, dentro da perspectiva grotowskiana o ato teatral requer uma considerável redução das distâncias, uma vez que o ator deve agir diretamente sobre alguns indivíduos. Torna-se necessária, segundo uma expressão de Grotowski, "a proximidade de organismos

---

81. Luca Ronconi adotou para *XX* um dispositivo dividido em compartimentos, que tinha uma certa analogia com o de *Frankenstein*, mas com uma diferença essencial: os espectadores eram distribuídos pelos diversos compartimentos (ver p.108).

82. Grupo itinerante que é, o Living Theatre precisa adaptar-se aos espaços postos à sua disposição. Parece que na opinião do grupo foi o Palácio dos Esportes de Genebra que permitiu alcançar os resultados mais satisfatórios. O estudo aprofundado dedicado por Jean Jacquot ao Living Theatre em *Les voies de la création théâtrale* (Centre National de la Recherche Scientifique, vol. I, 1970, p.173ss.) fornece um material esclarecedor sobre todos esses assuntos.

vivos". Pois a relação do ator com o espectador torna-se aqui uma relação física, ou melhor, fisiológica, na qual o choque dos olhares, a respiração, o suor etc., terão participação ativa. O isolamento do espetáculo na caixa do palco italiano, seu afastamento físico do espectador constituem-se portanto em obstáculos à realização das idéias grotowskianas e devem ser, por conseguinte, abolidos. Eis por que Grotowski rejeitou, desde o início, as estruturas arquitetônicas e os dispositivos habitualmente colocados a serviço do teatro. Renunciou à divisão entre dois espaços reservados e separados por uma fronteira intransponível, a platéia e o palco.

É que Grotowski situa-se fora do sistema tradicional que faz da afluência do público a pedra de toque do sucesso e o fascínio dos homens de teatro.[83] A apresentação de um *espetáculo* — termo que, em última instância, torna-se inadequado — destina-se antes de mais nada, na sua concepção, a verificar hipóteses ou a prolongar um trabalho de pesquisa sobre a atuação do ator.[84] Aquilo que no teatro ocidental chancela o sucesso, a afluência do público e a multiplicação do número de representações, é recusado por Grotowski, não por elitismo, mas por tratar-se de obstáculos ao trabalho específico do ator tal como ele o orienta. O ator grotowskiano deve, em particular, rejeitar com absoluto rigor qualquer vestígio de exibicionismo e de rotina, habitualmente gerados pelo contato repetido com um público e pela reprodução dos mesmos gestos, do mesmo texto etc.

Tudo isso explica a opção por um espaço cuja primeira característica consiste nas suas dimensões consideravelmente reduzidas em relação às normas do teatro tradicional. Não se trata, tampouco, de um espaço fixo. A busca grotowskiana, concentrada no aprofundamento da relação entre o ator e o espectador, define-se como um *teatro pobre*, e recusa a ajuda de qualquer maquinaria. Em compensação, o dispositivo poderá ser modificado por completo de um espetáculo para outro, em função do modo de relacionamento que se quer colocar em prática entre o ator e o espectador. No lugar do espaço rígido fixado pela

83. O próprio Artaud parece ter julgado que um teatro de multidões seria propício ao surgimento da famosa Crueldade...

84. No caso, o nome Teatro Laboratório deve ser interpretado no sentido literal da expressão.

tradição, Grotowski coloca uma pura virtualidade sobre a qual o ator deve ter um completo domínio.

Na realidade, Grotowski não optou de saída por um rompimento tão radical com os hábitos ocidentais. Assim, o espaço de representação concebido para os seus primeiros espetáculos *Caim* e *Sakuntala*, exibidos em 1960, mesmo penetrando em profundidade no meio dos espectadores, continua sendo aquele espaço separado e reservado, em frente ao qual fica localizado o público. A integração torna-se completa em 1961, com *Os antepassados*. Os espectadores ficam espalhados por toda a área de representação. A divisão, a dualidade do espaço, que mesmo as tentativas mais inovadoras haviam até então conservado, são anuladas por Grotowski, que realiza assim a unificação do teatro. No ano seguinte ele apresenta *Kordian*, cujo cenário é um hospício. O espaço é dividido em compartimentos por estrados de camas de metal. Em cima desses estrados, por onde circulam os intérpretes, estão sentados os espectadores. Iluminados pelos focos dos refletores, eles se vêem uns aos outros como figuras componentes do universo do hospício. O mesmo ocorre no caso de *Fausto*, inspirado em Marlowe, montado em 1963. O espaço cênico compõe-se de três mesas dispostas em forma de U. Como se fossem convivas do último banquete de Fausto, os espectadores ficam sentados em cima dos bancos, dos dois lados das mesas, em cima das quais evoluem os atores. Nos dois casos, a intimidade espacial e física da relação que se estabelece entre o espectador e o ator é reforçada pela integração do primeiro, não somente ao espaço, mas também ao universo do espetáculo. Integração essa que nunca, sem dúvida, foi tão completa, nos anais do teatro.

Essa procura da integração pode transformar-se no princípio oposto, o de *exclusão*. Foi o que ocorreu, notadamente, em *O príncipe constante* (1965-68) e *Akropolis* (1962-64-67). Mas sem que se tratasse de um retorno à tradição, a essa confortável não-existência do espectador, a essa ficção da sua presença-ausência sobre a qual está estruturado o ilusionismo ocidental. Grotowski procura modificar a (boa) consciência que o espectador tem de si mesmo, suscitar nele a perturbação que resulta de uma transgressão. Chega a forçá-lo a considerar o próprio ato de olhar como um comportamento ilícito. É assim que para *O príncipe constante* ele o coloca como uma espécie de contrapeso para o espaço cênico. Este é constituído de uma arena retangular fechada, isolada por uma paliçada. O espectador está sentado num banco, do lado de fora da arena, e a distância entre ele e a paliçada, bem como a altura desta, estão calculadas de modo a obrigá-lo a inclinar-se desconfortavelmente por cima da paliçada para enxergar um espetáculo que tudo parece caracterizar como *proibido*.

Não há dúvida de que falar das experiências de Grotowski concentrando-se apenas nas técnicas postas em ação e isolando a revolução do espaço teatral por ele empreendida do seu contexto teórico e ideológico comporta o risco de dar uma visão limitada de uma das tentativas mais originais e bem-sucedidas que o teatro contemporâneo tenha produzido. Nem por isso deixa de ser verdade que com Grotowski o espetáculo consegue libertar-se completamente das pressões que a arquitetura do teatro italiano, bem como as práticas dela decorrentes, lhe vinham impondo. Abrindo mão de toda maquinaria e tecnologia de que o ator não seja mestre e usuário, Grotowski não precisa senão de um espaço nu, suscetível de ser livremente arrumado, quer se trate de uma granja, de um galpão, de uma quadra ao ar livre etc. Essa libertação, a que Artaud e Brecht no fundo aspiravam sem poder realizá-la verdadeiramente, acaba acontecendo com Grotowski. Em prejuízo, segundo foi dito às vezes, da popularização do espetáculo. Mas, vale a pena repeti-lo, é esse o preço que custa a eficiência, e portanto a razão de ser, do "espetáculo" grotowskiano.[85]

Dois outros acontecimentos, ambos aproximadamente simultâneos, conciliariam e concretizariam a dupla aspiração: uma arquitetura teatral completamente liberta da tradição do espetáculo à italiana, mas também capaz de acolher um público tão amplo quanto possível. Um deles é um espetáculo italiano, *Orlando furioso*, apresentado por Luca Ronconi em 1969. O outro, um espetáculo francês, *1789*, realizado pelo Théâtre du Soleil, com direção de Ariane Mnouchkine, em 1971.

Criado em Spoleto, para o Festival dos Dois Mundos, *Orlando* foi recebido triunfalmente, nos dois anos subseqüentes, na Europa e nos Estados Unidos. Cabe assinalar que já antes dessa realização, através de espetáculos infelizmente de pouca repercussão — notadamente um

85. A melhor introdução às pesquisas de Grotowski, pelo menos às levadas a efeito na década de 1960, é certamente a coletânea de artigos e estudos intitulada *Em busca de um teatro pobre*.

Ricardo III, a *Fedra*, de Sêneca, e o *Candelaio*, de Giordano Bruno —, Ronconi vinha empenhando-se num trabalho sistemático de questionamento das convenções arquitetônicas, técnicas e ideológicas que regem o teatro ocidental, muito especialmente na Itália, berço da famosa tradição. É verdade que esse questionarmento voltava-se, até então, não tanto para a relação frontal entre espectador e espetáculo, mas para a utilização do espaço cênico. Ronconi testava, nesses trabalhos, cenografias — ou seja, elementos cênicos e figurinos — não-figurativas, não-sugestivas, verdadeiras máquinas de representar, instrumentos destinados a colocar os atores numa situação de constrangimento específico: por exemplo, aprisioná-los no dispositivo cênico (*Fedra*) ou na camisa-de-força de roupas quase impossíveis de serem usadas (*Ricardo III*). Espetáculos de vanguarda, sem dúvida, mas que podiam acomodar-se no âmbito de salas tradicionais e que, em todo o caso, não modificavam o caráter estático da relação à italiana.[86]

Com *Orlando furioso* — talvez em função do clima geral de contestação que agitava então a Europa ocidental, com fortes repercussões sobre a prática teatral da época — Ronconi resolveu sair dos espaços institucionais e trabalhar em cima da relação público-espetáculo. Queria arrancar essa relação da rotina e da banalidade em que, conforme todos já estavam então conscientes, o teatro vinha se fossilizando aos poucos.

O projeto inicial de Ronconi consistia em devolver, ou melhor, em dar uma parte da iniciativa ao espectador. Para tal fim, o espetáculo — e podemos reencontrar aqui uma das idéias de Artaud — desenrolar-se-ia *simultaneamente* em vários tablados. Os espectadores, dispondo de cadeiras giratórias, poderiam assim organizar, ainda que ao acaso, a composição do *seu* espetáculo, mais ou menos livremente (Ronconi reservando-se o poder de predeterminar e orientar essa *livre* escolha). Estaríamos, portanto, diante de um novo tipo de representação, pertencente ao campo daquilo que se poderia chamar de *teatro aleatório*,[87]

---

86. A respeito das experiências de Luca Ronconi, vale a pena ler o interessante estudo de Franco Quadri intitulado *Ronconi* (Paris, UGE, 1974, coleção "10/18"), embora ele não aborde, infelizmente, as encenações de óperas, que ocupam um lugar cada vez mais importante na trajetória de Ronconi.

87. Cabe notar que na mesma época vários coreógrafos e compositores (tais como Merce Cunningham, John Cage, Karlheinz Stockhausen) trabalhavam no mesmo sentido.

no sentido de que o espetáculo nunca seria o mesmo, nem para os diversos espectadores de uma mesma sessão, nem para o mesmo espectador, de uma sessão para outra.

O enredo de *Orlando* prestava-se particularmente a tal experiência: tratava-se, com efeito, de uma adaptação feita por Edoardo Sanguinetti do célebre poema de Ariosto, que faz desfilar as aventuras cavalheirescas, os amores das cortes reais, os monstros, as feiticeiras, Carlos Magno e os seus valentes soldados. Texto que constitui, ainda por cima, uma das bases da cultura humanista do público italiano. Por isso mesmo, texto simultaneamente familiar e desconhecido. Apoiando-se na técnica narrativa de Ariosto, que mistura intrigas de extrema complicação, Ronconi opta por desinteressar-se da compreensão linear da obra para propor dela uma visão explodida, fragmentada. A reconstituição lógica, factual, do conjunto é deixada à iniciativa de cada um. Entretanto, Ronconi *orienta* essa iniciativa, dividindo as diversas cenas em *blocos* análogos. Desse modo, qualquer que seja a sua escolha, o espectador assiste, independentemente do lugar em que se encontra, a uma cena do mesmo tipo que aquela que teria encontrado em outro local. E a sucessão temporal desses *blocos* impõe a cada um dos espectadores um percurso cronológico semelhante, através do qual uma *estória* permanece legível.

A seguir, Ronconi modifica o seu projeto: em vez de sentados, os espectadores ficarão em pé. Poderão deslocar-se livremente, como no teatro medieval. E, em vez de localizadas fixamente, as cenas simultâneas serão representadas em cima de carrinhos móveis que atravessarão continuamente a multidão.[88] Eis uma dupla mobilidade que fará funcionar um sistema de combinações de infinita riqueza. Pois se o espectador pode evoluir livremente no interior do espetáculo, e escolher os fragmentos que o atraem, o espetáculo por sua vez não pára de agarrar o espectador pelo efeito da surpresa, cada um dos carrinhos vindo colocar-se no meio de um grupo que não o estava esperando.

Ronconi estava consciente de que o dispositivo por ele concebido permitia ao espectador escolher entre duas atitudes: a de viver o

88. Ronconi manteve dois tablados fixos que lembravam ironicamente o palco italiano, com os seus cenários ilusionistas e as suas cortinas vermelhas.

espetáculo, participar dele como de uma espécie de grande jogo e retirar dele um prazer lúdico, ou a de contemplá-lo, à maneira convencional, do lado de fora. Quer dizer, neste último caso, correr o risco de entediar-se, como acontece a alguém que está assistindo a um jogo cujas regras não conhece.

Na versão definitiva do espetáculo, o espaço foi utilizado em todas as suas dimensões. À utilização horizontal acima descrita, Ronconi acrescentou um desdobramento vertical que constitui uma espécie de saudação (de adeus?) enternecida ao teatro *com máquinas* da tradição italiana: cavalos de folha de metal, um esqueleto de animal pré-histórico (uma espécie de monstro marinho), um hipogrifo, todos de asas abertas, ficam pairando ou voando por cima do público, reconstituindo com precisão os *nós* de ação encarados coletivamente, e devolvendo ao espectador uma espécie de espírito de infância, uma magia leal que não busca a ilusão, mas a expressão simbólica.

Acrescente-se que a intervenção dos carrinhos, operados manualmente e atravessando a multidão em alta velocidade, coloca os espectadores numa situação de insegurança — existe um risco (controlado) de colisão, de acidente — que lhes impõe uma atitude de vigilância e os obriga a reações imprevistas: recuo, pulo para frente etc. O espectador, enfim, deve enfrentar uma situação inteiramente inédita. Situação essa que lhe proíbe a passividade a que o teatro à italiana o havia acostumado. E se na representação tradicional os acontecimentos mais sangrentos não passavam de uma simulação incapaz de perturbar o seu conforto e a sua impavidez, aqui, pelo contrário, a simulação de qualquer ação, por inócua que seja, pode a qualquer momento intervir na sua existência, com a força de um acontecimento.

Em suma, o público entrosa-se no espetáculo na medida em que é convidado a ser parte ativa: ele é, por exemplo, a floresta que os paladinos atravessam, montados em seus cavalos de zinco; ele é o mar cujas ondas vêm bater na praia da ilha onde Olímpia ficou abandonada e que Orlando alcançará a nado. Mais tarde, completamente envolvido, atacado e empurrado pelos sarracenos e pelos franceses que se enfrentam no cerco de Paris, o público é precipitado para dentro da batalha, participando sem querer de um combate no qual — como o Fabrício, de *O vermelho e o negro*, de Stendhal em Waterloo — ele se vê engajado e comprometido; tanto mais que os combatentes saltam dos seus carrinhos, enfrentam-se deitados no chão, no mesmo plano que ele, aos seus pés. No desfecho da batalha há feridos e mortos espalhados pelo chão, agonizando e gemendo. Alguns espectadores foram vistos precipitando-se piedosamente para tentar socorrê-los. Na verdade, essa epopéia acabou sendo um triunfo da ilusão teatral!

No que diz respeito ao espectador, pode-se caracterizar da seguinte maneira o aspecto da relação que Ronconi determina através do seu espetáculo: antes de mais nada, a *desorientação.* O espaço não proporciona mais nenhuma zona especializada. Ao entrar, o espectador não encontra o seu lugar marcado. E os dois palcos que se assumem como tais, um em frente ao outro, de cortinas fechadas, impedem-no de escolher um lugar *de onde se vê bem,* de acordo com o reflexo habitual. Em segundo lugar, a *surpresa.* O espetáculo nunca está lá onde é aguardado. Surge sempre nos lugares mais inesperados, ao longe, lá nas alturas, no nível das cabeças, no chão, tudo ao mesmo tempo. Outro elemento é o *desconforto,* em todas as suas formas. O espectador é constantemente acossado pelo espetáculo. Pelos carrinhos que passam raspando. Pelas agressões sonoras dos paroxismos da declamação. Pelas intervenções físicas dos atores, que lhe impõem e orientam os deslocamentos. Desconforto intelectual, igualmente, pois ele tem de escolher entre duas ações simultâneas que se realizam em dois pontos opostos, sem que nenhum fator lógico venha ajudá-lo a tomar a decisão: ele pode optar pela ação que lhe pareça mais animada, ou por aquela da qual está mais próximo etc. A relação que Ronconi propõe ao seu público tem no fundo algo a ver com a *feira* popular, onde se perambula de um imprevisto a outro, em busca do jogo, da magia de cada momento. E é esse aspecto lúdico, generalizado e organizado, que motiva a participação do espectador. Torna-se impossível para ele resistir, ficar à margem, como um estranho numa festa onde cada um tem não propriamente uma função e um lugar mas, virtualmente, todas as funções e todos os lugares. Festa barroca colocada sob o signo da fluidez, do *perpetuum mobile...* O aspecto rudimentar das máquinas, essa *lealdade* que faz com que elas se assumam ao mesmo tempo como mecanismos ingênuos e como ferramentas simbólicas, tudo isso remete também às brincadeiras de criança onde, através de simples convenção, qualquer coisa pode figurar como qualquer outra.[89] Daí, com certeza, a adesão que o espetáculo obteve, não só na Itália, junto a um público realmente popular, mas também no exterior, superando o duplo obstáculo que poderia ser constituído a priori na consciência do espectador pelo desconhecimento da língua e do poema de Ariosto. É que o extraordinário arranjo elaborado por Ronconi e pela sua equipe permitia não apenas ver e ouvir um espetáculo, mas também vivê-lo e fazê-lo.

Com *XX*, criado em Paris em abril de 1971, no programa do Teatro das Nações, Ronconi quis escapar do sucesso de *Orlando furioso*, sem deixar de continuar o aprofundamento das suas pesquisas sobre um espaço teatral completamente liberto das limitações do espetáculo à italiana. Retomava, porém, o mesmo princípio do espetáculo serial de *Orlando*. Com a diferença de que aqui cada série de cenas não era submetida à escolha do espectador. Incluído arbitrariamente num grupo, cada espectador via só uma única cena de cada série. Mas o final é comum ao conjunto do público. De modo que todo o mundo acompanha a mesma progressão dramática e passa aproximadamente pelos mesmos choques emocionais, as mesmas trajetórias intelectuais; e no entanto ninguém terá visto exatamente o mesmo espetáculo!

Tal concepção fez surgir um dispositivo arquitetônico específico. Ele se compõe de 24 pequenas peças[90] contíguas e separadas umas das outras por finas paredes divisórias. Em cada compartimento, um ator enfrenta 24 espectadores. Progressivamente, as paredes vão caindo, o que permite ações com vários personagens representadas diante de um número cada vez maior de espectadores. O desfecho lógico desse arranjo: todas as paredes caem, e todo o elenco representa frente a todos os espectadores, que podem finalmente — e só agora — dar um sentido à seqüência de ações fragmentadas a que haviam assistido.[91]

---

89. Esse aspecto lembra a *Carta a Jean-Jacques Pauvert* escrita por Jean Genet em 1954, onde o escritor manifestava o seu desejo de inventar, ou de ver inventado por algum outro artista, um teatro que tivesse a mesma liberdade, no plano simbólico, que as brincadeiras de criança. O texto em questão foi publicado na revista *Obliques*, 1972, nº 2, p.4.

90. Por motivos técnicos, esse número acabou sendo reduzido a 20, donde o título *XX*. Mas este pode também remeter ao século *XX*, ou a 2x (a dupla incógnita do comportamento dos espectadores e da reação dos atores ao sistema de pressões imposto a uns e aos outros).

91. O enredo escolhido evoca a penetração de uma ideologia de características fascistas através de comportamentos individuais. O fio condutor da ação é a preparação de um golpe de Estado.

De que maneira tudo isso foi concretizado? Uma *casa* de dois andares foi construída dentro do Théâtre de l'Odéon (ou num galpão de Zurique). Duas escadas permitem o acesso ao andar superior. Os compartimentos contíguos são espalhados pelos dois andares. Os espectadores, reunidos em grupos de 24, são conduzidos por um ator, atravessando a casa, e são abandonados numa sala de espera. Um outro ator vem buscá-los para os conduzir ao compartimento que lhes é atribuído. Como vemos, a liberdade lúdica deixada ao espectador de *Orlando furioso* cede lugar a um sistema de restrições, a uma escravização do espectador talvez até mais tirânica do que aquela que rege o espetáculo à italiana. Tudo isso desenrola-se contra um aflitivo pano de fundo sonoro (ruído de passos, gritos, ranger de portas etc.)[92] vindo de compartimentos vizinhos onde estão instalados outros espectadores.

A seguir, começa o espetáculo propriamente dito. Cada grupo de espectadores permanece na cela que lhe foi destinada. Os atores circulam de uma cela para outra, estabelecendo — ou procurando estabelecer — uma relação baseada na sensação de proximidade e na inquietação. Após alguns momentos, as paredes divisórias são suprimidas, de modo que duas celas passam a constituir uma só, e cada grupo de espectadores mistura-se com o grupo vizinho. Enfim, os monólogos da primeira fase são substituídos por ações a dois, com ênfase na violência física e na relação carrasco-vítima. Ronconi mantém o princípio de circulação dos atores (por duplas) e de repetição das cenas de uma cela a outra. O princípio de funcionamento do dispositivo e do espetáculo pode ser assim desdobrado até o desfecho, quando, com todas as divisórias removidas e todos os espectadores reunidos, é anunciado o golpe de estado fascista.

O mal-estar do espectador é ampliado pelo fato de que a ação a que está assistindo é perturbada por ruídos, gritos, barulhos de vozes que chegam dos compartimentos vizinhos. Ele esbarra portanto numa espécie de desaceleração do incompreensível: não percebe claramente o que se desenrola na sua frente, e apreende ainda menos o sentido dos

92. Essa utilização dos barulhos fora de cena não deixa de lembrar a que Artaud concebeu para *Os Cenci*.

acontecimentos que se passam longe dos seus olhos e dos quais ele só recebe fragmentos sonoros.

Concebida desse modo, a relação do espectador com o espetáculo é ambígua. Ela se baseia, por um lado, na proximidade, talvez até na participação (alguns espectadores podem ser convidados a participar de uma determinada ação; os atores dirigem-se diretamente ao público). Por outro lado, essa relação é reduzida a uma pura ilusão: os atores não levam em conta as reações que provocam, não dão explicações para esclarecer o sentido do acontecimento, não representam com *naturalidade* mas, pelo contrário, com *teatralidade*. Assim sendo, o fato de encontrar-se no mesmo plano que os atores, por assim dizer na sua intimidade, longe de integrar o espectador ao universo do espetáculo, desencadeia um mecanismo de exclusão. A proximidade duplica o sentimento de estranheza que o invade. Não consegue mais retomar integralmente a sua identidade de espectador de teatro, mas não se sente tampouco fazendo parte de um *grande jogo*. Tem a sensação de estar sobrando. De estar assistindo pelo buraco da fechadura a uma espécie de psicodrama que a sua simples presença ameaça perturbar.

Vale a pena, finalmente, dizer algumas palavras sobre um projeto que Ronconi foi impedido de concretizar por toda espécie de contratempo. Ele ilustra, com efeito, a inventividade do encenador italiano mas também, e principalmente, a surpreendente liberdade que o espetáculo teatral pode adquirir a partir do momento em que opta por romper definitivamente com a estrutura do palco italiano.

Tratava-se de montar *Catarina de Heilbronn*, de Kleist, em cima do lago de Zurique. Em cima, e não nas margens! Os atores iriam representar sobre uma plataforma móvel construída sobre pilotis e animada por movimentos de oscilação. Os espectadores evoluiriam, sentados em botes, em torno do espetáculo. Pode-se imaginar a contribuição que seria trazida por essa iniciativa, que conferia ao espaço teatral uma fluidez absoluta. Tudo, sem dúvida, teria favorecido a instauração de um clima onírico, com essa área de representação móvel, essas embarcações coletivas ou individuais, e até com as máquinas que Ronconi sonhava em utilizar, uma vez que o espaço aéreo do espetáculo iria ser invadido por helicópteros, pára-quedas e tudo o mais que a tecnologia moderna pode oferecer em matéria de suportes para a magia.

Infelizmente, tudo conspirou para impedir Ronconi de realizar esse sonho um tanto louco, ou um tanto prematuro em relação à evolução das práticas e dos hábitos do teatro: o mau tempo, as restrições impostas por autoridades municipais preocupadas com a segurança dos espectadores, diversos obstáculos técnicos etc. Resta torcer, no interesse da história do teatro contemporâneo, para que Ronconi não tenha definitivamente desistido desse extraordinário projeto.

Na França, na mesma época, Ariane Mnouchkine e a sua equipe do Théâtre du Soleil trabalham no mesmo caminho. Também aqui trata-se de dar um basta à rigidez da tradição da estrutura italiana.

Criado em 1971 no Palácio dos Esportes de Milão, *1789* apresenta certo número de pontos de convergência com *Orlando furioso*. Em ambos os casos, estamos diante de um teatro festivo, lúdico, onde a participação do espectador se integra fortemente ao espetáculo; diante de obras que, cada uma no seu respectivo contexto, apelam à memória coletiva do público, a essa espécie de conhecimento difuso que constitui algo como um cimento ideológico, um fator de identificação e de reconhecimento de uma coletividade por ela mesma.

1789: ano inaugural da Revolução, momento em que um povo inteiro acreditou numa possível conquista da felicidade... Acontecimentos histórico-simbólicos que se transformaram em mitos da consciência coletiva, de tanto terem sido relatados e repisados pela escola e pelos meios de comunicação de massa: a tomada da Bastilha, a noite de 4 de agosto, a fuga do Rei e a sua detenção em Varenne etc.

O espetáculo joga o jogo da teatralidade. Não mostra diretamente as ocorrências históricas. Através de um efeito de teatro no teatro, são os saltimbancos que apresentarão ao povo de Paris uma representação dessas ocorrências.[93]

Como em *Orlando furioso*, o público fica em pé. Não lhe é atribuído nenhum lugar fixo. Cada espectador pode e deve evoluir

93. Da mesma forma, o princípio fundamental para os intérpretes de *Orlando furioso* era determinado pelo fato de que eles não representavam diretamente os personagens — cavaleiros andantes ou feiticeiras — mas saltimbancos que por sua vez representavam esses personagens; o que permitia uma grande variedade de interpretação, abrangendo a ironia, a caricatura, o anti-realismo.

livremente no espaço cênico.[94] A distribuição espacial, visual, sonora do espetáculo orienta, evidentemente, esses movimentos.

O dispositivo propriamente dito, instalado no imenso local da Cartoucherie de Vincennes (antiga fábrica de munições desativada, num subúrbio parisiense: mais uma vez, o tipo de galpão pleiteado por Artaud!) compõe-se de cinco áreas de representação, interligadas por passarelas. O conjunto delimita um retângulo aberto, no interior do qual tomam lugar os espectadores. Cabe frisar que esse espaço interno não é reservado em exclusividade ao público. Os atores podem atravessá-lo; determinadas ações podem ser ali representadas. A estrutura de madeira — passarelas e áreas de representação — situa-se no nível do olhar de um espectador em pé, mas não existe separação estanque, ou seja, os atores podem passar facilmente da área de representação para o chão, e vice-versa. Por outro lado, essa estrutura de madeira, comprida e estreita, suscita ou permite uma representação de extrema mobilidade, de acordo com as referências históricas do Théâtre du Soleil (os saltimbancos, os palhaços...). Muito fluida, a ação desloca-se, através das passarelas, de um tablado para outro, obrigando os espectadores da zona central a uma mobilidade equivalente. Por outro lado, os diferentes espaços de representação permitem ações simultâneas, quer diversificadas e complementares, quer idênticas entre si. E o que aconteceria, por exemplo, no admirável episódio da fome dos camponeses: quatro casais parecidos entre si, em cima de quatro tablados, falam do seu desespero. A seguir, os quatro homens, com um gesto igual, arrancam dos braços das respectivas mulheres as crianças que não podem alimentar. Para matá-las. É evidente que a repetição da mesma cena em diversos pontos do espaço não se destina apenas a ajudar os espectadores espalhados pela zona central. Ela produz um efeito coral impressionante, que corporifica eficientemente a relação entre o drama individual e a angústia geral. Pois mesmo se o espectador ficar ligado numa determinada ação representada num dos tablados, ele percebe em torno de si, com as pequenas defasagens naturais numa prática como essa, através

94. Do lado de fora do dispositivo, arquibancadas eram colocadas à disposição daqueles que preferiam uma relação mais tradicional (ou mais confortável) com o espetáculo. Mas bastava assistir a duas apresentações adotando, cada vez, um posicionamento diferente para compreender o quanto se perdia ao optar pela posição estática, pelo lado de fora.

de um eco, o rumor do mesmo drama que acontece "nos quatro cantos da França". A narração da tomada da Bastilha é igualmente comovente. Épica no sentido comum e no sentido brechtiano da palavra, ela instaura uma verdadeira conivência entre os atores-narradores e os espectadores. Estes últimos, sem se dar conta, transformam-se no povo de Paris de 1789. Vejamos o que diz a rubrica do texto:

> O silêncio instala-se na sala; os saltimbancos distribuíram-se pela totalidade dos praticáveis e pelas arquibancadas; atraem para si os espectadores, fazendo-lhes sinais que os convidam a se aproximar; aos poucos formam-se grupos, e ouve-se o relato da tomada da Bastilha, inicialmente a meia voz; os narradores hesitam, tropeçam nas palavras, buscam na sua memória, depois o movimento se acelera, as imagens se encadeiam, um murmúrio se faz ouvir na sala, depois um ruído mais forte de vozes, pontuado por batidas regulares, em crescendo, de tambores; as mesmas palavras, os mesmos episódios chegam aos ouvidos dos espectadores, os saltimbancos inicialmente sentados foram se levantando aos poucos, dirigem-se a um número cada vez maior de pessoas, gritam, depois berram nos últimos episódios (...) e finalmente ouve-se de todas as direções:
> Tomamos a Bastilha! Tomamos a Bastilha![95]

Essa participação do público culmina, no meio do espetáculo, com uma festa dentro da festa que se espalha, a fim de celebrar simultaneamente o acontecimento, no meio do foguetório, por todos os tablados e pelo espaço central. Os espectadores são, dessa vez, o próprio público da festa, o povo de Paris, como voltarão a ser o povo de Paris um pouco mais tarde, para assistir ao retorno do casal real — dois imensos bonecos — trazido de volta pelo povo (atores que atravessam a zona central).[96] Poderíamos multiplicar infinitamente os exemplos e as recordações, demonstrando não só a inventividade do Théâtre du Soleil, mas também a extraordinária riqueza teatral proporcionada por um dispositivo no entanto bastante simples

Com *L'age d'or*, em 1976, o Théâtre du Soleil permanecia fiel à sua recusa da estrutura italiana e ao princípio que norteava as suas mais

---

95. Texto de *1789*.

96. Do mesmo modo como Ronconi utilizava, em *Orlando furioso*, certas *máquinas* que conotavam a festa popular, a feira, que faziam alusão a uma ilusão teatral perdida, em vez de tentar em vão suscitá-la, assim também *1789* fazia intervir — e mais uma vez a lembrança de Artaud torna-se presente — marionetes cujos atores-manipuladores permaneciam vísiveis.

recentes cenografias: o de criar não mais um cenário dentro de uma arquitetura fixa, mas inventar um dispositivo que seja por si só um elemento de estruturação, como aliás Brecht preconizava desde a década de 1930, no sentido de que não se trata mais de representar, figurativa ou simbolicamente, a moldura de uma ação, mas de permitir a existência de um certo tipo de relação entre atores e público.

O galpão da Cartoucherie está dividido em quatro zonas,[97] no interior das quais estão instalados quatro espaços cênicos, aparentemente autônomos, mas na verdade interdependentes. Essas quatro zonas têm forma de crateras, sobre cujas encostas os espectadores estão convidados a tomar seus lugares. A representação desenvolve-se no interior dessas crateras, e não existem ações simultâneas. Os intérpretes conduzem os espectadores de uma zona para outra, graças a uma espécie de caminho de montanha que paira por cima do dispositivo.

Pela sua forma, a cratera instala uma espécie de intimidade no cara-a-cara entre o ator e o espectador. A distância entre os dois é bem inferior ao que costuma ser na prática do palco italiano: um espectador nunca fica a mais de 15m dos personagens. A proximidade, a intimidade são exigências da representação com máscaras sobre a qual repousa grande parte do espetáculo. Esse clima é reforçado, por outro lado, pelo tapete de um colorido marrom vivo que cobre uniformemente as encostas, as cavidades e os caminhos intermediários.

A técnica de iluminação é, por sua vez, adaptada às exigências impostas ao mesmo tempo pela representação com máscaras e pela cenografia dividida em quatro. Ela utiliza ribaltas móveis adequadas a um espetáculo que se transporta periodicamente de uma cratera para outra. Das janelas do galpão emana uma luz de tonalidades branca e azul, produzida por tubos fluorescentes. Ela compõe um contraste com a iluminação suave espalhada pelas ribaltas e por uma quantidade de pequenas lâmpadas que cobrem o teto e as vigas do galpão.

A ribalta móvel, a que se acrescentam às vezes *canhões* individuais de extrema mobilidade, tem a função de ajudar o ator a dar vida à sua

97. Por motivos de ordem prática, não relembraremos aqui a cenografia do prólogo, que era representado num espaço contíguo.

máscara, a explorar o seu relevo, os seus contornos, as suas cavidades. Ainda por cima, tal dispositivo permite iluminar o público, portanto trazê-lo de volta à consciência da sua situação enquanto coletividade, sem deixar de isolar o espectador, ao mesmo tempo, na intimidade do seu frente-a-frente com os atores.

A importância da luz torna-se, no caso, particularmente grande, pelo fato de que o princípio que rege o trabalho dos atores exige que eles criem a ambientação de que necessitam unicamente através dos recursos do corpo, do gesto e da mímica. A área de representação em que evoluem é, de fato, um espaço completamente nu, e cada um deles só dispõe dos acessórios estritamente necessários para que o seu desempenho possa tornar-se legível.

Se *L'âge d'or* não suscitou, provavelmente, o mesmo deslumbramento e a mesma revelação que espetáculos como *Orlando furioso* ou *1789*, isso talvez se deva ao efeito do hábito. Aquilo que em 1969-1971 era exploração do desconhecido e descoberta de uma nova teatralidade impôs-se logo como norma de um tipo de espetáculo adaptado às aspirações de um público cada vez mais indiferente à banalidade e ao academicismo das encenações no espaço à italiana. Se quisermos numerar os palcos como se numeram as Repúblicas francesas, e se creditarmos a Gordon Craig a invenção de um *quinto palco* (o qual, aliás, nunca chegou a ser realmente adotado), então pode-se afirmar que os anos 1970 assistiram ao surgimento de um *sexto palco*!...

A década de 1960 marca, e o percebemos melhor agora com o recuo do tempo, um ponto culminante na evolução da prática teatral contemporânea. Em matéria de espaço cênico, assiste-se a uma verdadeira explosão da estrutura à italiana. É também pela primeira vez que se vê um número tão elevado de experiências cujo radicalismo conquista a adesão do público. Parece pertencer definitivamente ao passado o tempo em que a teoria teatral sonhava, dirigindo-se a alguns poucos leitores, com um outro espaço, utópico quando considerado ao pé da letra, enquanto a prática permanecia sujeita a rotinas que perpetuavam a tradição. Tampouco é provável que volte o tempo em que as pessoas se contentavam com algumas adaptações ou em que, sob a influência de um Vilar, a sala à italiana voltava a ser um anfiteatro à antiga, que atenuava a desigualdade social característica daquela estrutura, mas nem por isso deixava de manter a relação frontal, distante, estática, passiva do espectador com o espetáculo.

Com Grotowski, Ronconi, Mnouchkine e muitos outros que lamentamos não poder enumerar aqui, o teatro liberta-se das suas amarras. O espaço teatral torna-se, ou volta a ser, uma estrutura completamente flexível e transformável de uma montagem para outra, quer se trate das áreas de representação ou das zonas reservadas ao público. Agora, o teatro pode ser feito em qualquer lugar — de preferência evitando-se aquelas construções a que se costuma dar o nome de teatros... A estrutura desse novo espaço pode variar ao infinito. Ela não conhece outros limites do que aqueles determinados pelo engenho dos cenógrafos, pela imaginação dos diretores e pela aparelhagem técnica e pelos materiais postos à sua disposição.

A partir dessa explosão do espaço teatral, impõem-se outras transformações, que serão analisadas a seguir: elas dizem respeito à cenografia (o termo *décor*, tradicionalmente usado na França para designar o cenário, torna-se completamente inadequado), o trabalho do ator etc.

Mas o que é fundamentalmente transformado é a condição do espectador. O que lhe era pedido até então, no fundo, era apenas que fingisse polidamente durante duas ou três horas que não estava existindo; que se deixasse seduzir ou comover por uma ficção que ele, não menos polidamente, devia fingir estar tomando por realidade. Agora, o teatro lhe oferece uma grande variedade de novas possibilidades, às vezes dentro de um mesmo espetáculo. A gama vai da participação mais ou menos ativa na representação até a integração no universo da ficção; da liberdade de movimento e de escolha no uso que faz do espetáculo até uma submissão consentida a um poder ao mesmo tempo presente e invisível, o da própria estrutura que o manipula; da euforia que nasce do jogo e da sensação de estar pertencendo a uma coletividade até um mal-estar provocado pela desorientação, a vaga impressão de estar transgredindo uma misteriosa proibição... De qualquer maneira, para esse espectador a prática do teatro pode tornar-se, ou voltar a ser, uma experiência, uma aventura, enfim algo de novo e intenso que, assim como queria Artaud, não o deixará inteiramente intacto...

Por mais ricas e decisivas que pareçam ser essas metamorfoses do espaço teatral, elas não devem, entretanto, causar uma ilusão de óptica. É preciso constatar que, excetuando os poucos nomes acima citados — e que muitas vezes continuam as suas pesquisas em condições difíceis — o grosso dos efetivos do teatro não manifestou ainda nenhuma intenção de trilhar as mesmas pistas. E os palcos italianos, com as suas respectivas platéias, têm ainda pela frente, não tenhamos dúvida, muitos dias de glória!

É impressionante como, nas vésperas da década de 1980, o teatro francês não se cansa de retomar (e de diluir) as inovações de Vilar, de reproduzir os estereótipos da teoria brechtiana do espetáculo, quando o próprio Brecht nunca deixou de preconizar as modificações, a adoção do teatro como um *work in progress*... E se não deixa de ser verdade que certos encenadores têm necessidade do espaço à italiana para afirmar a especificidade de seu gênio (Strehler, Planchon, Chéreau, por exemplo), pelo menos devemos desejar que os outros não permitam que a semente de uma liberdade que o teatro conquistou ao preço de tantas dificuldades, e que hoje em dia ninguém cogita de lhe contestar seriamente, caia outra vez em solo inóspito.

CAPÍTULO IV

Os instrumentos do espetáculo

As opções do encenador, suas escolhas estéticas e técnicas, pressupõem que ele se tenha interrogado sobre aquilo que pretende mostrar, e sobre a maneira pela qual ele deseja que o espetáculo seja apreendido.

Até o fim do século XIX tais questões eram tudo menos essenciais, no sentido de que só se podia cogitar de uma única resposta: tudo devia ser posto em ação para que o poder ilusionista do espetáculo atingisse a máxima eficiência. Em outras palavras, o diretor propunha-se como objetivo a organização da confusão mental do espectador! Afirmação menos paradoxal do que parece: o ideal, jamais alcançado mas sempre pretendido, seria mesmo que o espectador confundisse a ficção do espetáculo com a realidade.

Esse objetivo, por muito tempo considerado inerente à própria essência do teatro, condicionou toda a evolução do espetáculo à italiana, e particularmente a das técnicas que regiam a animação do espaço cênico. Assim, por exemplo, todo e qualquer instrumento de produção da ilusão teatral devia estar camuflado, tornado invisível ao espectador, sob risco de lembrar-lhe que estava assistindo a uma tentativa de mistificação da qual ele era, com seu próprio consentimento, a vítima. Eis por que, na tradição ocidental, o palco *fechado* suplanta o palco *aberto*: ainda hoje, e apesar de todas as experiências no sentido de libertar-se dela, a cena *fechada* continua sendo a mais difundida. A abertura do palco é delimitada por uma moldura opaca (reguladores e bambolinas cuja função consiste precisamente em esconder da vista do público tudo que produz a ilusão, varas e urdimento para o cenário, ribalta e gambiarras para a iluminação). Já a cena aberta (o teatro medieval, o palco elisabetano, os tablados da *commedia dell'arte*) que está sendo redescoberta hoje em dia oferece perspectiva mais ampla, possibilidades teatrais de extrema variedade, sem se preocupar especialmente em camuflar os instrumentos do espetáculo.[98] O palco fechado, pelo contrário, apresenta-se ao espectador como uma caixa que teria aproximadamente a metade de uma parede vazada, permitindo que um olhar de fora penetre no espaço do espetáculo.

Do século XVI aos nossos dias, o espaço cênico foi entregue a técnicos de um virtuosismo muitas vezes admirável e ocupado por cenários que obedeciam a todas as leis do ilusionismo óptico e acústico. Cada geração empenhou-se ferozmente em encurralar tudo aquilo que pudesse deixar aparecer o *teatro*, melhorando mais e mais a técnica do disfarce enganador.

Antoine, na França, e Stanislavski, na Rússia, são sem sombra de dúvida os herdeiros mais notáveis dessa tradição. Através das suas pesquisas, eles foram aperfeiçoando ao máximo as técnicas que visavam a tornar verossímil a imagem cênica.

Denis Bablet, no seu belo livro sobre cenografia teatral,[99] fornece preciosas informações sobre o gosto do público do fim do século XIX pela profusão decorativa e sua conseqüência imediata, o atravancamento do palco. Os naturalistas exploraram esse gosto, articulando-o com a busca da exatidão arqueológica ou sociológica. Mas esse *verismo* não teve outro efeito senão o de reforçar e diversificar o prazer da estranheza.

Do ponto de vista da estética do espetáculo, entre a mansarda de Raskolnikov visualizada por Stanislavski e o quarto de Fausto tal como a Ópera de Paris o mostra em 1892, entre os ambientes romanos de *Júlio César* na montagem de Stanislavski de 1903 e a opulência egípcia de *Aída* no espetáculo da Ópera de Paris lançado em 1901 só existe uma diferença de grau, no que diz respeito à veracidade. E talvez seja aconselhável não confiar demasiadamente nos sarcasmos polêmicos dos naturalistas: apesar das inverossimilhanças de que se vai tomando

98. Ver, por exemplo, o atual Théâtre des Bouffes du Nord, tal como está sendo utilizado por Peter Brook.

99. *Le décor de théâtre de 1870 à 1914*. Paris, CNRS, 1975.

consciência, o ilusionismo acadêmico é uma tradição que, não tenhamos dúvida, funciona ainda com *eficiência.*[100]

De qualquer modo, ao se falar do espaço cênico do fim do século XIX não há como não reconhecer que ele explorou ao máximo o seu caráter tridimensional: se o atravancamento do palco resulta na redução da área, e portanto das possibilidades de evolução dos atores, procurou-se compensar esse inconveniente pela modulação do piso por meio de praticáveis[101] que reproduzem os desníveis naturais (encostas, colinas) ou arquitetônicos (plataformas, terraços, escadarias) e permitem que a encenação se espalhe sobre diversos planos. Essa evolução é inseparável de uma procura do *grande espetáculo*, com movimentos de multidões, efeitos de maquinaria etc. Esses são os famosos *ganchos* que tanto fascinavam o público da época.[102]

Não façamos ironias precipitadas à custa dessa grandiosidade "cafona". Sem dúvida existe um considerável abismo entre essa concepção da moldura do espetáculo e a nossa própria idéia do teatro. Mas as buscas e os achados dos cenógrafos, sua engenhosidade na utilização de espelhos e das tapadeiras pivotantes que permitem transformações instantâneas das cenografias, e sobretudo o ingresso da eletricidade nos teatros, cuja importância já ficou bastante ressaltada — todas essas aquisições haveriam de permanecer, todas elas poderiam vir a ser utilizadas dentro de uma concepção diferente.

Quanto à procura da estranheza, da surpresa, da magia, quem teria a coragem de afirmar que o público contemporâneo não se interessa mais por elas? Basta ver o triunfo que alcançam espetáculos como *Orlando furioso* ou *1789*. Cabe apenas observar que o surgimento do

---

100. Certas anedotas apontam para essa eficiência: um drama de Victor Séjour(*La Madone des roses*) mostrava no seu desfecho o incêndio do palácio dos duques d'Este. Na noite da estréia, uma boa parte do público, apavorada, precipitou-se para fora do teatro (relatado por Denis Bablet, *op. cit.*, p.41).

101. No sentido aqui adotado, entende-se por praticável qualquer elemento cênico (cama, balcão, janela, escada) suscetível de ser utilizado pelo ator, em oposição aos elementos figurados que representam esse mesmo objeto em duas dimensões e, evidentemente, não podem ser utilizados.

102. Essa foi a época dos grandes quadros, sem os quais nenhuma ópera, de Meyerbeer a Verdi, seria considerada completa (exemplo famoso: o triunfo de *Aída*, 1871). Foi também a época dos grandes balés com enredo, nos quais as cenas feéricas alternavam-se com as cenas de corte (exemplos: *A bela adormecida*, 1889; *O lago dos cisnes*, 1895; ambos de Tchaikovski).

cinema tornou esse público exigente. Não é que ele espere do teatro o que este não tem meios de lhe dar. Ele não pede ao teatro que imite desengonçadamente o cinema, mas que invente meios e formas de encantamento de que o cinema não possa apoderar-se. Coisa que o teatro levou, aliás, um certo tempo a compreender.

Dito isso, o fato é que o teatro ilusionista do fim do século XIX se vê a si mesmo como uma tecnologia mais do que como uma arte, e que os problemas de estilização e de expressão simbólica lhe são bastante alheios.

Os naturalistas retomariam por sua conta essa concepção da imagem cênica. Eles não se preocupavam em mudar a natureza da prática teatral, mas em conduzi-la a uma relação mais autêntica com o real. Quando Stanislavski monta *Júlio César*, de Shakespeare, é animado por um desejo de exatidão arqueológica seguramente mais rigoroso e minucioso do que os fabricantes dos espetáculos de fácil consumo: ele chega a obter a colaboração dos maiores especialistas do seu tempo; mas a concepção sobre a qual a encenação se apóia não é diferente: trata-se sempre de transportar o espectador para longe, no tempo e no espaço. E que ele acredite nessa viagem! Um crítico, ferino mas lúcido, insinuou que, considerando as opções da encenação, a peça de Shakespeare deveria mudar de título e passar a chamar-se *Roma no tempo dos Césares*...

Só que, com os naturalistas, a mitologia do verdadeiro substitui a do *verossímil*, com a qual se satisfazia até então o teatro acadêmico. Essa mudança terá repercussões sobre as técnicas do espetáculo. Já foi assinalada (cap.1, p.25ss.) a rejeição pelo menos parcial do truque enganador, ao qual se prefere a introdução no palco de materiais e objetos autênticos; o seu peso, o seu desgaste, a sua *presença* são dados indicativos de um labor, de uma existência, da passagem dos dias, da posição social. Integram-se num sistema significante constituído pela imagem cênica.

Nessas condições, como duvidar que o *figurino* venha a ser redefinido, do mesmo modo, pela estética naturalista? O figurino torna-se uma *roupa*. Ou seja, ele dá um depoimento sobre a pessoa que o usa e, indiretamente, sobre o panorama no qual aparece. Foi realmente usado. Pode e deve, se for o caso, exibir o seu desgaste, a sua sujeira; pode e deve falar do *status* social e da situação real do personagem.

Tem, em última instância, uma função que o aproxima de um objeto de cena: o espaço emoldura o personagem, à semelhança do seu meio familiar; e o figurino, enquanto elemento visual, estabelece um essencial elo de significação entre o personagem e o contexto espacial em que este evolui. Tudo isso, pode-se objetar, é francamente banal. É que quase um século de encenações familiarizou-se com a idéia de que todos os elementos do espetáculo podem e devem ter uma função significante. Mas na prática habitual no século XIX, agia-se, ao que parece, com maior desenvoltura, apesar das proclamações e reclamações dos autores românticos que sonhavam em reconstituições históricas: Mlle Mars, que, em 1830, criou Doña Sol em *Hernani*, de Victor Hugo, não dava a mínima importância a qualquer veracidade ibérica e fazia questão de aparecer de cabeça coberta com um *kakochnik*, o tradicional diadema russo, com o qual ela aparece no retrato pintado por Gérard. Porque, segundo ela dizia, "isso lhe dava uma aparência tão jovem"...

A *iluminação* passa também pelo crivo da autenticidade. Os naturalistas condenavam qualquer forma de iluminação cênica que revelasse o artifício, deixasse transparecer a sua teatralidade. Por exemplo, a ribalta, que emite uma luz desconhecida na natureza, pois ilumina o ator de baixo para cima; ou a luz branca forte e chapada, cujo impacto rude, e uniformemente distribuído, não tem nenhum equivalente no mundo real.[103] O teatro moderno deve aos naturalistas essa tradição de uma iluminação *atmosférica*, que procura e consegue reproduzir as menores nuanças da luz natural, em função da hora, do lugar, da estação. Existe uma *verdade* da luz, e cabe ao diretor achá-la, localizando com precisão as suas supostas fontes, distribuindo os seus reflexos, determinando a sua intensidade. Desse modo, a luz não intervém mais apenas funcionalmente para clarear o espaço da ação, mas também para mergulhá-lo no clima desejado, para remodelá-lo, transformá-lo progressivamente, para dar ao tempo uma materialidade cênica. Se fosse mesmo preciso traçar um balanço da contribuição dos naturalistas para o teatro moderno, talvez se devesse frisar que a sua reflexão sobre a luz, e a sua conseqüente prática, foram os seus aspectos mais fecundos; pois esse tipo de iluminação iria logo crescer de importância, tanto mais

103. Brecht, pelo contrário, vai reabilitar essa luz, justamente pelo motivo pelo qual ela foi anteriormente condenada: ela exibe a teatralidade.

que o século XX iria desatravancar o palco, esvaziá-lo da barafunda decorativa de que o século anterior o havia sobrecarregado. A luz seria solicitada, a partir de então, a encarregar-se de uma semiologia do espaço. Sob esse ponto de vista os simbolistas, depois Appia e Craig, e um pouco mais tarde Copeau e Baty, assegurariam a transição e enriqueceriam uma técnica que, na segunda metade do século XX, se tornaria primordial para encenadores tais como Vilar e Chéreau na França, Strehler na Itália, Wieland Wagner na Alemanha Ocidental etc.

Acrescente-se de passagem que a encenação naturalista integrou a sonoplastia à sua busca de um mimetismo perfeito. É evidente, a esse respeito, que a ilusão visual acha-se particularmente reforçada por uma ilusão auditiva equivalente. Stanislavski viria a tornar-se um especialista no assunto, ajudado pelos textos que montava, como os de Tchecov, que exigem a definição de um clima do qual participam, com requinte, elementos extremamente diversificados. Voltaremos a abordar esse aspecto (ver p.154).

Desse desejo de rigor, dentro do quadro de uma estética ilusionista, resultou uma evolução fundamental dos hábitos. Já foi dito que com Antoine e Stanislavski afirma-se a supremacia do encenador. É dele que devem vir todas as iniciativas. Desde então, a posição do cenógrafo (ou do *décorateur*, segundo a expressão francesa) muda completamente. Ele não pode mais ser aquele empreiteiro a quem se encomenda, de acordo com a sua especialidade (florestas, palácios antigos, salas de estar burguesas etc.) um determinado tipo de cenário, fornecendo-lhe somente uma relação das limitações impostas pela peça (época, número de portas, praticáveis indispensáveis etc.), e dando-lhe total crédito de confiança para o resto. Será preciso lembrar que é aos naturalistas que devemos a aplicação sistemática de um princípio que hoje em dia nos parece obrigatório — o de que para cada peça deve ser concebido um cenário (ou um conjunto de cenários) original? Ora, no século XIX era comum o reaproveitamento dos mesmos cenários de uma peça para outra, com apenas um mínimo de adaptações às exigências do novo espetáculo...

Com a afirmação do encenador naturalista, o cenógrafo perde essa autonomia. Torna-se um técnico cuja missão consiste em concretizar as concepções formuladas pelo diretor, e é de acordo com a orientação deste que ele trabalha. Não resta dúvida de que o espetáculo adquire assim uma unidade orgânica e estética que nunca antes havia conhecido. Em suma, os naturalistas substituem o ilusionismo decorativo da tradição pós-romântica por um ilusionismo significante. E assumem todas as limitações que resultam dessa sua opção.

Os simbolistas introduziriam novos dados na problemática da utilização do espaço cênico.

Devemos sem dúvida à sua orientação espiritualista e às teorias "sugestionistas" o esboço do movimento anteriormente assinalado: com eles, o espaço cênico livra-se aos poucos do atravancamento decorativo que o limitava e sufocava. Rejeitando o mimetismo rigoroso dos naturalistas, os simbolistas libertam-se automaticamente de todos os ônus técnicos que dele decorriam. Chega-se assim a uma concepção mais flexível, mais leve, do espaço cênico, e à devolução de uma ênfase maior ao ator e à iluminação, com a ajuda da manipulação de alguns objetos significantes ou sugestivos.

Já foi constatado (ver p.30ss.) que a contribuição essencial dos simbolistas para o palco moderno foi a adesão dos pintores. A idéia, em si, não é nova. Os autores românticos já haviam contado com a colaboração dos artistas plásticos, uns e outros empenhados que estavam em sair do academicismo reinante: Delacroix havia desenhado os figurinos para *Amy Robsart*, de Hugo, em 1828, Tony Johannot para *Mouro de Veneza*, de Vigny, em 1829 etc. Mas a intervenção dos pintores na encenação simbolista conduziria a um novo questionamento da teoria do espetáculo sobre a qual repousavam até então a concepção e construção dos cenários, por mais diversificadas que pudessem ser, sob outros aspectos, as estéticas que as norteavam.

Já vimos que o cenário tradicional baseava-se essencialmente na perspectiva ilusionista e na acumulação de objetos. Com artistas como Sérusier, Bonnard, Vuillard, Maurice Denis e todos os pintores que colaboraram com Paul Fort, a prioridade passou a ser dada ao *painel de fundo*. Mas este não representava mais a realidade. Sugeria um vago panorama, um clima. Do mesmo modo como procede ao pintar uma tela no seu ateliê, também aqui o pintor deixa a sua imaginação divagar livremente, e o que legitima o emprego das formas e das cores não são mais os critérios da semelhança. O painel de fundo concebido por Vuillard e Ibels para *Bertheau grand pied* era lilás, com rochedos da mesma cor, e uma chuva dourada. Para *Roland*, Sérusier e Ibels pintaram um painel verde, cheio de guerreiros dourados. Dourado era o pano de fundo pintado por Maurice Denis para *Théodat*, coberto de leões heráldicos vermelhos... Para *Peléias e Melisanda*, a cenografia suprimiu todos os acessórios, todo o mobiliário. Ela não era mais que um puro jogo de cores e luzes, procurando propor uma correspondência visual às tonalidades espirituais do drama de Maeterlinck.

Mesmo quando a encenação optar pelo caminho de uma estruturação tridimensional da área da representação, quando o arquiteto substituir o pintor, a definição do espaço cênico em termos plásticos não voltará mais a ser questionada. A melhor ilustração dessa fundamental transformação nos é fornecida pelas obras de Appia e de Craig. Este último, em particular, influenciado pelas pesquisas plásticas e gráficas de seu tempo, realizou a façanha de impressionar os seus contemporâneos pela beleza pictórica de suas cenografias (ver p.88ss.) e de aparecer, ao mesmo tempo, como o pai fundador de um espaço arquitetônico, que seria um puro arranjo de planos, de volumes, de formas cheias e vazias esculpidas pela iluminação.

Do mesmo modo, na Alemanha dos anos 1920, o palco expressionista entrega-se por inteiro à liberdade plástica do cenário de pintor. Tudo são elementos cênicos deformados, interiores que se prolongam nos exteriores, como nos cenários de Reigbert para *O filho*, de Hansenclever (1919), ou nos de Sievert para *Tambores na noite*, de Brecht (1923); o que se vê são pinceladas aparentes e perspectivas deformadas. Vale a pena lembrar que na mesma época um pintor como Chagall transpunha diretamente para o palco a sua visão do mundo e a sua representação do espaço (como na sua cenografia para *Mazeltov*, de Scholem Aleichem, no Teatro Judeu Kamerny de Moscou, em 1921).

Voltemos, porém, à França. Seria ocioso relembrar a repercussão provocada, na Paris teatral da década de 1920, pela descoberta dos Balés Russos de Diaghilev. Mas talvez seja o caso de frisar que o deslumbramento deveu-se menos à novidade das coreografias e ao modernismo das músicas do que ao verdadeiro choque visual provocado pelas cenografias.[104] Desde o fim do século XIX Diaghilev interessara-se

104. Denis Bablet lembra oportunamente esse aspecto, no seu livro sobre o cenário de teatro (*op. cit.*, p.186).

vivamente pelos movimentos que agitavam a pintura de seu tempo. Não surpreende, pois, que ele tenha entregue o espaço cênico à imaginação plástica dos pintores que admirava. Pode-se acrescentar, a esse respeito, que a cenografia do balé é particularmente adequada a uma invenção assumidamente pictórica, pelo fato de que a coreografia exige um espaço cênico uniformemente plano e com o máximo de superfície livre. Nessas condições, o trabalho do cenógrafo só pode fazer-se em cima da moldura, do fundo e dos figurinos.[105]

A inovação diaghileviana reside sobretudo no fato de que a dimensão pictórica do espetáculo passa a ser colocada num plano de igualdade com os seus elementos musicais e coreográficos. Daí a sensação de que a unidade orgânica do espetáculo que constituía um ideal característico daquela época havia sido finalmente alcançada. Eis como Henri Ghéon relembra a criação de *Pássaro de fogo*:

> O *Pássaro de fogo*, resultado de uma colaboração íntima entre o coreógrafo, o musicista e o pintor,[106] propõe-nos o prodígio do mais excelso equilíbrio de que se tenha jamais sonhado entre os sons, os movimentos e as formas. A vermicultura ouro-velho de um fantástico pano de fundo parece inventada através dos mesmos processos que a tessitura nuançada da orquestra. Na orquestra, é verdadeiramente o mágico que grita, são os feiticeiros e os gnomos que se agitam e se debatem. Quando o pássaro voa, é a música que o suporta no ar. Entre Stravinski, Fokine e Golovine, não vejo senão um único autor.[107]

Promovido a mestre supremo das formas e das cores, da luz e das sombras, o pintor passa a gozar de uma autoridade inigualável, a ponto de intervir até mesmo no trabalho do coreógrafo, sob pretexto de que este também anima, através dos corpos e do movimento, o espaço cênico, de modo que qualquer iniciativa não corroborada pelo pintor poderia tornar-se ruinosa para o equilíbrio plástico do conjunto.

---

105. É dessa época que data a incorporação dos figurinos entre as tarefas do pintor-cenógrafo, motivada por uma compreensível preocupação com a unidade visual e estilística. Ao longo de todo o século XIX, costumava-se considerar que a responsabilidade dos figurinos era de outra alçada.

106. *Pássaro de fogo* foi criado em 1910, com música de Stravinski, coreografia de Mikhail Fokine, cenários e figurinos de Alexander Golovine.

107. Texto citado por Denis Bablet, *op. cit.*, p.192.

O cenário pictórico da época — e não se trata agora apenas das realizações de Diaghilev — oferece um espantoso contraste entre a riqueza da sua invenção no domínio das formas e das cores, tanto mais livre quanto independente de qualquer preocupação com a reprodução mimética; e, por outro lado, uma indiferença quase total quanto à estruturação arquitetônica do espaço cênico. Assim sendo, o elemento que determina, nesse tipo de cenário, o local da ação é o painel de fundo. Ele fecha por trás a caixa do palco, sem que haja uma preocupação acentuada com as regras da perspectiva ilusionista. Em outras palavras, o *painel de fundo* aparece como uma transposição, na escala do palco italiano, do espaço pictórico bidimensional; e esses cenários são em última analise assimilados e apreciados enquanto obras de pintura. Nesse contexto, os figurinos são integrados à concepção do conjunto e na maioria das vezes sua criação é assumida pelo pintor, ou pelo menos supervisionada por ele, da mesma forma como a de tantos outros elementos plásticos que vão entrar na composição da imagem cênica. Em comparação com a teoria naturalista do figurino estamos, como se vê, diante de uma problemática essencialmente diferente.

Por outro lado, mesmo quando o cenógrafo pratica uma arte figurativa — como foi o caso, por exemplo, durante todo o primeiro período dos Balés Russos, quando Diaghilev recorria a pintores do seu país — ele não procura mais dissimular a sua intervenção por trás da técnica da ilusão enganadora. A imagem cênica ostenta agora o estilo, a *griffe* do seu autor; e o faz particularmente à vontade pelo fato de o pintor estar trabalhando em cima de dois sistemas de referências: não só o *real* imposto pelo enredo da peça ou do balé, e que é de certo modo *figurado*, sugerido; mas também a arte, no sentido de que o cenário é muitas vezes a *citação* de uma forma plástica anterior, como a pintura chinesa para *O rouxinol* ou a arte popular russa para *Petrouchka.*[108]

Tudo isso torna-se ainda mais nítido quando Diaghilev passa a solicitar a colaboração da vanguarda parisiense que, na mesma época, rejeita qualquer limitação imitativa, senão figurativa. Basta citar, por

---

108. Balés de Fokine, com música de Stravinski. Os cenários e figurinos eram de Alexandre Benois. *Petrouchka* teve sua criação original em 1911 e *O rouxinol* em 1914.

exemplo, os cenários e figurinos de Picasso para *Parade*, em 1917, e *O chapéu de três bicos*, em 1919, os de Fernand Léger para *A criação do mundo*, em 1923, ou os de Picabia para *Relâche*, em 1924.[109]

Voltemos, porém, ao teatro dramático. Já entre 1901 e 1911, Jacques Rouché, muito bem informado das pesquisas em andamento no exterior, empenha-se de seu lado em transformar a imagem cênica tradicional através da contribuição dos pintores. Sem dúvida, é difícil falar de uma estética exatamente definida ao referir-se a Rouché, que foi essencialmente um pragmático e um eclético. Podem-se localizar, entretanto, certas linhas de força. Antes de mais nada — mas esta foi, como já vimos, uma constante da época — a preocupação com a unidade formal e orgânica do espetáculo. O tratamento do espaço decorre portanto, na sua concepção geral, de um trabalho de análise da peça e da definição, feita de comum acordo com o encenador, de uma opção dominante que regerá a totalidade do espetáculo. Rouché intuiu que a cenografia devia constituir ao mesmo tempo um conjunto plástico organizado por uma determinação plástica e um sistema significante articulado por um lado com a obra, por outro lado com o destinatário, o espectador. Ou seja, mesmo renunciando à imitação realista, mesmo optando por privilegiar, à maneira dos simbolistas, o *clima*, a *atmosfera*, importa que os meios postos em ação sejam eficientes, quer dizer, que correspondam à sensibilidade — historicamente determinada do espectador. Rouché procura definir um terceiro caminho, que evite ao mesmo tempo a sobrecarga, o atravancamento do palco naturalista, mas também a profusão decorativa transformada em moda pelos Balés Russos. Ele organiza o espaço em torno de alguns objetos-signos valorizados pelo despojamento do quadro visual, e que devem orientar a "leitura" do público. Assim, o samovar ou o ícone bastarão para sugerir ao espectador francês de 1911 a Rússia dos *Irmãos Karamazov*. Essa simplicidade dos meios, essa sobriedade vão de par com a *lealdade* da técnica. A estilização pictórica deixa perceber a intervenção do pintor, a sua pincelada característica, seja quando a leveza e a

109. *Parade* foi uma criação dos Balés Russos, com libreto de Cocteau, música de Satie, coreografia de Massine; da mesma forma como *O chapéu de três bicos* (música de De Falla, coreografia de Massine). *A criação do mundo* (roteiro de Cendrars, música de Milhaud) e *Relâche* (música de Satie) foram criados pelos Balés Suecos de Rolf de Maré.

aproximação do esboço são mantidas aparentes, seja quando o pintor recorre a uma estética *decorativista.* Drésa, o cenógrafo de *La nuit persane*, de Jean-Louis Vaudoyer (1911), formula claramente essa opção, afirmando: "Concebi um palácio de tela pintada e o executei de tal modo que ninguém se engane quanto à minha intenção, que é a de que o palácio pareça mesmo feito de tela e de pintura".[110]

É provável que as opções de Rouché tenham exercido uma influência mais profunda e duradoura sobre a evolução da encenação francesa do que as inovações espetaculares dos Balés Russos. Não há dúvida de que o efeito de choque produzido pela companhia de Diaghilev quanto ao tratamento do espaço cênico suscitou consideráveis repercussões. Mas se Copeau, o *Cartel* e mais tarde a geração da década de 1950 perpetuaram a utilização da criatividade dos pintores, eles deixaram patente o seu desejo de evitar os excessos e os inconvenientes de um pictorialismo descontrolado e de não permitir que o palco se transformasse num anexo da galeria de arte, e o espetáculo se tornasse um calidoscópio de quadros vivos, por sedutores e luxuosos que estes possam ser.

De qualquer modo, essa tradição da colaboração com os pintores profissionais, inaugurada pelos simbolistas e prestigiosamente firmada por Diaghilev, prosperou durante toda a primeira metade do século, e permaneceu particularmente viva na cenografia da dança, o que está sem dúvida ligado à já assinalada afinidade entre essas duas formas de arte.

Dullin encomendou a Coutaud os cenários e figurinos para *Os pássaros*, de Aristófanes, em 1928, e para *Pluto*, dez anos mais tarde. Artaud solicitou a Balthus que criasse a cenografia de *Os Cenci* em 1935; e assim por diante. Na mesma época, porém, começa a se esboçar uma tendência algo diferente. Coerentes com as recomendações de Craig, alguns encenadores responsabilizaram-se pessoalmente pela elaboração da cenografia: Pitoëff, por exemplo, para *Macbeth*, para *Liliom*, de Molnar, e para *Henrique IV*, de Pirandello; Jouvet, para *Knock*, de Jules Romains, e para *Malbrough s'en va-t-en guerre*, de Achard.[111] Ou

110. Texto citado por Denis Bablet, *op. cit.*, p.223.

111. E também a Jouvet que se deve a concepção do dispositivo cênico fixo no Théâtre du Vieux-Colombier de Copeau, em 1919.

então, eles aproveitam a competência de cenógrafos profissionais, que não são mais os artesãos sem imaginação do século XIX, mas que tampouco impõem ao diretor o pesado individualismo dos artistas criadores de primeiro plano. Trata-se de colaboradores eficientes, antes de mais nada empenhados em realizar o mais exatamente possível a visão do encenador: Jean Hugo, Cassandre, André Barsacq (que mais tarde viria a ser encenador), e sobretudo Christian Bérard, o cenógrafo permanente de Jouvet,[112] deram à cenografia francesa daquela época as suas características próprias: um estilo que, com o recuo do tempo, parece hoje de uma elegância algo insípida; um decorativismo que toma emprestada da pintura a sua liberdade de concepção, mas nenhuma verdadeira audácia formal.

A geração subseqüente trilharia o mesmo caminho. É o caso de Vilar, notadamente, que precisa animar a imensidão do espaço de Avignon ou o palco nu do Théâtre de Chaillot. Ele recorre a pintores de primeira linha (principalmente Gischia, mas também Pignon, Prassinos, Singier), a quem pede que inventem jogos de cores flamejantes, formas simples e sugestivas, e que evitem a habitual *beleza* dos cenógrafos profissionais.[113]

A estética do cenário pictórico permanece marcada, ao longo desse período, por um certo número de constantes: presença do pintor manifestada através dos modos de estilização adotados, tanto mais que o telão[114] e o painel de fundo constituem suportes bidimensionais em que o pintor reencontra um espaço que lhe é familiar. Enfim, o grafismo, a paleta, a técnica de aplicação das cores, às vezes os temas pictóricos — tudo isso contribui para transportar e transpor para a escala do teatro um universo plástico já conhecido do público. Esse pictorialismo, por

112. Jouvet não parece ter sido orientado por uma doutrina muito bem definida: encomendou a Bérard os cenários e figurinos da *A escola de mulheres* e de *Dom Juan*, de Molière, de *A louca de Chaillot*, de Giraudoux, de *As criadas*, de Genet; mas foi a Braque que recorreu para a montagem de Tartufo...

113. Leia-se, a esse respeito, a interessante entrevista de Léon Gischia publicada por Hélène Parmelin no seu livro *Cinq peintres de théâtre*. Paris, Ed. Cercle d'Art, 1956.

114. Não se deve confundir o telão com a cortina comum do teatro. O telão, de uso relativamente recente, é um pano sobre o qual se pintou um quadro-emblema da peça. Ele permite manter uma certa continuidade do clima quando é fechado para a execução de mudanças de cenários; ou introduzir o espectador no universo visual da peça, antes mesmo que esta se inicie.

outro lado, permitiu perpetuar uma prática e uma arquitetura tradicionais: o pintor acomoda-se muito bem no palco italiano, o qual, com a sua moldura, a sua abertura retangular e a relação frontal que lhe é inerente, assemelha-se bastante ao espaço bidimensional da pintura. O fato é que a tela pintada, que no século XIX constituía o suporte da cenografia ilusionista, continua sendo o material fundamental. E isso precisamente porque se trata de *tela*, ou seja, do espaço habitual do pintor.

A caixa do palco, enquanto espaço cênico, permanece manifestamente subaproveitada pela cenografia pictórica. Com efeito, e salvo em caso de exigências específicas da peça ou do encenador, a área de representação ocupa um plano único, e os únicos volumes que o pintor integra à composição da imagem cênica são os figurinos e os acessórios. Não é certo, aliás, que se deva atribuir responsabilidade exclusiva ao pintor: uma concepção como essa combina especialmente bem com a ambição de toda a respectiva geração de encenadores que, na esteira de Lugné-Poe e de Copeau, procuravam devolver o foco central do espetáculo teatral ao ator e ao texto.

Por outro lado, durante o mesmo período desenvolve-se uma concepção de cenografia radicalmente diferente. Ela pretende considerar o espaço cênico nas suas três dimensões, e se propõe à função de estruturar esse espaço, e não mais a de decorá-lo. Trata-se, em suma, de elaborar um sistema coerente de volumes e de planos, que só manterão com a realidade uma relação alusiva ou simbólica, e que farão do espaço da representação antes de mais nada uma base eficaz para as evoluções do ator. Por oposição ao cenário de pintor, que se vale das combinações de cores dentro das características bidimensionais, temos aqui os rudimentos de uma nova teoria, que dá início ao *cenário de arquiteto.*

Na origem daquilo que aparecerá talvez um dia como a maior revolução cenográfica do século XX encontramos dois homens, aproximadamente contemporâneos, que foram mais pensadores do que práticos do teatro: Adolphe Appia (1862-1928) e Edward Gordon Craig (1872-1966).

Se encenadores tais como Copeau ou Gémier saudaram Appia como um dos teóricos mais importantes do teatro moderno, e se Craig o tinha na mais alta estima, não se pode dizer que a sua notoriedade tenha ultrapassado os círculos especializados dos profissionais e historiadores do teatro. Talvez isso possa ser explicado pelo fato de que a sua reflexão cenográfica toma por referência essencial, senão exclusiva, a dramaturgia de Wagner, como se sabe ainda menos familiar ao público francês do que a de Shakespeare, um dos pólos essenciais do pensamento de Craig. (E a esse respeito é o caso de perguntar se as coisas mudaram substancialmente até hoje...) Embora Appia veja no drama musical a fonte de uma renovação da qual a arte da encenação necessita com urgência, nem por isso ele dá as costas ao teatro de prosa, conforme testemunha a parte essencial da sua obra. Esta é constituída por um acervo relativamente reduzido: livros,[115] artigos, projetos de cenografia para teatro lírico (Gluck e, principalmente, Wagner) ou dramático (Ésquilo, Shakespeare, Goethe etc.). Suas realizações cênicas foram muito pouco numerosas, e permaneceram aquém das suas ambições teóricas, sua inexperiência prática acrescentando-se aos obstáculos materiais, técnicos e humanos colocados diante dele pelos hábitos tradicionais e rotineiros.[116]

O pensamento teatral de Appia tem por fonte uma admiração e uma insatisfação: admiração pela obra de Wagner, na qual ele vê, no plano poético como no musical, o futuro do teatro; insatisfação diante da timidez e do tradicionalismo das concepções cenográficas de Wagner, e das realizações que ele aprovou, e que se limitavam a adaptar — bem ou mal — a esse universo novo os hábitos do espetáculo imitativo que vigoravam na encenação de ópera no século XIX.

Appia começa por recusar a arquitetura do teatro italiano, numa época em que um tal questionamento não era nada corriqueiro. Ele não põe em causa — o teatro musical, aliás, não o admitiria — a relação frontal estática entre palco e platéia, mas o seu referencial é o espaço da Antigüidade, conforme testemunha o Instituto de Hellerau, construído em 1911 segundo suas concepções arquitetônicas.

---

115. Suas três obras principais são: *La mise-en-scène du drame wagnérien* (1895), *La musique et la mise-en-scène* (1897) e L'Œuvre d'art vivant (1921).

116. As principais foram: *Orfeu e Eurídice*, de Gluck, em Hellerau (1912-1913), *Tristão e Isolda*, de Wagner, no Scala de Milão (1923), e, no Stadttheater de Basiléa, *O ouro do Reno* (1924) e *A Valquíria* (1925), de Wagner, bem como *Prometeu acorrentado*, de Ésquilo (1925).

É que a estrutura à italiana é, para ele, responsável pelo desvio ilusionista em que se enfiou o espetáculo ocidental. E a inadequação do ilusionismo salta aos olhos quando se trata de um universo mitológico, como o de Wagner. Seria difícil dizer qual das características do pseudo-realismo com que se costuma disfarçar as encenações das óperas wagnerianas merecia ser denunciada em primeiro lugar: a sua ingenuidade ou a sua ineficiência? E o mais grave é que essa ausência de imaginação cenográfica condicionou o público a hábitos e gostos desastrosos para a própria vida do espetáculo:

> A exigência média do público provou ser de nível inferior; como se não bastasse o sacrifício da expressão artística diante do truque ilusionista vivo, foi ainda preciso sacrificar este à natureza-morta, ao quadro estático. A tão apreciada ilusão só é portanto alcançada abrindo-se mão do espetáculo vivo; e o nosso olho ficou a tal ponto condicionado que a ilusão lhe parece perigosamente afetada se a ação dos personagens ou da luz tornar impossível o truque ilusionista do cenário; já se esse truque permanecer intacto, passamos por cima das mais ineptas inverossimilhanças cometidas pelos outros elementos do espetáculo.[117]

O fato é que o próprio ilusionismo é uma ilusão. Por mais complexas e requintadas que sejam as técnicas postas em ação, basta um olhar um pouco atento para distinguir no palco inúmeras discordâncias entre a realidade e aquilo que pretende *representá-la*. Como por exemplo a quebra da ilusão provocada pela intrusão do ator, cuja movimentação devolve ao espaço cênico o seu caráter tridimensional, enquanto a cenografia tradicional é o resultado bastardo gerado pelo tratamento pictórico em duas dimensões, com grande reforço de ilusionismo óptico.

Do mesmo modo, Appia é sem dúvida um dos primeiros a tomar consciência dos extraordinários recursos que a iluminação elétrica põe à disposição do encenador. O que faz com que ele lamente ainda mais vivamente que tais recursos só estejam sendo utilizados para iluminar telas pintadas e reforçar a sua capacidade de ilusão.

Ele denuncia também os excessos decorativos, o atravancamento físico em que desemboca uma cenografia que conta com o *detalhe real*,

117. Em *La musique et la mise-en-scène*, p.22.

com os objetos e acessórios, para enfatizar o efeito de ilusão. A conseqüência mais lamentável disso tudo sendo o fato de que o espaço de representação do ator acaba sendo cortado, reduzido ao mínimo indispensável. Assim sendo, as suas possibilidades de expressão permanecem inexploradas, uma vez que a representação estática e a declamação tornaram-se, por necessidade, o supra-sumo da arte do intérprete ocidental.

Appia insurge-se contra a heterogeneidade estética dos espetáculos de seu tempo, que ele atribui à multiplicidade dos centros de decisão em matéria de encenação: o autor, a vedete, o cenógrafo, cada qual intervém para fazer prevalecer exigências excêntricas. Contra esse estado de coisas, Appia preconiza a entrega de todos os poderes ao encenador, cuja *jurisdição* deveria sobrepor-se a qualquer outra instância. Com efeito, somente uma vontade artística individual, dispondo de meios de ação sobre o conjunto dos elementos do espetáculo, poderá *ordenar* esses elementos, entrosá-los, promover a devida articulação entre eles, e fazer da encenação uma autêntica *obra de arte.*

Tal unificação do espetáculo só poderá ser atingida — e Appia insiste sobre este ponto — se o elemento-base da estrutura da encenação for claramente definido e designado; e esse elemento só pode ser *o ator.* É em função do ator, pois, que a cenografia deve ser elaborada.

A exemplo de todos os inovadores de seu tempo, Appia empenha-se em substituir a imitação pela sugestão, vista como fundamento teórico de toda prática cenográfica. Mas o que a visão do espectador apreenderá será menos um espaço autônomo vagamente evocado do que as relações do personagem com o seu meio ambiente:

> Quando a floresta suavemente agitada pela brisa atrair os olhares de Siegfried, nós, os espectadores, olharemos para Siegfried banhado de luz e de sombras em movimento, e não mais para pequenos trapos recortados e mexidos através de barbantes.[118]

Utilizar e animar o espaço do palco não consistirá portanto mais, como é fácil adivinhar, em pintar com grandes pinceladas um belo cenário,

---

118. Capítulo intitulado "Comment réformer notre mise-en-scène?", no livro *La mise-en-scène du drame wagnérien*, p.348.

mas em fazer com que o público perceba a visão que os personagens têm daquilo que os cerca, do espaço *ficcional* em que evoluem.

Tudo isso conduz Appia a traçar as bases de uma concepção arquitetônica da cenografia. Ele recusa, com efeito, o caráter bidimensional dos elementos componentes do cenário tradicional, que impede a utilização desses elementos pelo ator. O que ele proclama é que a praticabilidade deve reger globalmente a organização do espaço teatral. A encenação deve permitir ao ator explorar e integrar na sua representação tudo que é elemento cênico, fazer de cada um deles um agente da expressão teatral:

> Quanto mais a forma dramática for capaz de ditar com precisão o papel do ator, tanto mais o ator terá direito de impor condições à estrutura do cenário, pelo critério da praticabilidade; e, por conseguinte, tanto mais acentuado se tornará o antagonismo entre essa estrutura e a pintura, uma vez que esta se encontra, pela própria natureza, em oposição ao ator, e impotente para preencher qualquer condição que emane diretamente do ator.[119]

Uma das intuições mais fecundas de Appia consistiu em constatar que a cenografia deve ser um sistema de formas e de volumes reais, que imponha incessantemente ao corpo do ator a necessidade de achar soluções plásticas expressivas. Ele deve manter, portanto, uma relação complexa com o seu meio ambiente. A adequação psicológica se combina ali com uma tensão física instaurada por um sistema de planos inclinados, de escadas e de todos os elementos arquitetônicos suscetíveis de obrigar o corpo a dominar as dificuldades deles resultantes, e de transformarem essas dificuldades em trampolins para a expressividade. Isso explica o fato de os dispositivos imaginados por Appia aparecerem como admiráveis arquiteturas abstratas. Ele lhes dá, diga-se de passagem, um nome expressivo: o de *espaços rítmicos*...

Essas premissas conduzem Appia a preconizar a mobilidade e até mesmo a *fluidez* da cenografia. Essas características são condicionadas pela articulação que Appia procura estabelecer entre a subjetividade (por natureza mutante) dos personagens e o meio que os cerca. A *fluidez* representa, no caso, o grau ideal de mobilidade que permite evitar as

---

119. Em *La musique et la mise-en-scène*, p.15.

quebras de ritmo e as quedas de tensão habitualmente introduzidas pelas diversas modalidades da *mudança de cenários* (fechamento do pano, *black-out*, espera, barulhos dos bastidores etc.). O objetivo da fluidez será alcançado, na visão de Appia, por uma utilização bem estudada das possibilidades oferecidas pela iluminação. Nesse contexto, a luz não é apenas aquele instrumento funcional que se limita a assegurar a visibilidade do espaço cênico ou, no melhor dos casos, criar um "clima". Ela permite esculpir e modular as formas e os volumes do dispositivo cênico, suscitando o aparecimento e o desaparecimento de sombras mais ou menos espessas ou difusas e de reflexos. O que, evidentemente, não exclui a utilização da luz como instrumento de localização, de sugestão ou de clima.

> A cena passa-se dentro de uma floresta;[120] o solo acidentado e diversos praticáveis solicitam a atividade da luz; as exigências positivas do papel do ator são satisfeitas, mas resta exprimir a floresta, ou seja, troncos de árvores e folhagens. Apresenta-se então a alternativa de sacrificar uma parte da expressão do solo e da iluminação para marcar a presença das árvores em cima de telas recortadas; ou então a de expressar apenas as partes das árvores conciliáveis com a praticabilidade do solo e *encarregar a iluminação de fazer o resto, através da sua qualidade particular.*[121]

O desafio que Appia propõe em relação às *projeções* é ainda mais audacioso para a época. Num momento em que elas são usadas apenas para obter certos efeitos especiais, Appia vê nelas um dos instrumentos essenciais de animação do espaço cênico. Ele está, portanto, na origem das pesquisas concretizadas através de encenações de Piscator e de Brecht, e sobretudo através das experiências mais recentes de um cenógrafo como Josef Svoboda. Não se trata — é preciso dizê-lo? — de projeções figurativas, mas de um meio de multiplicar as possibilidades expressivas da luz, jogando com manchas de intensidades e cores variáveis, mutantes, infinitamente maleáveis.

Essa teoria cenográfica que repousa essencialmente em princípios arquitetônicos (estruturação das três dimensões do espaço cênico, modulação das formas e dos volumes, cheios e vazios, exploração dos

---

120. Trata-se sempre do *Siegfried*, de Wagner.

121. Em *La musique et la mise-en-scène*, p.50.

potenciais expressivos da verticalidade e da horizontalidade, jogando com planos oblíquos, ou contra eles...) levou Appia a diminuir, talvez até a sacrificar, a parte da cor na imagem cênica. Essa é sem dúvida a conseqüência da recusa, fortemente afirmada por Appia, da cenografia pictórica e do decorativismo que ela costuma suscitar. Decorativismo que, como é notório, se apóia principalmente no uso da cor. Ainda assim, seria um equívoco acreditar que Appia ignorava ou negligenciava as possibilidades sugestivas da cor. Simplesmente, ele lhe destinava novas funções, adaptadas à sua teoria do espetáculo. Ao brilho cromático, em última análise inócuo, ainda que seja capaz de proporcionar algumas emoções estéticas, Appia prefere uma utilização *maciça* da cor, ou mesmo a monocromia do dispositivo cênico, que poderá ser modulada por meio da iluminação.

A tarefa de relembrar a teoria cenográfica de Craig expõe-nos ao risco de algumas repetições, a tal ponto e sob tantos aspectos ele se aproxima de Appia.

Na técnica da gravura, que estudou a fundo, Craig descobre os recursos expressivos de um universo plástico completamente liberto da cor e baseado inteiramente no jogo de contrastes do *branco* e do *preto.* Assim sendo, e a exemplo de Appia, Craig julga ilusório e perigoso o uso do cenário pictórico.

Craig foi muito marcado pela teoria wagneriana do "drama musical do futuro", que preconiza uma nova arquitetura teatral como local e instrumento da fusão dos diferentes elementos que integram o espetáculo: poesia, música, pintura, arte do ator. Entretanto, aos olhos de Craig essa fusão exige não apenas um espaço adequado, mas também um condutor capaz de realizá-la: o *régisseur*, que deve poder intervir em todos os níveis e a qualquer momento do espetáculo. Coerente com esse enfoque, Craig preconiza um certo número de arranjos técnicos, entre os quais a instalação de uma cabine de comando e de um sistema de intercomunicação com o palco, a fim de permitir ao *régisseur* dirigir o espetáculo enquanto este se desenrola.

Mas antes de mais nada as suas pesquisas vão renovar a cenografia. Pesquisas compostas, ao mesmo tempo, de reflexões teóricas, de projetos, de maquetes, e de realizações cênicas efetivas. Os esboços que ele elabora caracterizam-se pela nudez do espaço, pela rejeição de qualquer decorativismo, pelo jogo do claro-escuro. Nenhum realismo, nenhuma preocupação de imitação arqueológica (trata-se freqüentemente de peças de Shakespeare). Poucas cores, aplicadas em massas uniformes. Enfim, já a partir desses projetos percebe-se que Craig vai orientar-se para um tipo de cenografia que privilegia a estruturação arquitetônica do espaço.

A partir de 1900, encenações de algumas óperas quase caídas no esquecimento proporcionam-lhe a possibilidade de submeter as suas idéias ao teste da realização. A primeira delas, *Dido e Enéias*, de Purcell (1900), fez sensação. Craig aplica nesse espetáculo os seus princípios de despojamento, de representação alusiva ou simbólica do real. Nenhum detalhe decorativo, nenhum truque enganador. Todos os esforços de Craig visam à criação de uma imagem cênica em movimento. Volumes e formas constituem os únicos elementos plásticos. A iluminação é utilizada ao mesmo tempo para animar a cena e para unificá-la. Inteiramente nova na sua concepção, a técnica empregada permite iluminar os personagens de frente, ou verticalmente, pois a luz não é mais enviada da ribalta ou dos bastidores, mas do fundo da sala e do urdimento. Enfim, tirando partido de uma imposição material (a estrutura em vários níveis do palco de que dispõe), Craig multiplica os palcos de representação.

Outras encenações, não menos bem acolhidas, permitirão a Craig verificar a eficiência de uma teoria cenográfica que se aproxima bastante da de Appia: o trabalho do cenógrafo — ou melhor, do *régisseur* — não consiste em representar o real, nem em decorar o palco, mas em inventar uma estrutura que utilize as três dimensões do palco e consiga criar uma contrapartida visual das tensões e do dinamismo específicos da obra encenada. Também aqui trata-se portanto de uma cenografia arquitetônica não-figurativa, que deveria ser capaz de ressaltar o caráter mitológico, intemporal, ou seja, em última instância, o significado universal da obra.

Como já vimos (p.88 acima), Craig não cogita de sair do quadro do espetáculo em palco italiano. Em todo o caso, trabalha sempre com a hipótese de uma relação frontal com o espetáculo. Mas, com a força da inspiração artística, multiplica o poder expressivo do espaço tradicional; e as sensações de profundidade e de imensidão provocadas pelas suas cenografias impressionaram muito os seus contemporâneos.

Aos poucos, a evolução da sua reflexão — acelerada sem dúvida pelas decepções que experimenta ao esbarrar sempre contra a rotina, a incompreensão, a frivolidade — leva Craig a sonhar com um teatro liberto das múltiplas limitações impostas pelo autor, pelo ator etc., em detrimento do poder criador do encenador. Nesse teatro utópico, a cenografia se tornaria o próprio centro do espetáculo, revelando um espaço em constante mutação, graças a um jogo conjugado da iluminação e de volumes móveis. Os personagens ficariam reduzidos a silhuetas, puros volumes vivos encarregados de animar através de alguns movimentos, rigorosamente elaborados e controlados, o espaço do palco. É essa a opção que norteia a elaboração do célebre projeto concentrado nas inúmeras modulações plásticas e dramáticas que podem ser obtidas a partir de uma escada, *The steps* (1905).

Craig esteve sempre consciente de que a reflexão teatral deve ser um pensamento ao mesmo tempo teórico e técnico. Por outro lado, esteve convencido de que a técnica usada nos teatros de seu tempo limitava as possibilidades de exploração dos potenciais do palco. Empenhou-se, por conseguinte, em aperfeiçoar o instrumento de que precisava para alcançar a fluidez das formas cênicas, a que ele aspirava tanto quanto Appia. Tratava-se de inventar a técnica cenográfica que permitisse ao mesmo tempo manter a continuidade do espetáculo e dar ao encenador a possibilidade de modificar a qualquer momento, e sem limitações materiais, a estrutura da imagem cênica. Esses instrumentos viriam a ser os famosos *screens*; as nossas palavras equivalentes, *telas* ou *biombos*, traduzem insatisfatoriamente a realidade.

O palco é dividido à maneira de um tabuleiro em uma série de elementos independentes entre si, que podem aparecer num mesmo nível ou elevar-se para qualquer altura, em direção do urdimento. Outros *screens* poderão, inversamente, descer do urdimento na direção do piso; outros ainda poderão deslocar-se lateralmente. Desse modo, a cenografia constituída, conforme o desejo de Craig, de um sistema de formas e volumes não-figurativo ou, pelo menos, não-imitativo, poderá ser modelada e modificada infinitamente, ainda mais porque a iluminação intervirá para multiplicar ainda mais as possibilidades de transformação da imagem cênica, permitindo notadamente arredondar e suavizar aquilo que a geometria dos *screens* poderia ter de talvez demasiadamente rígido ou anguloso.

Craig autorizou Yeats[122] a utilizar esse processo no *Abbey Theatre* de Dublin, em 1911. O resultado foi um triunfo que o próprio Craig repetiria no ano seguinte no Teatro de Arte de Moscou, montando *Hamlet*, a convite de Stanislavski. A crítica da época teve consciência de estar assistindo a um acontecimento histórico. O enviado do *Times* observou que "é impossível prever que repercussão uma realização tão completa e bem-sucedida das suas teorias poderá ter sobre o teatro europeu". Craig foi mais ou menos o único a experimentar um sentimento de insatisfação...

Uma outra tentativa pode ser considerada como seminal para várias experiências posteriores: instalado em Florença, onde fundou um centro de pesquisas teatrais livre das pressões de tempo, dinheiro e público que pesam habitualmente sobre a prática do teatro, Craig concebeu, em 1914, a cenografia que permitiria encenar nada menos do que a *Paixão segundo são Mateus*, o oratório de Bach, em princípio incompatível com a própria idéia da representação teatral. Para isso, imaginou uma arquitetura vertical, feita de planos superpostos, de escadas etc. Graças ao jogo de luz e de sombras, e aproveitando as regras do ilusionismo óptico, conferiu relevo e profundidade a essa estrutura. Tratava-se de um dispositivo fixo que permitia uma multiplicidade simultânea de espaços para a ação. O projeto nunca chegou a ser concretizado, mas parece ter inspirado a arquitetura cênica do Vieux-Colombier, tal como Copeau a conceberia em 1919, a partir de princípios análogos: um espaço fixo, *abstrato*, suscetível de ser utilizado tanto na sua horizontalidade como na sua verticalidade graças a uma série de plataformas em vários níveis, interligadas por escadarias, e com supressão de qualquer elemento (ribalta, pano de boca...) que marcasse a separação entre o palco e a sala. Uma tal arquitetura podia ser livremente arrumada ao sabor das exigências funcionais e poéticas de cada peça.[123]

---

122. O grande poeta irlandês que procurava, na trilha traçada pelos simbolistas, renovar a prática teatral de seu tempo, dedicava uma admiração profunda às pesquisas e às realizações de Craig.

123. Copeau, de um modo geral reticente em relação à cenografia pictórica característica de seu tempo, foi sem dúvida um dos que desde o início souberam com maior clareza avaliar e apreciar o caráter revolucionário das pesquisas de Appia e Craig.

A audácia e o rigor do pensamento de Appia e de Craig, mas também as suas exigências, a sua intransigência, o seu "perfeccionismo" — eis o que explica o pequeno número de realizações que cada um deles acabou assinando. O que não impediu que a sua influência fosse uma das que mais profundamente afetaram o teatro moderno e contemporâneo. Não há dúvida de que sem as pesquisas de Appia, a quem ele considerava, aliás, como seu mestre, Wieland Wagner não teria podido, num período de tempo tão curto (1951-1966), alcançar a perfeição a que chegou na renovação da encenação wagneriana.[124] Do mesmo modo, um dos cenógrafos mais audaciosos de nosso tempo, o tcheco Josef Svoboda, deve manifestamente a Craig alguns dos seus mais brilhantes achados, tais como a monumental escadaria sobre a qual construiu a sua cenografia de *Hamlet* (Teatro Nacional de Praga, 1959), a de *Édipo rei* (Teatro Nacional de Praga,1963), ou a de *As vésperas sicilianas* (Óperas de Hamburgo, 1969, e de Paris, 1974). O mesmo comentário vale para a geometria cubista da cenografia por ele concebida para a *Tetralogia* de Wagner (Covent Garden, Londres,1974-1976), ou para a *Flauta mágica* de Mozart (Munique, 1970).

Entre a imensa escadaria prolongada pelo ciclorama, da qual Vilar não hesita em fazer o dispositivo cênico de *Cinna* (Chaillot, Paris, 1954), e a cenografia abstrata, mas altamente expressiva, com o seu espaço cênico que se *verticaliza* progressivamente, e com a sua gama de cinzas indo do branco ao preto, que a imensa cauda vermelha do vestido de Jocasta salpica com uma mancha sangrenta, na concepção de Jorge Lavelli para a ópera-oratório *Oedipus Rex*, de Stravinsky (Ópera de Paris, 1979), poderíamos enumerar uma infinidade de exemplos ilustrando a profundidade e a continuidade das influências de Appia e de Craig sobre as experiências atuais.

É evidente, por outro lado, que se o cenário pictórico dominou o palco até e durante a década de 1950, a tendência inverteu-se desde então, a tal ponto que o cenário de arquiteto pode aparecer hoje como um dos fatores dominantes da renovação da cenografia e, de modo

124. É infinitamente lamentável que a morte prematura de Wieland Wagner tenha interrompido a sua obra. É o caso, também, de preocupar-se com o fato de que a encenação wagneriana atual se tenha apressado em embalsamar ou escamotear as suas conquistas, em benefício de certas tendências saudosistas ou reacionárias.

mais geral, da prática do teatro em palco italiano. Acrescenta-se a isso o fato de que a concepção arquitetônica da cenografia era a única capaz de adaptar-se a um teatro decidido a rejeitar todas as normas do espetáculo à italiana: o espaço pluridimensional convidava a uma estruturação arquitetural. Em compensação, ele fugia quase por completo à decoração pictórica.

Dito isso, é preciso constatar que o abandono do princípio frontal reclamava uma redefinição da cenografia arquitetônica, quando mais não fosse porque o *perspectivismo* explorado com tanta inspiração artística por Appia e Craig tornava-se impraticável.

Já na década de 1930, ao mesmo tempo em que nos escritos de Artaud aparecem vestígios da concepção de Appia e sobretudo da de Craig (recusa do mimetismo realista, elaboração de um teatro que fosse o veículo de uma mitologia condizente com a sensibilidade contemporânea, unificação do espetáculo graças a um encenador dotado de plenos poderes etc.), a estrutura artaudiana apresenta-se como um espaço arquitetural, com os seus planos de representação superpostos e ligados por escadarias ou escadas, com as suas zonas de ação dispersas e interligadas por passarelas. Mas essa estrutura não pode mais — nem procura — manejar o jogo dos volumes e da luz, nem elaborar uma cinética do palco, cujo poder sugestivo implica o ponto de vista frontal, e cujo pólo de focalização é o ponto de fuga da perspectiva tradicional. O mesmo se dará, aliás, com os encenadores contemporâneos que renunciaram efetivamente à estrutura italiana (Grotowski, Ronconi, Mnouchkine etc.). No trabalho dos dois últimos, notadamente, a cenografia organiza — assim como Artaud havia preconizado — um espaço *explodido* que, por si só, não sugere nada, senão uma estrutura de representação. Mas, pensando bem, será que estamos tão longe assim de Appia, por exemplo, uma vez que a animação de uma semelhante *máquina de representar* e a sua metamorfose em quantos espaços venham a ser exigidos pela ação são resultantes da intervenção do ator? E uma vez que essa arquitetura multipolar reclama uma mobilidade dos corpos que Appia nunca deixou de colocar no cerne das suas preocupações? É verdade, em compensação, que Craig nunca deu muito crédito aos poderes do ator...

Essa nova estruturação do espaço teatral trará outras conseqüências. Em particular, o uso de instrumentos que o rigor de Appia e de

Craig havia eliminado, porque os suspeitava de serem *parasitas* decorativos, e porque sua integração cenográfica criava problemas.

Esse é o caso dos *objetos*. A multiplicação dos acessórios no palco naturalista e a sua flagrante inutilidade dramática haviam contribuído para desacreditar o objeto cênico. Recriminavam-se a sua insignificância teatral, o seu ilusionismo barato. Já os simbolistas os haviam expulsado do palco, ou quase; e Appia como Craig seguiram o mesmo caminho. A presença cênica de um objeto passou a ficar subordinada a uma imperiosa necessidade dramática. Seu poder significante devia ser tanto mais irrefutável que, estando praticamente só num espaço feito de volumes e luzes, o objeto atraía todos os olhares. Era o caso da tocha que iluminava o centro do palco no dispositivo imaginado por Appia, em 1896, para o segundo ato de *Tristão e Isolda*. Ou do trono real e dos estandartes brancos utilizados por Craig na sua encenação moscovita de *Hamlet* em 1912.

Artaud não demonstrou a mesma reticência, mas teve a mesma preocupação com os *poderes* do objeto. Poder expressivo, por certo, mas mais ainda o poder mágico, no sentido de que através da sua simples presença o objeto devia exercer um efeito de choque, de sacudidela, sobre a psique do espectador, devendo portanto tocar em algo que estivesse nele profundamente recalcado. É o que Artaud tentou fazer com a imagem da roda que aparecia no último ato de *Os Cenci*: instrumento da tortura de Beatriz, mas também emblema de todo um simbolismo que repercutirá até mesmo nos movimentos cênicos introduzidos por Artaud. No mesmo capítulo cabe também a utilização dos *manequins*, que ele preconiza desde a época do Théâtre Alfred-Jarry, e que encontra igualmente sua conceituação na cenografia do Teatro da Crueldade:

> Manequins, máscaras enormes, objetos de proporções singulares aparecerão ao mesmo título que as imagens verbais, insistirão no aspecto concreto de cada imagem e de cada expressão — tendo como contrapartida o fato de que as coisas que habitualmente exigem a sua figuração objetiva ficarão escamoteadas ou dissimuladas.[125]

---

125. Em *O teatro e seu duplo*.

A deformação e a ampliação serão suficientes para *des-realizar* o objeto, para conferir-lhe uma dimensão fabulosa, mitológica, a tal ponto que Artaud fará dele um dos sustentáculos da animação do espaço teatral, até mesmo o eixo da cenografia; divergindo, nesse sentido, de Appia ou de Craig, que concebiam *cenários*, ainda que arquitetônicos, mas que, sendo arquiteturas elaboradas para difundir imagens de espaços, tinham coerência até mesmo nas suas mutações:

> Não haverá cenário. Bastarão, para essa função, personagens hieroglíficos, vestimentas ritualísticas, manequins de 10m de altura representando a barba do rei Lear na tempestade, instrumentos musicais do tamanho de um homem, objetos de formas e destinações desconhecidas.[126]

Mutatis mutandis, essa é também a opção cenográfica dos encenadores atuais que decidiram romper com a relação frontal. Os espaços de Ronzoni, quer se trate de *Orlando furioso* ou de *Utopia*,[127] são animados e atravessados por objetos-máquinas que se assemelham bastante aos imaginados por Artaud: o hipogrifo, o monstro marinho, os cavalos dos paladinos são ao mesmo tempo figurações dos animais que eles representam dentro da convenção ficcional e as *máquinas* teatrais que são realmente. Daí a sua fascinante irrealidade de brinquedos desmedidamente ampliados...

Um dos momentos mais espetaculares de *1789* é a evocação dos dias de outubro em que Luís XVI e Maria Antonieta foram trazidos pelo povo de volta a Paris. Luís XVI e Maria Antonieta... Imensos bonecos, aéreos e caricatos, sacudidos nas extremidades de pedaços de pau! Vale lembrar que na mesma época (a década de 1960) um grupo norte-americano, o Bread and Puppet Theatre, impunha nos Estados Unidos e na Europa rituais de uma força singular e de mensagem simultaneamente política e religiosa. O seu animador Peter Schumann cria um universo fantástico, feérico ou de pesadelo, no qual gigantescos manequins, marionetes e figuras mascaradas são protagonistas de ações muito singelas, muito lentas, uma espécie de fábulas sobre a atualidade. Esses manequins e essas marionetes podem alcançar uma altura de 5 a 6m, exigindo às vezes diversos manipuladores. Outras figuras são

---

126. *Op. cit.*
127. Espetáculo concebido em 1975, a partir de uma colagem de comédias de Aristófanes.

manipuladas por um homem localizado no seu interior. Esses *bonecos* parecem transportar o seu *espaço* consigo, de modo que esse teatro pode exibir-se literalmente em qualquer lugar. Teatro itinerante, que inventa os seus roteiros, seus personagens, suas fábulas, suas formas, ao sabor do momento, da atualidade, do local. Seu palco é a igreja, a fábrica, a rua...

Finalmente, se a teoria do *teatro pobre* desenvolvida e posta em prática por Grotowski impõe uma ascese que impede a utilização de quaisquer objetos-instrumentos de que o ator não tenha uma necessidade insuperável, nem por isso ele deixa de procurar imprimir aos objetos utilizados um singular poder teatral, decorrente, sem dúvida, da sua integração ao espaço e, sobretudo, à ação. O seu efeito sobre o espectador provém ao mesmo tempo da carga simbólica e mitológica que emana desses objetos e da sua utilização enquanto elementos de estruturação (ou desestruturação) do espaço. Quem os viu não esquecerá tão cedo os esqueletos das camas-gaiolas que delimitavam o asilo carcerário de *Kordian* (1962), ou da extraordinária manipulação dos canos de vapor pelos deportados de *Akropolis* (1967),[128] que bastava para tornar presente e concreto o espaço do campo de concentração.

O *figurino*, por sua vez, deve ser considerado como uma variedade particular do objeto cênico. Pois se ele tem uma função específica, a de contribuir para a elaboração do personagem pelo ator, constitui também um conjunto de formas e cores que intervêm no espaço do espetáculo, e devem portanto integrar-se nele.

Para dizer a verdade, a encenação do século XIX não parece ter-se preocupado especialmente com a integração dos figurinos numa visão global da imagem cênica. Bastava que eles fossem, dentro de certa convenção, representativos ou evocativos de um tipo catalogado — imperador romano, nobre espanhol, camponês de Molière ou burguês de Balzac — ao qual o personagem pudesse ser *grosso modo* assimilado, para que todo o mundo ficasse satisfeito.

---

128. Existiram, na verdade, três versões desse espetáculo, datadas, respectivamente de 1962, 1964 e 1967.

A preocupação com uma adequação mais íntima a um personagem, considerado na sua peculiaridade psicológica e social, surgiu na cena naturalista. Quanto aos simbolistas, eles cuidarão de integrar o figurino na unidade da imagem cênica.

A partir do momento em que se recorria a um pintor para elaborar essa imagem, para reger as transformações e modulações que o espetáculo pudesse exigir, tornava-se impensável que um elemento tão importante do ponto de vista visual como o figurino lhe pudesse escapar. De fato, a cenografia pictórica engloba habitualmente a concepção dos figurinos. O pintor aplica a estes os mesmos princípios de estilização, a utilização das mesmas gamas e das mesmas oposições de cores que aos cenários, a fim de garantir a coerência visual da imagem cênica.

Tal concepção conserva até hoje a sua força de lei para a maioria dos encenadores que continuam trabalhando no quadro do palco italiano. A evolução que descrevemos a respeito do cenário aplica-se, é claro, também ao figurino: antes de recorrer aos artistas plásticos, cuja personalidade criadora nem sempre se submeteria facilmente às exigências do teatro e do encenador, este último prefere trabalhar em equipe com um artista especializado, capaz de resolver os problemas técnicos que é preciso resolver para realizar exatamente aquilo que é pedido pela visão do diretor. O que explica a necessidade de evitar colaborações meramente ocasionais: já falamos que a parceria de Jouvet com Christian Bérard fez furor entre os freqüentadores de teatro no imediato pós-guerra, e que a de Vilar com Léon Gischia proporcionou ao Théâtre National Populaire noitadas inesquecíveis em Avignon. Mais perto de nós no tempo, podemos mencionar as colaborações entre Giorgio Strehler e Luciano Damiani, entre Jorge Lavelli e Max Bignens etc.

É preciso dizer que, talvez mais ainda do que o cenário pictórico, a cenografia arquitetônica exigia uma total integração entre os figurinos e o espaço cênico. Da mesma forma como este último, o figurino, na concepção de Appia e de Craig, devia libertar-se de todo realismo e de todo decorativismo. Ele devia, como qualquer outro elemento cênico, tornar-se sustentáculo de significação no esquema de uma estética simbolista. Haldane Macfall o mostra claramente quando descreve, por exemplo, a cena final de *Dido e Enéias*, na já citada encenação de Craig:

> Dido, derrubada pelo sofrimento, vestindo um vestido preto, cercada de suas aias ajoelhadas, é deitada sobre as almofadas negras do seu trono. (...) Uma luz suave banha o rosto de Dido (...) deixando a parte inferior da sua silhueta na sombra, que se confunde com a cor preta do seu vestido, enquanto a rainha faz ouvir o seu admirável canto de morte.[129]

E Wieland Wagner, sem dúvida um dos herdeiros mais inspirados de Appia e de Craig, atribui uma tal importância ao entrosamento do personagem com o espaço cênico e ao significado que esse entrosamento veicula que se encarrega pessoalmente da concepção do conjunto constituído pela direção, pela cenografia e pelos figurinos, atendendo, aliás, às recomendações de Craig nesse sentido. É que a representação do ator-cantor baseia-se mais, segundo Wieland, na atitude-signo, no gesto único carregado de um máximo de eficiência expressiva, do que num movimento cuja agitação não consegue camuflar os estereótipos. O figurino deve portanto contribuir para essa representação hierática, ajudando ao mesmo tempo a caracterização do personagem e a expressividade do corpo. Ele não deve remeter a nenhuma realidade arqueológica, nem aceitar qualquer facilidade decorativa. Deve ser, sim, um puro sistema de formas e de matérias, que a iluminação e o trabalho do ator dobrarão às exigências da situação dramática.

A essa aspiração, a essa integração absoluta do figurino numa versão cenográfica de conjunto, pode-se opor uma opção diferente. Nela o figurino torna-se, pelo contrário, um dos pólos visuais da cenografia. O encenador não manipula mais, nesse caso, um princípio de unificação, e sim de oposição, de tensão. É o caso, em particular, quando o ponto de vista frontal é abandonado em proveito de um espaço plural. O olhar do espectador não pode mais apoiar-se na harmonia, no equilíbrio de uma estrutura arquitetada segundo as leis da perspectiva clássica. Assim sendo, ele precisa de outros pontos de apoio: os objetos, como já vimos, mas também os figurinos, que assumem a função dos objetos. Artaud tinha plena consciência disso, quando desejava que o figurino fosse uma vestimenta de cerimonial, verdadeiro hieróglifo (signo sagrado) do qual o ator devia multiplicar

---

129. "Réflexion sur l'art de Gordon Craig dans ses rapports avec la mise-en-scène", em *Le Studio*, setembro de 1901, vol. XXIII, nº 102, suplemento nº 36, p.83.

os poderes expressivos, ou melhor, *mágicos*. E é sempre a nostalgia dessas "roupagens milenares, de destino ritual" (*O teatro e seu duplo*), carregadas de não se sabe bem que estranho poder, que parece guiar algumas pesquisas contemporâneas que podem situar-se na trilha artaudiana. Lembremo-nos, por exemplo, de *As criadas*, de Genet, na encenação de Victor Garcia (1971): destacando-se violentamente, pelas suas cores cruas(branco, vermelho, preto etc.) contra o cinza luminoso dos trainéis do dispositivo cênico, os figurinos não evocavam outra coisa senão a estranha solenidade de um cerimonial do qual as celebrantes fossem as únicas a deter as chaves... Outros exemplos poderiam ser citados para ilustrar a penetração da teoria artaudiana na prática contemporânea: o guarda-roupa de André Acquart para *Os negros*, do mesmo Genet, na encenação de Roger Blin (um dos maiores amigos de Artaud) de 1959, ou os figurinos de *Os biombos* (outra vez Genet, Blin e Acquart) em 1966. Não surpreende que o nome de Genet reapareça sempre, quando se trata de relembrar as tentativas nas quais a representação se transforma em ritual: ele é, na verdade, mais ou menos o único dramaturgo contemporâneo que criou uma obra teatral baseada numa dramaturgia do cerimonial: "Mesmo as mais belas peças ocidentais", escreveu Genet, "têm um ar de bagunça carnavalesca, de mascarada, não de cerimônia."[130]

É fácil perceber os limites de uma tal concepção, e as dificuldades contra as quais ela corre o risco de esbarrar. Ela exige com efeito uma apropriação total da obra à qual é aplicada. Para Artaud, isso era evidente, pois se tratava de inventar um novo teatro, liberto da tradição psicologizante e mimética do palco ocidental. Quanto a Genet, como já foi dito, a sua teoria de representação e as suas obras levavam naturalmente a uma ritualização da encenação. De resto, não é por acaso que essa definição do figurino sente necessidade de apoiar-se num teatro por si só fortemente mitológico, quer se trate de tragédia antiga (*Medéia*, de Sêneca, adaptada por Jean Vauthier e encenada por Jorge Lavelli em 1967), do universo shakespeariano (o *Ricardo III* de Ronconi em 1968, o *Rei Lear* de Strehler em 1972), ou da ópera wagneriana (as

130. Carta a Jean-Jacques Pauvert, publicada em *Obliques*, nº 2, p.3.

encenações de Wieland Wagner). Uma tal concepção torna-se muito mais problemática quando se trata de um teatro que cultive outro tipo de relações com a realidade. Seria difícil imaginar figurinos dessa concepção para *Tartufo* ou para *Lorenzaccio*, para *As bodas de Fígaro* ou *O jardim das cerejeiras*... É significativo, aliás, que na sua programação para o futuro Artaud não se tenha fixado em nenhuma dessas peças, nem em qualquer outra peça do mesmo tipo.

Na verdade, é sem dúvida através do *figurino* que o espetáculo moderno instaura da maneira mais profunda a sua relação com a realidade. Quanto mais audaciosa a cenografia, mais o espaço cênico tende a tornar-se simbólico, abstrato, ou a afirmar-se como mera área de representação. Cabe então ao figurino e a alguns acessórios orientar a visão, a interpretação, enfim a *leitura* do espectador. A prática de Vilar era reveladora sob esse aspecto: a função do figurino residia em animar o imenso espaço nu do Théâtre de Chaillot, ou o de Avignon, através de cores vivas e da mobilidade das suas fazendas; mas, ao mesmo tempo, também em informar sobre a identidade dos personagens, a sua posição social, até mesmo a sua personalidade profunda. Não era por acaso que Gérard Philipe vestia, em *O príncipe de Homburgo*, uma roupa cuja resplandecente brancura significava mais do que apenas a época e a posição do seu usuário. E os figurinos de *A morte de Danton* ostentavam claramente, através da estilização que Gischia lhes havia imposto, o período revolucionário; os de *Lorenzaccio*, a Renascença dos Médicis; e os de *Crime na catedral*, de T.S. Eliot, uma Idade Média de vitrais de igreja.

Numa visão mais geral, pode-se observar que qualquer teatro que assume alguma vocação política — a expressão estando aqui entendida no seu sentido mais amplo e nobre — precisa promover, de uma forma qualquer, uma articulação entre realidade e teatralidade. Eis por que a tendência mais generalizada de um tal teatro, por cima de opiniões estéticas divergentes, consistirá em atribuir ao figurino uma função em última análise análoga àquela definida pelos naturalistas: indicar a realidade, a vivência de um personagem, exibir o seu *status social* e frisar, se for o caso, as modificações desse *status*.

A esse respeito, a prática brechtiana não se afasta daquela traçada por Antoine e Stanislavski. Excetuando algumas peças — *O círculo de giz causasiano, A alma boa de Setsuan, A resistível ascensão de Arturo Ui* — cujo aspecto de parábola autoriza, e mesmo pede, uma certa liberdade de invenção, a maior parte de suas obras coloca em cena um contexto sócio-histórico muito característico, que terá de ser relatado pelo figurino: *Mãe Coragem*, por exemplo, com os altos e baixos da Guerra dos 30 Anos; *Galileu Galilei*, com a Itália do *Settecento*, a da corte pontifical e a do povo das cidadezinhas do Sul etc. E mesmo as *parábolas* impõem referências precisas das quais o figurinista não pode escapar: é o caso dos *palhaços* de *Arturo Ui* que, por mais circense que possa ser a sua maquiagem (como na encenação de Manfred Wekwerth e Peter Palitzsch no Berliner Ensemble), devem remeter simultaneamente aos *mafiosi* de Chicago revistos pelo cinema dos anos 1930, e aos nazistas. Tudo isso, pode-se dizer, faz parte do campo representativo do figurino.

Hélène Parmelin, mulher do pintor Edouard Pignon, que havia criado os figurinos de *Mãe Coragem* para a encenação de Vilar, ressaltou claramente aquilo que opõe, por cima das diferenças naturais de duas encenações, duas concepções da função teatral do figurino. Os alemães, em nome do realismo épico, julgaram com severidade os "farrapos flamejantes" saídos da paleta de Pignon. Na encenação de Brecht, pelo contrário, "nada de cores. Uma espécie de cinza espalhado em toda a parte, revestindo os atores e os objetos. Brecht via a guerra e a miséria uniformemente cinzentas"...

> "Colocar colorido na Guerra dos 30 Anos é anti-realista", dizia-me um alemão. "O cinza combina com a guerra, com a miséria. A cor cria uma vida que positivamente não cabe aqui." A isso Pignon replicava que "excesso de realidade tira a realidade (...)" "Não acredito na cor-símbolo. A uniformidade do cinza diminui o cinza e o drama. A Guerra dos 30 Anos não precisa de um fundo neutro para ficar se arrastando."[131]

Qualquer que seja a posição que se queira tomar em relação a esse debate, ele ilustra um momento muito preciso da história da encenação contemporânea: aquele em que a cenografia pictórica que reina ainda no teatro francês começa a ser questionada a respeito da ideologia que ela veicula.

---

131. No livro *Cinq peintres et le théâtre*p.144-46.

Os dois espetáculos *históricos* do Théâtre du Soleil, *1789* e *1793*, originavam-se no mesmo realismo épico: os figurinos tinham a função de informar não apenas sobre a historicidade do espetáculo, mas também sobre o desgaste trazido pelo tempo, a *fadiga* social, e ainda ao mesmo tempo sobre a classe a que cada personagem pertencia. Contudo, não se tratava, em absoluto, de uma encenação naturalista. Simplesmente, cabia aos figurinos materializar visualmente uma certa relação com o real. Nada era mais revelador, sob esse aspecto, do que o último quadro (o do leilão), que mostrava, de modo muito eficiente, o desvio e a recuperação da Revolução popular pela burguesia do século XIX; e isso através de um efeito de teatro dentro do teatro: burgueses vestindo roupas *balzaquianas* assistiam à representação da *sua* Revolução, em forma quase inócua de uma farsa rasgada. Face a face, duas épocas, dois tipos de figurinos, duas gamas de cores, duas classes sociais...

Quanto à dramaturgia grotowskiana, pode à primeira vista parecer paradoxal abordar, a seu respeito, a questão do figurino, já que Grotowski o rejeita como um luxo supérfluo do teatro *rico*. Mesmo assim, os espetáculos do Teatro Laboratório de Wroclaw mostram atores vestidos de uma forma que não deixa nada ao acaso.

Com efeito, pelo menos duas funções essenciais podem ser identificadas no figurino grotowskiano:

1º) permitir ao corpo do ator o acesso à precisão, ou melhor, à autenticidade, e à intensidade da expressão;

2º) permitir que o espectador estruture a sua relação com o ator e com a ação, registrando e decifrando, ainda que num plano inconsciente, os signos veiculados pelo figurino.

Sem dúvida, o guarda-roupa de *O príncipe constante* não tem nada de realista. Não é indiferente, porém, que o grupo dos perseguidores — a corte do rei mouro — esteja usando roupas uniformemente *pretas*, de corte *militar*, enquanto Ryszard Cieslak, intérprete do papel do príncipe, usa apenas uma tanga *branca*. Igualmente, *Akropolis* não representa de modo naturalista o universo do campo de concentração, mas visualiza a sua realidade com a ajuda de certos acessórios, da representação dos atores, e das roupas esburacadas, remendadas, grosseiramente cortadas num pano de sacaria, que anulam os corpos, ocultam a diferença dos sexos; ou ainda das boinas que substituem os cabelos, de galochas sem cordões — signos e mais signos, cuja decodificação não oferece dificuldade ao espectador minimamente informado. E o fato de sublinhar que a teoria que, no trabalho de Grotowski, subjaz à elaboração do figurino não difere fundamentalmente daquela que encontramos na obra dos fundadores da cenografia arquitetônica não diminui em nada os méritos do seu empreendimento: aqui como lá, encontramos a rejeição da representação realista, a recusa de qualquer decorativismo, a procura de uma ferramenta que permita ao corpo do ator desenvolver as suas faculdades expressivas no tríplice plano da encarnação do personagem, da sua integração num espaço (que, ao mesmo tempo, ele está encarregado de criar), e da sua relação com os outros personagens... Essa já era, *mutatis mutandis*, a doutrina e a prática de Appia, de Craig, de Wieland Wagner.

Se devêssemos traçar um balanço do uso do figurino teatral hoje em dia, estaríamos tentados a frisar que, como no caso da arquitetura cênica, os encenadores conquistaram uma liberdade mais ou menos ilimitada. Ou, colocando as coisas em outros termos, de geração em geração formou-se um público capaz de compreender e aceitar as mais diversas opções: o figurino pós-naturalista, cuja matéria-prima é, talvez, mais significante que a sua cor (Brecht, Planchon, Mnouchkine etc.), a vestimenta ritualística das cerimônias inspiradas por Artaud, onde nada se exibe além de uma pura suntuosidade, o figurino estilizado e sugestivo, com todas as variantes que se possam imaginar, de Vilar a Ronconi, e de Chéreau a Grotowski a roupagem abstrata, mitológica, que se vincula intimamente à opção cenográfica de Appia, de Craig, de Wieland Wagner ou do próprio Grotowski, ou mesmo a ausência de qualquer roupa de cena, como no Living Theatre... A única opção que o espectador contemporâneo recusaria certamente seria o da insignificância decorativa.[132] O público dos teatros de *boulevard* é o único que se extasia ainda vendo a heroína ir ao encontro do seu amante exibindo vestidos de Dior ou de Saint-Laurent!

---

132. Deixamos aqui de lado as formas de teatro que exigem um tipo de figurino predeterminado por uma tradição, por condicionamentos inerentes ao gênero ou à técnica (balé, *music-hall*, circo etc.).

O que se deve reter é que o figurino de teatro, quaisquer que sejam, sob outros aspectos, as opções estéticas e ideológicas que determinam a sua concepção, aparece como um dos elos e um dos espaços de coincidência mais estáveis entre a representação e a realidade. É cômodo, sem dúvida, e sob certos pontos de vista necessário, falar de figurino ritual ou de figurino abstrato, ou seja, de figurino que não remeta a nada além da sua realidade de figurino de teatro. Na prática, as coisas são ao mesrno tempo mais complexas e mais matizadas. Os figurinos de *Os negros* remetem também, e deliberadamente, à época colonial. Os de Wieland Wagner para *Tristão e Isolda*, *Parsifal* ou a *Tetralogia* remetem também a uma *realidade* que poderia ser definida como o medieval lendário que todo espectador carrega mais ou menos confusamente dentro de si. E o *blue jean* com que Julian Beck aparece como Creonte, se não *significa* mais a Grécia de Sófocles, não deixa de remeter inevitavelmente ao nosso presente, portanto à nossa realidade.

Desde cedo, os encenadores souberam tirar proveito dos aperfeiçoamentos das técnicas de reprodução e difusão do som. Um espaço, com efeito, não se define apenas pelos elementos visuais que o constituem, mas também por um conjunto de sonoridades, características ou sugestivas, que tecem para o ouvido uma imagem cuja eficiência sobre o espectador foi mil vezes comprovada. Sabe-se, aliás, que a audição é um veículo de ilusão mais sensível ainda que a visão.[133]

Os naturalistas foram os primeiros a se interrogar sobre a sonorização do espaço cênico. E se a tradicional *música de cena* habitualmente usada para manter um certo *clima* durante as pausas impostas pelas mudanças de cenários lhes aparecia como um artifício parasitário do qual era necessário se livrar, a sonoplastia, pelo contrário, era capaz, na sua opinião, de intervir com eficiência para reforçar a ilusão visual através de sua verdadeira paisagem sonora.[134]

---

133. É evidente que tais considerações se aplicam apenas ao teatro dramático. Elas não dizem respeito à encenação de óperas, de bailados ou mesmo de *music-hall*, gêneros em que a trilha sonora (musical) é rigorosamente predeterminada e escapa aos poderes do encenador.

134. A estética naturalista só admitia uma intervenção realista da música. Em outras palavras, era preciso que esta fosse exigida pela ação (a mocinha toca uma valsa de Chopin no piano; alguém passeia na rua cantando embaixo da janela etc.).

Foi sem dúvida no teatro de Tchecov, que tira um tão sutil partido do jogo dos silêncios e dos ruídos, da interferência das vozes tagarelando e dos sons da natureza, que Stanislavski deve ter tomado consciência do poder sugestivo daquilo que ele chama de *paisagem auditiva*. Trata-se, para ele, não apenas de reconstituir um meio ambiente ou uma atmosfera característica, mas sobretudo de revelar a relação, o acordo ou a discordância, que liga o personagem ao que está em torno dele. Numa carta a Tchecov, datada de 10 de setembro de 1898, Stanislavski explica que está utilizando em A *gaivota* o coaxar dos sapos "exclusivamente para dar a impressão de um silêncio completo. No teatro, o silêncio expressa-se através de sons, e não pela sua ausência. Caso contrário, seria impossível dar uma ilusão de silêncio (...)." E na sua biografia de Stanislavski, Nina Gourfinkel relata que ele recorria sistematicamente aos *efeitos* de grilos ou rouxinóis, de sinos de um trenó ou das batidas de um relógio, a um ponto que o próprio Tchecov não deixaria de ironizar. O fato é que Stanislavski elaborava verdadeiras partituras sonoras, de uma precisão extraordinária e de uma espantosa riqueza. Para *As três irmãs*, barulhos de vozes, de louça, de música de piano e de violino acompanham o almoço de aniversário do primeiro ato. No segundo ato ouve-se o famoso *efeito* dos sinos da tróica que está se afastando, a "leve música de acordeão" que vem da rua, a canção de ninar da ama nos bastidores.. . O ato seguinte é pontuado pelo toque de alerta do incêndio; e no final percebe-se o ritmo marcial e irrisório da música militar que acompanha a partida da tropa.

Em 1903, ao preparar *O jardim das cerejeiras*, Stanislavski propõe "fazer passar um trem durante uma das pausas", e "bem no fim, um concerto de sapos e o grito da galinhola". Tchecov, para dizer a verdade, ficou ligeiramente irritado com a mania sonorizadora do seu encenador. Rivalizando com ele em matéria de minúcia, Tchecov levanta a objeção de que na estação do ano em que a ação se desenrola, época da colheita, "a galinhola não grita mais, e os sapos ficam calados". E acrescenta, sarcástico: "Se o trem puder passar sem fazer o menor barulho, tudo bem..." (cartas de 10 a 23 de novembro de 1903). Nem por isso Stanislavski deixaria de introduzir na sua realização a *paisagem auditiva* que julgava a mais adequada a cada momento de emoção da peça. Aliás, se reexaminarmos as rubricas de Tchecov, teremos de questionar a boa-fé dos seus protestos. Para a cena final, por exemplo, Stanislavski limitou-se a realizar escrupulosamente a partitura sonora prevista pelo próprio autor:

> Ouve-se barulho de chaves fechando todas as portas, os carros que vão embora. Instala-se o silêncio, entrecortado pelos golpes surdos do machado contra as árvores, golpes solitários e tristes. Barulho de passos. (...)
>
> Ouve-se ao longe, como se viesse do céu, o som de uma corda que se parte, um som que morre tristemente. Instala-se o silêncio, não se ouve mais nada além dos longínquos golpes de machado contra as árvores, no fundo do jardim.[135]

Não pode haver dúvida de que, apesar das reservas de Tchecov, existia um acordo profundo entre o universo do dramaturgo e as concepções do encenador. Poderíamos dizer o mesmo a propósito de Gorki. Entre a sua visão expressa — por mais elipticamente que fosse, às vezes — em *Ralé* (1902) e as extrapolações teatrais de Stanislavski, não há nenhuma solução de continuidade. O ranger das ferramentas, os barulhos das discussões, choros dos bebês, as canções de ninar, os fragmentos dos sons de um órgão nas janelas, tudo isso constituía um espaço sonoro idealmente apropriado ao universo da peça.

Já quando aplicada a Shakespeare, a teoria da paisagem auditiva não se revelou na prática igualmente convincente. É que a essência da dramaturgia shakespeariana não é realista, não se baseia realmente em climas ou estados de espírito, ainda que tanto uns como os outros nela possam evidentemente ter morada. "Vamos representar *Júlio César* num tom tchecoviano", declarava Stanislavski ao seu elenco. Paradoxo difícil de sustentar! Já mencionamos (ver p.121-2) o fracasso de Stanislavski nessa tentativa. E não terá sido por falta de esforço. A Roma de César era o produto — um pouco vão, aos nossos olhos — de um extraordinário trabalho de reconstituição arqueológica e *atmosférica.* Só no primeiro ato, o espectador podia ouvir os estrondos de uma tempestade, os gritos do povo, o som dos instrumentos de sopro que vinha do Grande Circo... E a italianíssima noite comportava o canto dos pássaros, os latidos intermitentes dos cachorros, o sussurro das fontes, o rugido

---

135. *O jardim das cerejeiras*, quarto ato.

das feras no circo, as chamadas dos guardas, ora próximas, ora longínquas e, evidentemente, o *efeito* do coaxar dos sapos etc.

Embora tivesse consciência das dificuldades representadas pela coleção de sons que impunha ao universo shakespeariano, Stanislavski não parecia ter aprendido totalmente a lição quando se propôs a montar *Otelo*, em 1930. Para o ato passado em Veneza, ele recomenda o ruído das águas do Grande Canal, toda espécie de barulhos e rumores suscetíveis de sugerir os febris preparativos de guerra, gritos nos bastidores, e "que não se esqueça que durante toda essa cena (I, 3) ouvem-se trovões (...). Na entrada de Otelo, no momento mesmo em que ele aparece, um tonitruante trovão, como um presságio da tragédia que o aguarda em Chipre".[136]

Apesar dos seus excessos, da sua eventual ingenuidade, ou mesmo da sua inadequação, não se pode generalizar condenando as inovações stanislaviskianas no campo daquilo que cabe perfeitamente chamar de cenografia sonora. Quando manejadas com sutileza, elas conferem ao espetáculo um extraordinário peso de realidade, e quando combinam plenamente com as exigências ou as possibilidades da obra, multiplicam consideravelmente os seus potenciais expressivos e emocionais.

A encenação expressionista, que atribuía extrema importância à *atmosfera*, não desperdiçou, aliás, esse tipo de recursos, da mesma forma como os artistas de teatro mais recentes, que não hesitam em trilhar o caminho aberto por Stanislavski, quando a peça — e a visão que eles tem dela — parecem exigi-lo. Basta citar certas realizações de comédias de Goldoni (*Le Baruffe chiozzotte* e *Il Campiello*, em particular), ou a encenação de Patrice Chéreau para *A disputa*, de Marivaux (1973).

A integração de imagens sonoras na encenação não pertence unicamente ao sonho naturalista de reduplicação do real. Na trilha da teoria wagneriana de *Gesamtkunstwerk*,[137] alguns encenadores utilizaram o material sonoro — música e sonoplastia — como instrumento de

---

136. *Othello, mise-en-scène*, de Stanislavski. p.79. Essas notas de encenação publicadas em francês por Éditions du Seuil em 1948, e retomadas na coleção "Point", constituem uma leitura proveitosa.

137. Denis Bablet sugere a tradução desse termo alemão pela expressão francesa "œuvre d'art commune"; mas em português parece preferível conservar a tradução tradicional de "obra de arte total".

produção de teatralidade. O fato de Craig se ter interessado primeiramente em montar óperas de Purcell e de Haendel, e de mais tarde ter sonhado com a possibilidade de encenar a *Paixão segundo são Mateus*, indica claramente que para ele o verdadeiro teatro incluía a utilização da música, contanto que esta estivesse completamente integrada na visão unificada do *régisseur*.

Por outro lado, na visão de Craig a ópera ou o oratório resolviam com elegância o problema da voz humana. O que seduzia Craig, na obra musical, era precisamente o fato de a voz perder toda e qualquer autonomia. Ela é parte integrante de um conjunto definido pela partitura. As possibilidades de improvisação livre do ator-cantor são rigorosamente regulamentadas,[138] quando não pura e simplesmente abolidas. Ora, é precisamente essa perpétua instabilidade, essa potencial ou minúscula indisciplina que, segundo Craig, pode estragar a qualquer momento a declamação e a representação do ator teatral e impedir o surgimento do espetáculo unificado ao qual ele aspira.[139]

Tal utilização da voz humana enquanto material sonoro pode ser reencontrada na teoria de Artaud, bem como nas poucas tentativas de encenação que ele chegou a assinar. A voz não deve ser, aliás, considerada como outra coisa do que uma fonte de energia sonora (ver p.64 acima). É a sua característica física que ele procura explorar, e a repercussão que podem ter sobre a sensibilidade e os nervos do espectador sons arrancados das profundezas do corpo humano: no fundo, a voz da animalidade do homem...

Numa formulação mais geral, Artaud parece ter pretendido utilizar o material sonoro de modo a exibir a sua teatralidade. Ele o amplifica, o engorda desmedidamente, da mesma forma como recorre, conforme já vimos, a objetos e manequins de proporções irreais e inquietantes.

---

138. Não parece, aliás, que na época de Craig as execuções musicais de obras vocais dos séculos XVII e XVIII tenham conservado as possibilidades de improvisação, quer vocal ou instrumental, que possuíam nas suas origens.

139. Se Craig admira o trabalho de Stanislavski, apesar de tudo que os separa no plano teórico, é sobretudo porque o diretor russo conseguia obter dos seus atores uma precisão e um rigor que não se encontravam nos palcos ocidentais da época: "Eles trazem sempre para o palco uma habilidade segura, delicada, magistral. Não há nada que esteja rascunhado" — "Le théâtre en Allemagne, en Russie, en Angleterre, 2e lettre ouverte à John Semar", em *De l'art du théâtre*, p.112.

Para a *Sonata dos fantasmas*, de Strindberg, ele prevê que "os passos das pessoas entrando em cena serão ampliados, terão seus próprios ecos" (*OC*, t.2, p.119). E as inúmeras indicações que adornam as rubricas de *Os Cenci* (e que acabaram se transformando num livro de *mise-en-scène*) retomam constantemente esse princípio de amplificação dos ruídos e das vozes. No primeiro ato:

> As vozes se ampliam; assumem a tonalidade grave ou superaguda e como que clarificada dos sinos. Uma vez ou outra um som de maior volume se espalha e se derrama, como se tivesse sido detido por um obstáculo que o fizesse esguichar em jatos pontiagudos.[140]
>
> Ouve-se a voz dos sinos, que se tornou cavernosa. Uma tranqüilidade inaudita cai sobre o palco.
>
> Algo como um som de viola vibra muito de leve e muito no alto.[141]

Toda a ação é pontuada pelos ruídos amplificados de passos que ora se aproximam, ora se afastam; e é atravessada por uma "tempestade aterradora", por um "vento furioso":

> A tempestade está cada vez mais desenfreada e ouvem-se, misturadas ao vento, vozes que pronunciam o nome de Cenci, primeiro num único som, prolongado e agudo, depois como as badaladas de um relógio.
>
> (...)
>
> A seguir, as vozes amplificadas passam, como num vôo bem rasante.[142]

O assassinato de Francesco Cenci é sonorizado por "terríveis fanfarras cujo som vai ficando cada vez mais forte" (IV, 1, *op. cit.*, p.254). E, na prisão da última cena, uma verdadeira sinfonia de gritos, e rangidos, instala-se em contraponto a uma "música muito suave e muito perigosa" (p. 264). Quanto ao final, ele é organizado como um verdadeiro ritual, "uma espécie de marcha para o suplício, que explode num ritmo inca de sete tempos" (IV, 2, p.269).

Artaud, como vemos, não se preocupa minimamente em criar uma *paisagem* auditiva que seja uma imitação da natureza. Ele não cogita tampouco de eliminar os elementos que remeteriam apenas ao teatro (a música, por exemplo). Pelo contrário, considera que a utilização

140. Texto de *Os Cenci*, ato I, cena 3.

141. *Ibid.*

142. Texto de *Os Cenci*, ato III, cena 2.

do material sonoro só atingirá a sua plena eficiência dentro do espetáculo se a sua teatralidade latente for completamente assumida, exibida, multiplicada. É assim que ele escreve a Jouvet:

> Já que fazemos dissonâncias, façamo-las, mas dizendo ao público: estamos fazendo dissonâncias. Ele gritará ou aplaudirá, mas não estará nesse estado de constrangimento provocado pelas meias-medidas e pelas coisas bem-sucedidas à metade.[143]

O Teatro da Crueldade formula a síntese de todas essas pesquisas, de todas essas intuições. Artaud registra ali a importância que atribui a uma verdadeira *partitura sonora* que possa reger o jogo conjugado das vozes, dos ruídos e da música, com o único objetivo de atingir fisicamente o espectador no mais profundo do seu ser. Essa partitura deve estar, aliás, articulada com um conjunto não menos rigorosamente elaborado que poderia ser chamado a *partitura visual* do espetáculo: "Gritos, lamentos (...), beleza encantatória das vozes, encanto da harmonia, notas raras da música", tudo isso será executado em consonância, ou em dissonância, com "a beleza mágica das roupas inspiradas por certos modelos ritualísticos", com "o esplendor" ou "as bruscas mudanças da luz" (*OC*, t.4, p.112). Artaud sonha, diga-se de passagem, em inventar um sistema de notação da linguagem articulada que permita utilizá-la musicalmente e "dar às palavras mais ou menos a importância que elas têm nos sonhos" (*op. cit.*, p.112).

> Uma vez que encontramos na base dessa linguagem o processo de uma utilização peculiar das entonações, essas entonações devem constituir uma espécie de equilíbrio harmônico, de deformação secundária da palavra, que será preciso poder reproduzir à vontade.[144]

Fica claro que no espetáculo artaudiano a emissão vocal deve tornar-se um verdadeiro instrumento musical, suscetível de ser utilizado como tal. Simetricamente, os instrumentos musicais serão utilizados como fontes sonoras. Fora de qualquer consideração de harmonia musical. Eles se colocam no meio de um material de som que se tivesse libertado, no fundo, da tripartição habitual em vozes, instrumentos musicais, instrumentos de sonoplastia:

---

143. *Op. cit.*, t.3.
144. *Ibid.*

> A necessidade de agir direta e profundamente sobre a sensibilidade através dos órgãos convida, do ponto de vista sonoro, a procurar qualidades e vibrações de sons absolutamente inabituais, qualidades que os atuais instrumentos musicais não possuem, e que levam a recolocar em uso instrumentos antigos e esquecidos, ou a criar instrumentos novos. Elas levam também a procurar, fora do campo da música, instrumentos e aparelhos que, baseados em fusões especiais ou ligas renovadas de metais, possam atingir um novo diapasão da oitava, produzir sons ou ruídos insuportáveis, lancinantes.[145]

Brecht coloca-se deliberadamente em posições teóricas antagônicas às de Artaud, no sentido de que recusa terminantemente o *efeito de magia*, a hipnose subseqüente à utilização da música ou dos ruídos durante o espetáculo. Ele denuncia esse efeito de magia tanto na prática de Stanislavski como na encenação expressionista, ambas governadas por uma busca de clima específico e de eficácia alucinatória. Extrapolando, pode-se pensar que ele não teria sido mais favorável ao projeto artaudiano, que visa a um domínio ainda mais direto, físico, sobre o espectador, e a uma inibição de suas faculdades de reflexão...

Concebe-se, dentro desse esquema, que Brecht tenha dado à música — o mais artificial dos barulhos — um papel de primeiro plano e, ao mesmo tempo, completamente diferente dos que lhe vimos atribuídos até agora. Na representação épica, a música intervirá com efeito exibindo-se enquanto música de teatro. Se for o caso, ela não hesitará em citar-se a si mesma, em pegar emprestadas certas fórmulas que remetem a formas tradicionais familiares, conhecidas do espectador: a ópera, o cabaré, o circo...

Longe de acentuar a atmosfera que emana de uma ação, de um local etc., ela se faz ouvir para marcar as quebras, para designar o espetáculo como uma manifestação teatral. A partir da *Opera dos três vinténs*, em 1928, Brecht apanha os hábitos contemporâneos no contrapé. A música não se funde mais na continuidade do espetáculo. Ela se manifesta sob a forma de *números* isolados. E tudo concorre para exibir esse isolamento: a presença da orquestra no palco, a modificação da iluminação... Cada número é designado como tal através da projeção do seu título, pela mudança de colocação dos atores que cantam o seu

---

145. *Op. cit.*

song dirigindo-se frontalmente ao público. No caso, não se trata mais, em absoluto, de inventar uma cenografia sonora. Muito pelo contrário, a música tem a função de ironizar, de propor um comentário autônomo que desmanchará qualquer efeito de real que emane, ou possa vir a emanar, dos outros elementos do espetáculo.[146]

A lógica artaudiana, que negava ao espetáculo qualquer submissão ao sentido de um discurso articulado, levava a utilizar a voz humana como puro instrumento de produção sonora. A lógica, inversamente simétrica, da dramaturgia brechtiana, conduz a fazer da música um discurso significante, uma expressão do racional, um elemento daquele *texto plural* de que já falamos. Por exemplo, a partitura composta por Eisler para *Cabeças redondas, cabeças pontudas*, segundo uma observação de Brecht "é, ela também, num certo sentido, filosófica. Ela evita qualquer efeito narcótico, sobretudo porque liga intimamente a solução dos problemas musicais à expressão nítida e clara do sentido político e filosófico dos poemas [os *songs*]."[147]

Daí uma das características principais do uso épico da música, que poderíamos definir como a *instituição do heterogêneo*. Enquanto desde Craig até Artaud a música ou, num sentido mais geral, a sonorização, aparecem, globalmente falando, como um instrumento de unificação, pois contribuem para integrar todos os elementos do espetáculo uns com os outros, Brecht atribui à música uma função diferente: a de interromper a continuidade da ação, romper a unidade da imagem cênica, *despsicologizar* o personagem opondo-lhe uma contradição; enfim, destruir todos os *efeitos do real* eventualmente induzidos pelo espetáculo. E o que explica o caráter deliberadamente heterogêneo dessa música, no entanto *bem composta*. Se Artaud visava a ultrapassar o limite tradicionalmente estabelecido entre música e ruído, Brecht justapõe as referências mais diversificadas, sem fundi-las. Eis um exemplo: em *A resistível ascensão de Arturo Ui* cada episódio do oitavo quadro (o processo deturpado do incêndio dos depósitos [do Reichstag]) é pontuado por uma intervenção musical que Brecht descreve com as seguintes palavras: "Um órgão toca a *Marcha fúnebre* de Chopin num ritmo

146. Sobre o funcionamento da música brechtiana enquanto *texto*, ver capítulo II, p.66-7.

147. *Écrits*, I, p.460.

de dança." Desse modo vemos encaixar-se uns nos outros os conceitos de feira popular (realejo), religião (órgão de igreja), o culto da *grande* música (Chopin), o luto — a Justiça e a Liberdade são assassinadas — (a *Marcha fúnebre*), a opereta, a festa, o teatro (o ritmo da dança) — esse assassinato é uma vitória para alguns... O caráter heterogêneo da música *épica* está portanto ligado à multiplicidade das referências justapostas, mas também à relação que ela mantém com um conjunto de ruídos, esses também, por sua vez, significantes. Philippe Ivernel evoca de modo sugestivo a música composta para essa peça por Dietrich Hosalla:

> Hosalla compôs uma música de feira, e o *stand* de tiro não está longe. Algazarra: cacofonias e estridências. Ela ilustra o tumulto e o horror. Ou melhor, ela esclarece. Inserem-se nela temas explorados pelos nazistas: os *Prelúdios* de Franz Liszt, durante o processo a *Marcha fúnebre* de Chopin. A orquestra compõe-se de poucos instrumentos: trompete, trombone, tuba, trompa, flautim, guitarra elétrica, saxofone, piano, harmônio, instrumentos de percussão. Alguns ruídos reforçam o clima assim criado. Wekwerth e Palitzsch [os encenadores da produção do Berliner Ensemble de 1959] intercalaram no texto de Brecht alguns *songs* colhidos em outras fontes, cantados pelos *gangsters*, bem no espírito da *Ópera dos três vinténs.*[148]

Tratando-se da dimensão sonora e musical do espetáculo, a teoria do teatro *épico* é sem dúvida a última, por ordem cronológica, que tenha formulado uma nova doutrina.

O fato é que a encenação contemporânea não conseguiu propor nesse campo nem uma teoria e nem mesmo uma prática verdadeiramente novas. Com a única exceção de Grotowski e do seu *teatro pobre.*

A experimentação e a reflexão do animador do Teatro Laboratório de Wroclaw não poderiam omitir-se em relação a essa questão. Basta lembrar que os dois grandes eixos teóricos em torno dos quais se estrutura a prática de Grotowski são:

1º) o absoluto predomínio do ator sobre todos os outros elementos do espetáculo;

1º) a intransigente rejeição de qualquer intervenção mecânica capaz de escapar do controle do ator.

148. *Les voies de la création théâtrale*, t.2, p.68.

As implicações dessas premissas são claras: considerando que em momento algum se cogita de procurar uma reprodução mimética da realidade, esse teatro exclui qualquer elemento de sonoplastia obtido através de meios mecânicos. Excetuando apenas aqueles que o ator possa manejar, ou melhor, possa ter necessidade de manejar para sustentar o seu *ato de desvendamento*. Entendamos por isso que nenhum engenhoso técnico da ilusão sonora será solicitado a produzir, dos bastidores, o ruído dos sininhos da tróica que se afasta, ou os *efeitos* de sapos em surdina, como no teatro de Stanislavski. Em compensação, se o ator precisar desesperadamente do coaxar do sapo, ele deverá produzi-lo com recursos puramente vocais. Igualmente, o *teatro pobre* evita apelar a uma orquestra profissional ou a uma gravação musical. Se a ação exigir música, ela será produzida pelos únicos meios de que o ator dispõe: sua voz, sua capacidade de tocar um instrumento; e as imperícias ou imperfeições da sua execução instrumental ou do seu canto tornar-se-ão elementos comoventes, expressivos da vulnerabilidade humana que ele procura manifestar (exemplo: o violinista de *Akropolis*).

Paralelamente, o trabalho que Grotowski tem desenvolvido em cima das potencialidades expressivas do corpo e da voz conduziu-o a elaborar uma teoria das *caixas de ressonância*, teoria que ele apresenta, aliás, como uma metáfora oportuna, e não como uma descoberta cientificamente comprovada. O corpo humano, segundo observação de Grotowski, só utiliza no cotidiano uma parte ínfima dos seus recursos vocais. Isso vale também para o ator ocidental,[149] e até mesmo para o cantor. Um treinamento adequado capacitará o ator a fazer sair de dentro de si mesmo, e portanto a explorar, *vozes* literalmente inauditas, que parecerão emanar de diferentes pontos de seu organismo: occipício, plexo solar, ventre etc. São essas zonas que ele denomina *caixas de ressonância*. Desse modo, o ator grotowskiano disporá de uma paleta sonora inteiramente nova, e mil vezes mais rica do que a do intérprete convencional, que geralmente só domina a *caixa de ressonância* da laringe. No caso, a voz pode tornar-se, à vontade, esse ruído ao mesmo

149. Já Artaud havia lamentado que o ator ocidental se tivesse tornado incapaz de emitir um verdadeiro grito...

tempo humano e desumano suscetível de transtornar o ouvinte, essa pura *energia sonora*, em busca da qual Artaud também se havia lançado.[150]

Sem esquematizar excessivamente, pode-se dizer que o teatro contemporâneo não renovou substancialmente a questão, e que as tentativas atuais oscilam entre três utilizações possíveis da música e da sonoplastia. (Deixamos de lado, evidentemente, aqueles encenadores que, no campo do som, perpetuam as tradições herdadas do naturalismo e do simbolismo.)

Existem os que optam pela trilha artaudiana e procuram elaborar complexas partituras musicais e sonoras, de tal modo que o espectador se convença, como Artaud queria, de que "seus sentidos e sua carne estão em jogo (...), de que somos capazes de fazê-lo chorar" (*OC*, t.2, p.13-14). É a orientação que caracterizou sobretudo o teatro norte-americano dos anos 1960, e talvez isso se explique pela vizinhança de práticas musicais específicas, tais como o *jazz* e o *rock*. Podemos citar o exemplo da impressionante evocação do comércio de escravos negros em *Slave Ship*, de *Le Roi Jones*. Espetáculo de uma violência cheia de rigor, todo ele impulsionado pela incandescente música de Archie Shepp (1969).

O caminho inaugurado por Brecht foi naturalmente seguido pelos seus herdeiros: Planchon e Mnouchkine, na França, por exemplo. Mas a opção se fez com grande liberdade formal em relação à doutrina — liberdade bem conforme, aliás, ao próprio espírito do pensamento *aberto* de Brecht. Por exemplo, *1789* associava, numa coletânea não isenta de ironia, citações da grande música (Haendel, Beethoven, Mahler), a música popular dos saltimbancos, efeitos corais que exploram a estrutura multipolar do local. E, de um modo mais geral, as referências ao circo e ao cabaré berlinense são uma constante que reaparece nos espetáculos do Théâtre du Soleil, desde *Clowns* até *Mefisto*.

Enfim, a austeridade grotowskiana que sistematiza, no fundo, uma desconfiança para com o espetacular, o não-essencial, cujos vestí-

150. Para maiores detalhes, consultar o já citado livro de Grotowski, *Em busca de um teatro pobre*, p.105ss.

gios poderiam ser localizados tanto em Craig como em Copeau, e ainda nos partidários de um teatro estritamente governado pelo texto. Não há dúvida de que ela inspirou certos encenadores, tais como Antoine Vitez ou Peter Brook nas suas recentes produções do Théâtre des Bouffes du Nord (*Timon de Atenas, Os Iks, Ubu, Medida por medida*).

O estudo da arte de conceber, construir e animar o espaço cênico permite fazer pelo menos uma constatação: a da extraordinária diversificação das práticas, se adotarmos como termo de comparação o monopólio do ilusionismo convencional que reinava sobre os palcos do século XIX. Proliferação de experiências empíricas, multiplicação de doutrinas, tudo isso proporcionou a coexistência, hoje em dia, das mais diversas realizações.

Essa diversificação é também produto de uma longa memória. Curiosamente, o teatro, que é — como já foi dito tantas vezes — a arte do efêmero, nunca pára de se lembrar, de dar continuidade, de redescobrir. Não há uma verdadeira solução de continuidade entre o despojamento cenográfico de Copeau e o de Vilar; entre a austeridade de Pitoëff, que só contava com o ator para criar o seu espaço, e a de Peter Brook, na sua suntuosa ruína do Théâtre des Bouffes du Nord. A rigorosa reprodução do real procurada por Antoine e Stanislavski é retomada pelo teatro épico, que apenas a alivia das suas redundâncias. Será preciso insistir naquilo que cria semelhanças entre Appia, Craig, Wieland Wagner e Svoboda? Ou naquilo que o jovem teatro norte-americano encontrou em Artaud, o qual, entretanto, nunca realizou nada que fosse conforme às suas aspirações? Ou em tudo aquilo que o esteticismo requintado, mas nunca insignificante, de um Chéreau deve a Strehler, ou quem sabe até a Gaston Baty, de quem, no entanto, ele nunca viu sequer uma realização?

E, coisa bem curiosa, essa memória que se manifesta na prática teatral contemporânea não se inscreve apenas no tempo. Há um século, ela se espalha também no espaço. Foram os russos (Stanislavski, Diaghilev, Meyerhold etc.) que transtornaram, na França, as idéias estratificadas no campo da cenografia. Ou então foi um inglês, Craig. E foi um suíço, Appia, quem permitiu a Wieland Wagner revolucionar a paisagem cênica de Bayreuth. E assim por diante.

Será possível distinguir, nessa confusa efervescência, algumas orientações prenunciadoras da evolução cenográfica da próxima década?

Se os anos 1960 e 1970 foram dominados pelo tão famoso debate simbolizado pelos nomes de Artaud e de Brecht, e se é inegável que a utopia artaudiana fascinou toda uma geração mais ou menos cansada de um brechtianismo em via de estratificação, a aurora da década de 1980 parece revelar um mal-estar, ou pelo menos uma pausa. A corrente mais ou menos abusivamente rotulada de artaudiana parece estar retrocedendo, talvez por sentir que o sonho de um teatro-acontecimento nunca chegou a se concretizar *para valer*. O que sobra então são apenas falsas aparências ridículas, manequins inúteis, estridências pretensamente inauditas mas na verdade mil vezes ouvidas, efeitos luminosos que expõem o nervo óptico a duras provas mas que as boates mais na moda realizam com maior virtuosismo.

O que caracteriza o espetáculo de hoje talvez seja uma volta a pleno vapor do teatro de texto tão contestado há apenas poucos anos. Fenômeno esse que implica um ressurgimento das respectivas teorias e de práticas cenográficas correspondentes. Um sintoma possivelmente revelador: após as ofuscantes experiências de *1789*, *1793* e de *L'âge d'or*, o Théâtre du Soleil montou a adaptação de um romance de Klaus Mann, *Mefisto*, voltando a uma cenografia frontal que foi uma citação, ao mesmo tempo irônica e nostálgica, do palco tradicional — mesmo se o face-a-face dos dois teatros, com o público no meio, e a utilização das pareces laterais permitem injetar algumas nuanças nessa afirmação.

Outro sintoma: nunca os palcos franceses haviam acolhido tantos grandes textos do repertório internacional que durante as duas últimas temporadas. Raramente se viu tanto Shakespeare, desde o *Péricles* e o *Antônio e Cleópatra* de Planchon ao *Timon de Atenas* e à *Medida por medida* de Peter Brook. Raramente se viu tanto Molière — e basta citar aqui a tetralogia de Antoine Vitez (*Escola de mulheres, O misantropo, Tartufo, Dom Juan*). Strehler vai de Shakespeare (*Rei Lear*) a Tchecov (*O jardim das cerejeiras*), e nunca deixa de voltar a Goldoni (*Il Campiello*, a trilogia da *Vilegiatura*).[151]

---

151. O interesse que a maioria dos encenadores atuais dedica à ópera parece revelar o mesmo fenômeno: não há nada mais coator, no que diz respeito à cenografia, do que esse gênero que impossibilita qualquer explosão do espaço e qualquer modificação da relação frontal.

Assim sendo, a cenografia clássica baseada na visão frontal, bem como a perspectiva tradicional, não param de reafirmar a sua vitalidade. Uma cenografia que renuncia a afirmar-se por si mesma, mas procura essencialmente criar um espaço para o texto, um espaço para o ator. Por trás dos nomes que acabamos de citar, talvez sejam os de Craig e Baty, de Copeau e Vilar que permitiriam definir com precisão um enfoque das orientações atuais.

Esse ressurgimento de um certo classicismo formal na arte da encenação seria o marco de uma orientação nova, essencial e duradoura do teatro contemporâneo? Ou devemos interpretá-lo, pelo contrário, como um sintoma da confusão doutrinária, que por sua vez reflete uma crise mais profunda: a de uma arte que se sente lentamente asfixiada pela evolução da sociedade?

CAPÍTULO V

As metamorfoses do ator

Na sua teoria do *teatro pobre*, Grotowski observa que tudo aquilo que nos acostumamos a ver e ouvir num palco é mais ou menos supérfluo. Com uma única exceção: o frente-a-frente de um ator com um espectador. Em outras palavras, suprimam-se os cenários e figurinos, iluminação e música; suprimam-se até o texto e o público, os acessórios e os figurantes. Basta conservar o cara-a-cara entre um único ator e um único espectador para que o fenômeno *teatro* se produza.

Falar da importância capital do ator na realização de qualquer encenação não equivale apenas a enunciar uma óbvia verdade. A consciência que se adquiriu dessa importância, a posição e função atribuídas ao ator dentro do espetáculo, os diversos tipos de intervenção que o ator propôs ao longo dos séculos, ou que lhe foram impostos — tudo isso faz parte, ou deveria fazer parte, de uma história do teatro, de uma história das formas específicas da representação teatral.

Aquilo que tem sido chamado o surgimento do encenador concretizou-se num clima mais ou menos passional, na medida em que o diretor, para impor-se, precisou abrir brechas naquilo que o ator, com ou sem razão, vinha considerando não como um excesso de privilégios, mas como a parcela de liberdade criadora inerente à sua arte. É que, contrariando a amável *democracia* que, segundo se pensava, teria reinado nos elencos do século XIX, o encenador colocava-se como um *autocrata*, reivindicava um poder absoluto sobre todos os elementos do espetáculo.[152] Tal clima de conflito, ainda que latente, explica a desconfiança, e às vezes o desprezo, que tingem o discurso sobre o ator sustentado por certos teóricos. Craig, como veremos mais adiante, sonhava ao mesmo tempo com um teatro sem ator, e com um ator novo que não tivesse mais nada a ver com os histriões do seu tempo. Artaud proclamava em alto e bom som que o ator do seu teatro ficaria submetido às mais rigorosas limitações e que, mesmo reconhecendo-se que a sua função é essencial, nenhuma iniciativa deveria lhe ser deixada...

Com o recuo do tempo, porém, percebe-se que essa tomada do poder pelo encenador resultou extraordinariamente favorável ao florescimento e à renovação da arte do ator, mesmo se colocou em xeque, e acabou sem dúvida arruinando, o *status* do *astro* e da *vedete*. Se até o fim do século XIX era a personalidade singular e excepcional de um determinado intérprete que se impunha, conforme o caso, contra uma técnica essencialmente constituída de receitas que cada geração herda da anterior e transmite à que se segue,[153] o século XX permitiu ao ator descobrir verdadeiramente a riqueza e a variedade dos recursos e dos meios de que ele dispõe.

As grandes teorias da representação apoiaram-se quase sempre numa rejeição da interpretação tradicional. Elas formularam propostas, não raro muito precisas, que visavam a reformular a arte do ator; e, na maioria dos casos — às vezes com certo atraso — , aquilo que parecia extravagante ou irrealizável chegou a ser experimentado, posto em prática, e acabou contribuindo para uma transformação tanto técnica como estética, cuja extensão nem sempre está sendo devidamente avaliada. Todos os esforços de Stanislavski, por exemplo, visavam a essa necessária reformulação das técnicas do ator; e, na sua trilha, os ensinamentos de Lee Strasberg no Actors Studio renovaram e enrique-

152. É impossível dissimular que essa confortável metáfora não passa de um engodo: nas companhias tradicionais, o *poder* era exercido pelos mais influentes, aqueles que detinham a influência artística (vedete, autor etc.) ou econômico-política. A diferença entre essa situação e a que o encenador pretendia impor reside no fato de que no primeiro caso as motivações artísticas nem sempre prevaleciam; nem de longe, aliás...

153. Talma, Rachel, Julia Bartet, Sarah Bernhardt, Réjane etc. Todos eles foram, sobretudo no início de suas carreiras, criticados por ignorarem ou achincalharem as *regras da arte*...

ceram consideravelmente a arte do ator nos Estados Unidos. Do mesmo modo, a teoria do teatro épico exigia o surgimento de um ator novo, familiarizado com novas técnicas. Essas técnicas foram testadas e a seguir postas em prática pelo Berliner Ensemble. Depois, elas se espalharam pelo mundo. Numerosos encenadores, apoiando-se ou inspirando-se na teoria e na prática brechtianas, contribuíram para a sua difusão; ainda que ao preço de adaptações e transformações que o próprio Brecht recomendava, para que não se deixasse de levar em conta a diversidade das condições da representação *aqui e agora* (tradições culturais do público, circunstâncias históricas etc.). Foi assim que procederam Planchon e Bernard Sobel na França, Strehler e Gianfranco de Bosio na Itália etc. Mesmo Artaud, que não hesitava em proclamar o ódio e desprezo que sentia pelas práticas adulteradas dos atores de seu tempo, não julgava irrealizável o seu sonho de um ator novo, que seria ao mesmo tempo sacerdote supremo e vítima sacrifical de um rito em que o espetáculo se tornaria acontecimento, manifestação vital. Para isso, ele teria de ser dotado de uma técnica completamente renovada, cujas premissas Artaud se preocupa em esboçar.[154] Cabe lembrar, finalmente, que as experiencias empreendidas por Jerzy Grotowski em Wroclaw, no decorrer da década de 1960, visavam, nada mais nada menos, do que à invenção de um ator duplamente novo: novo em relação a si mesmo, novo quanto à definição habitualmente aceita do ator como intérprete de um personagem de ficção.

Se o teatro do século XX conseguiu descobrir e explorar possibilidades antes insuspeitadas, tanto no corpo como na voz do ator, ele vem sendo também o primeiro a assumir o seu passado, a *reativar* em toda a medida do possível certos virtuosismos — e portanto certas técnicas — , muitas vezes de uma elaboração extraordinariamente sofisticada, que haviam caído em desuso, quando não em esquecimento. Já Craig, na sua revista *The Mask* e mais tarde na Arena Goldoni, se havia empenhado em realizar pesquisas nesse sentido. Vakhtangov na Rússia, Strehler na Itália, Ariane Mnouchkine na França souberam, cada um no seu respectivo tempo, ressuscitar as técnicas, algumas com

154. Ver, em *O teatro e seu duplo*, t.4, o capítulo intitulado "Um atletismo afetivo".

quatro séculos ou mais de idade, da *commedia dell'arte*. Não se trata apenas de um trabalho que diz respeito à formação do ator. Esses esforços permitiram pôr em cena admiráveis espetáculos que, longe de parecerem documentos de arqueologia teatral, se revelaram portadores de um estonteante modernismo. Esse foi o caso de *A princesa Turandot* de Gozzi, na montagem de Vakhtangov datada de 1922; de *Arlequim servidor de dois amos*, de Goldoni, encenado por Strehler em 1947, e que revelou o prodigioso Arlequim de Marcello Moretti; ou de *L'âge d'or*, criação coletiva realizada em 1975 pelo Théâtre du Soleil, e que já tivemos oportunidade de citar.

A arte do ator do século XX enriquece-se de outra maneira: à ampliação dos horizontes históricos corresponde uma abertura geográfica, da qual já se falou aqui. Hoje em dia os encenadores, os atores, as companhias circulam pelo mundo afora. O fenômeno acentuou-se, mas não é propriamente novo: em 1912, Craig foi a Moscou trabalhar com o elenco de Stanislavski na montagem de *Hamlet*; um pouco mais tarde, em 1993, Stanislavski realizou uma excursão aos Estados Unidos que ali deixou vestígios duradouros. É notória a importância que teve para Artaud a revelação do teatro de Bali, cujas apresentações ele viu por ocasião da Exposição Colonial realizada em Paris em 1931. Ao longo de uma *tournée* memorável, em 1955, a Ópera de Pequim ofuscou a Europa; e em 1962 Grotowski foi estudar *in loco* a arte e a técnica dos atores chineses.

Essa mistura das experiências, esses encontros de idéias e de práticas infinitamente diversificadas, tiveram sobre o próprio conceito de ator uma influência que não pode ser subestimada, ainda que seja difícil avaliá-la com precisão.[155]

Acrescenta-se a isso uma contribuição que pode ser atribuída ao encenador, e que não foi certamente desprezível no que diz respeito ao aperfeiçoamento da arte do ator. É ao diretor, com efeito, que o teatro

155. É conhecido, por exemplo, o fascínio que a comédia musical norte-americana (que não passa, afinal de contas, de uma variante moderna da opereta européia) exerce sobre certos atores franceses. Ocorre que esse gênero, abstraindo do seu charme um tanto fácil, exige dos intérpretes um tríplice virtuosismo de ator, de dançarino e de cantor, que parece quase rotineiro nos Estados Unidos, enquanto o ator francês é dele desprovido, por falta de uma formação adequada.

deve uma importante tomada de consciência: a que aponta para a necessidade absoluta de um *elenco permanente* e, em se tratando do ator individualmente, do seu entrosamento nesse elenco.

Mais uma vez, um fenômeno que pode parecer *natural* é, na realidade, o resultado de uma evolução histórica de primordial importância. Admite-se hoje como normal que um diretor trabalhe com o seu elenco, ou seja, com uma equipe estável integrada, naturalmente, por atores, mas também — embora se tenda, com facilidade, a esquecê-lo — pelo conjunto dos colaboradores técnicos. Esse elenco, de tanto trabalhar com o *seu* encenador, adquire uma homogeneidade e uma precisão, ou seja, alcança um grau de perfeição de que os elencos constituídos para determinada produção nunca são capazes. Mesmo quando ele se renova e se abre para acolher elementos de fora, já se tornou, graças ao seu caráter permanente, um verdadeiro instrumento de trabalho, que tem em comum com o diretor toda uma estética, uma técnica, uma linguagem etc. Craig invejava Stanislavski justamente porque este tinha a vantagem de dispor de um elenco que ele se empenhava incessantemente em formar e treinar. Louis Jouvet nunca deixou de ter o seu elenco, e Jean-Louis Barrault, tão logo deixou a Comédie-Française, fez questão de criar a sua própria companhia, em 1946. Vilar só aceitou a direção do TNP em 1951 porque tinha a garantia de dispor de um grupo estável. O Théâtre du Soleil define-se como uma coletividade da qual Ariane Mnouchkine é apenas um dos elementos; e assim por diante. Mesma coisa nos outros países, do Berliner Ensemble ao Piccolo Teatro de Milão. Somente o teatro de *boulevard* perpetuou, por evidentes razões econômicas, essa prática hoje unanimemente rejeitada que é a constituição de um elenco heterogêneo reunido para a produção de determinado espetáculo e dissolvido logo a seguir.

As críticas, muitas vezes azedas, formuladas no início do século XX pelos maiores nomes da direção teatral assemelham-se umas às outras e traçam um panorama bastante sombrio da decadência na qual a arte do ator parece ter caído desde o fim do século passado. Espírito de rotina, amadorismo, irresponsabilidade, falta absoluta de senso artístico... eis algumas das reclamações que reencontramos com freqüência em depoimentos de Stanislavski ou de Craig, de Artaud ou de Brecht! Sem dúvida, é o caso de dar um certo desconto ao *parti-pris* polêmico. A época em questão foi, entre outras coisas, a dos *monstros sagrados*, de Sarah Bernhardt e de Julia Bartet, de Mounet-Sully e de Réjane — a quem Antoine tanto admirava — na França; da própria mãe e do padrasto de Craig, respectivamente Ellen Terry e Henry Irving, a quem o inventor da *supermarionete* nunca deixou de render homenagem; de Eleonora Duse, na Itália, para quem esse mesmo Craig e Appia aceitaram montar *Rosmersholm* em 1906 etc.

O mais surpreendente talvez seja que críticas tão radicais tenham sido externadas por teóricos que foram, ao mesmo tempo, grandes atores: Stanislavski nunca deixou de mostrar desempenhos memoráveis, ao longo de toda a sua carreira; quando jovem, Craig firmou-se como um dos intérpretes shakespearianos mais inspirados da sua geração, e o teatro sem dúvida sofreu uma importante perda quando ele resolveu deixar de representar. Quanto a Artaud, teve poucas oportunidades de demonstrar o seu gênio de ator, que a sua famosa conferência no Vieux-Colombier em 1947 revelou num estado de paroxismo agudo que impressionou fortemente a platéia (conforme depoimentos de Gide e Audiberti, notadamente). Finalmente, se Brecht nunca pretendeu seriamente apresentar-se como ator, existem testemunhos suficientemente numerosos para presumir que não lhe faltariam aptidões para fazê-lo.

A própria expressão *monstro sagrado* insinua sem dúvida claramente de que tipo de intérpretes se podia (no melhor dos casos) tratar então, e por que os inovadores da encenação dificilmente podiam conformar-se com isso, exceto quando tais intérpretes aceitavam dobrar o seu gênio diante da determinação criativa de um encenador, como foi o caso de Stanislavski e de Eleonora Duse em relação a Craig, e mais tarde de Gérard Philipe em relação a Vilar.

Em primeiro lugar, o *monstro sagrado* aparece — sobretudo no palco — como um ser completamente excepcional. Monstruoso tanto no sentido do habitual — intérprete que desafia todas as normas, transgride todas as regras — como no sentido etimológico de *prodígio* (*monstrum*). E fácil perceber que essa singularidade de *monstro sagrado* acaba orientando e norteando todo o espetáculo. Este não é mais elaborado tendo como referência uma obra, por mais prestigiosa que seja, mas como uma concha destinada a conter a singularidade em questão. No que diz respeito ao adjetivo, ele expressa o culto que um público subjugado podia celebrar em homenagem a esses *fenômenos*; mas também o sentimento da inspiração no sentido platônico do termo, que emanava das suas exibições. Estavam portanto reunidas todas as condições para que nos palcos do início do século reinasse um ator-mago, que se deixava invadir por não se sabe muito bem que sopro divino, e cuja interpretação se assemelhava bastante, ao que parece, à intervenção de um sumo sacerdote em transe. Não há dúvida de que esses atores imprimiam ao desempenho dos seus personagens uma força inteiramente excepcional: Théophile Gauthier, Jules Janin, Musset e outros falaram do caráter perturbador das apresentações de Rachel nos grandes papéis trágicos; Proust descreveu o encantamento que Sarah Bernhardt exercia sobre ele. Ocorria que esse tipo de intérprete transmitia a sensação de estar além de qualquer técnica (por mais que uma técnica vocal e gestual — às vezes, ao que parece, bastante simples — fosse posta em ação), num domínio de pura autenticidade, de uma mágica simbiose da personalidade do ator com o seu personagem.

Mas os inconvenientes de uma prática como essa eram consideráveis: uma tal concepção do trabalho do ator tornava-o inteiramente dependente da sua força física e nervosa. De uma sessão para outra, até mesmo de um ato para outro, o intérprete podia achar-se desarmado, incapaz de sustentar o seu personagem, por falta de fôlego, por falta de inspiração. Os contemporâneos de Rachel reparavam que muitas vezes tinha ela as maiores dificuldades em *segurar* o papel até o último ato, de tanto se dar desde o primeiro. E os admiradores de Sarah Bernhardt reconheciam que em determinadas apresentações ela podia estar execrável. Jouvet, com o seu espírito tão perspicaz, caracterizava perfeitamente, diante dos seus alunos do Conservatório, a técnica desses *monstros sagrados*: uma dicção vocalizante camuflada, que se tornava evidente desde que o intérprete não estivesse no melhor da sua forma:

> Nos dias em que [Mounet-Sully] não estava perfeitamente bem, via-se muito bem como ele procedia (...). Via-se muito bem o mecanismo, pois tratava-se de um mecanismo bastante simples. Ele construía constantemente o papel [Orestes, em *Andrômaca*] a partir de uma defasagem entre uma exaltação vocal e um profundo abatimento. Através desse efeito vocal ele dava um tom claro, um tom de homem insano, alienado; e bruscamente, no momento em que esse tom havia sido alcançado, ele já estava nos

> baixos profundos. Isso transmitia vocalmente um lado louco. Havia aquele lado de grande tenor, e bruscamente ele assumia a voz de baixo.[156]

O que colocava o *monstro sagrado* na contracorrente da evolução do teatro, sem entrar em questões de pessoas e de personalidades,[157] era sobretudo o fato de que ele era por natureza completamente rebelde à idéia de submeter-se à disciplina predeterminada da encenação, no sentido moderno do termo. Explicar essa recusa pelo amor-próprio, pela vaidade, pelo orgulho de ser aquele ídolo cuja imagem lhe era complacentemente refletida pelo espelho do público e da imprensa, não passa de um psicologismo de pequeno alcance. Num plano mais profundo existia o sentimento de que a encenação lhe imporia uma mutilação, uma verdadeira alienação artística. Pois, como é fácil conceber, a arte do *monstro sagrado* exigia que ele fosse o seu próprio *diretor*, de modo que nada viesse limitar ou perturbar uma metamorfose na qual ele se engajava por inteiro. Uma arte baseada no narcisismo, no exibicionismo? Sem dúvida. Mas parece preferível, no caso, abster-se de emitir um julgamento até certo ponto marcado pelo puritanismo, e reconhecer que o narcisismo e o exibicionismo podiam, afinal de contas, constituir-se em trampolins de um tipo de representação manifestamente não desprovido de grandeza nem de beleza.

Não se pode ter certeza, por outro lado, de que as críticas dirigidas por Craig, Stanislavski etc. aos atores de seu tempo tenham tido por alvo esses intérpretes fora do comum. O que eles conseguiam realizar impunha, em última instância, que se aceitassem as suas exigências, por mais incômodas que fossem. Craig nunca deixou de prestar homenagens a Henry Irving, "o maior ator da Europa".[158] É evidente que a arte de Irving, toda ela feita de cálculo, de reflexão, minuciosamente elaborada para compensar a sua ausência de físico e de voz, não permite equipará-lo aos *monstros sagrados* dotados de dons proféticos...

---

156. Em *Tragédie classique et théâtre du XIXe siècle*, p.72.

157. Seria um grave equívoco ver nessa geração de intérpretes apenas espíritos medíocres e indiferentes a qualquer transformação da arte teatral. Existe um sem-número de exemplos para provar o contrário, de Ellen Terry a Eleonora Duse.

158. Em *Index to the story of my days*. Londres, Hulton Press, 1957, p.103.

Craig, na verdade, incriminava menos o *monstro sagrado*, mestre daquilo que fazia nos seus excessos, do que uma certa categoria de atores para quem a emoção descontrolada e as fórmulas feitas apenas de técnicas substituíam a arte. Aos olhos de Craig, essa ausência de controle, de um trabalho fruto da meditação, não é uma fonte de realização artística, mas de acidentes. O ator que se entrega aos seus impulsos não pode ser mais considerado como um instrumento *confiável* do espetáculo, uma vez que este deve visar a uma rigorosa perfeição formal e a uma total coerência. "A Arte", escreve Craig, "é a antítese do Caos, que não passa de uma avalanche de acidentes." Ora, nesse abandono do intérprete, "o pensamento do ator é dominado pela sua emoção, que consegue destruir aquilo que o pensamento queria criar; e, com o triunfo da emoção, um acidente sucede-se a outro acidente. E acabamos chegando ao ponto em que a emoção, na origem criadora de todas as coisas, torna-se finalmente destrutiva. Ora, a Arte não admite acidentes. Tanto assim que aquilo que o ator nos apresenta não é absolutamente uma obra de arte, mas uma série de confissões involuntárias."[159]

A outra crítica formulada por Craig tem por alvo, num plano talvez mais fundamental, a própria arte do ator de seu tempo, o caráter mimético da interpretação. Não só a representação *à base de emoção* não consegue nunca atingir a forma pura que define a obra de arte, mas visa também a uma confusão entre o intérprete e o personagem que não passa de um engodo. O desejo de identificação afetiva desemboca na incoerência (os *acidentes*) ou nos estereótipos esperados pelo público:

> Hoje em dia, o ator que personifica um personagem parece avisar o público: "Olhem para mim! Vou ser fulano, vou fazer tais e tais coisas." E a seguir ele se põe a imitar o mais exatamente possível aquilo que ele anunciara que iria indicar. Suponhamos que ele seja Romeu. Ele explica à platéia que está enamorado, e o mostra... beijando Julieta.[160]

Curiosamente, a critica stanislavskiana, que resulta numa teoria e numa prática do ator muito diferentes das conclusões de Craig, desenvolve

159. Em *De l'art du théâtre*, capítulo intitulado "L'acteur et la surmarionette", p.56-57.
160. *Op. cit.*, p.60.

inicialmente temas idênticos. Stanislavski não se cansa de denunciar a inautenticidade, a representação estereotipada, o automatismo rotineiro, a *habilidade exterior*, e todos aqueles defeitos que ele reúne sob a denominação globalmente pejorativa de *teatralidade*. Dirigindo-se aos atores que iriam representar, sob a sua direção, *O pássaro azul*, de Maeterlinck, ele declarava:

> O teatral, eis o grande inimigo do teatro; e eu vos convido a combatê-lo pelos meios mais radicais. Através da sua banalidade, o teatro destrói a harmonia. Ele deixou de atuar sobre o público. Abaixo o teatro! Viva a harmonia![161]

Existe, porém, uma diferença fundamental debaixo dessas aparentes convergências. Se Craig rejeita a emoção como um instrumento incompatível com qualquer projeto de criação artística, Stanislavski, pelo contrário, distingue entre, por um lado, a simulação e a emoção autêntica e, por outro, a emoção controlada e a reação descontrolada. O bom ator, segundo Stanislavski, não deve praticar em absoluto uma representação *à base de emoção*. O que ele deve é utilizar a sua experiência mais íntima para encontrar dentro de si mesmo uma emoção verdadeira. Ao mesmo tempo, ele deve dispor de um tal domínio técnico que possa controlar as manifestações dessa emoção: modular e orientar sua utilização para fins interpretativos. Esse domínio pode ser adquirido através de um treinamento apropriado — o que viria a ser chamado, contrariando o próprio Stanislavski, o *sistema* — baseado num trabalho simultâneo sobre o corpo, a respiração, a voz... e numa articulação permanente entre a introspecção — a verdadeira emoção não podendo nascer senão de uma experiência revivida numa espécie de anamnésia — e a interpretação. Esse trabalho deve também travar uma luta permanente contra as facilidades e os condicionamentos que decorrem de toda prática teatral mais ou menos submissa às pressões da tradição, dos hábitos do público, da rotina que vive à custa de uma encenação forçada a repetir-se noite após noite etc.

> É estranho constatar que, quando subimos num palco, perdemos o nosso dom natural. Em vez de agirmos como criadores, dedicamo-nos a preten-

---

161. Citado por Nina Gourfinkel, em *Constantin Stanislavski*, p.190.

> siosas contorções. O que será que nos leva a isso? É que estamos colocados em condições tais que precisamos criar na presença do público. A simulação forçada e convencional é estimulada pela apresentação cênica, pelo fato de que nos são impostas ações e palavras prescritas por um autor, pelo cenário criado por um pintor, pela encenação concebida por um diretor, pelo nosso próprio embaraço, nosso nervosismo, pelo gosto medíocre e as falsas tradições que paralisam a nossa natureza.
>
> Tudo isso conduz o ator ao exibicionismo, a uma interpretação pouco sincera. O enfoque que escolhemos — a arte de viver um papel — é uma violenta rebelião contra os outros princípios tradicionais da interpretação.[162]

No que se refere a Artaud, a sua denúncia do ator ocidental é coerente com a sua recusa de qualquer teatro governado pela psicologia e, de modo mais geral, pelo texto literário. Quando descreve o ator de Bali, ele exprime, pelo contraste, a sua aversão ao realismo ocidental. Escreve que "os balineses devolvem à convenção teatral o seu valor superior". E saúda "esses movimentos mecânicos dos olhos, esses muxoxos dos lábios, essa dosagem das crispações musculares, de efeitos metodicamente calculados, e que eliminam qualquer recurso à improvisação espontânea".[163]

Tanto quanto Craig — e sob esse aspecto o parentesco entre eles é perturbador — Artaud sonha com um ator que consiga libertar-se dos imponderáveis circunstanciais e renunciar à sua "liberdade de intérprete", alcançando uma disciplina vocal e um domínio corporal tão totais que se torne capaz de emitir, no momento oportuno, exatamente o "signo" que é solicitado a produzir. Uma *supermarionete*, em suma, um ator-dançarino comparável àqueles sacerdotes do teatro balinês onde "tudo (...) é calculado com uma adorável e matemática minúcia", onde "nada (...) é deixado ao acaso ou à iniciativa pessoal. Trata-se de uma espécie de dança superior onde os dançarinos seriam antes de mais nada atores".[164]

O que Artaud denuncia na prática ocidental é um duplo condicionamento, uma dupla alienação: submissão ao significado ou à ressonância psicológica das palavras, submissão ao estereótipo miméti-

---

162. Em *A construção da personagem.*

163. Em *O teatro e seu duplo*, t.4, capítulo "A respeito do Teatro de Bali".

164. *Op. cit.*

co. Ou seja, as potencialidades expressivas do corpo e do gesto são deixadas estéreis pelo teatro ocidental, e condenadas à atrofia. As pessoas acostumaram-se a fazer passar o essencial do sentido através da *declamação*, com alguns gestos e movimentos convencionais vindo apoiar ou ornamentar uma interpretação concentrada na comunicação vocal.

Mesmo nesse plano Artaud acusa o psicologismo de ser responsável pela decadência da representação ocidental. Se o ator representa com a voz, o faz unicamente no estreito registro designado pela denominação de *falado*. Ele esqueceu (ou fizeram com que ele esquecesse) que a sua voz é também uma energia sonora, e não apenas o veículo de um discurso. Já foi lembrado que Artaud recrimina o ator ocidental por ter perdido a faculdade do grito. Não é que ele tenha perdido toda potência vocal; mas o único grito que ele é capaz de emitir, após três séculos de tradição literária, perdeu a sua vibração emocional e não passa mais de uma simulação artificial e ineficaz do grito...

Finalmente, e na mesma época, Brecht toma também por alvo esse tipo de ator produzido pela corrente realista e pelo psicologismo sumário com que alimenta as suas interpretações. Já em 1922, por exemplo, ele saúda nos desempenhos de Karl Valentin[165] "a quase completa renúncia aos jogos fisionômicos e à psicologia de pacotilha".[166]

Se Brecht, de seu lado, também recusa a interpretação *à base de emoção*, não o faz certamente pelas mesmas razões que Craig ou Artaud. É que essa prática, seja ela sincera ou exibicionista, visa a atingir o universo afetivo do espectador, e acaba por aluciná-lo, ou seja, por cegá-lo. Brecht diz que "os atores fazem uso da sugestão. Entram e fazem o público entrar em transe. (...) No final, se a apresentação foi bem-sucedida, ninguém vê mais nada, não aprende nada; no melhor dos casos, cada um guardou lembranças; ou seja, cada um sente."[167]

Não é que a emoção deva ser banida da representação a que Brecht aspira. Mas ela é portadora de ideologia e, a esse título, resulta

---

165. Karl Valentin (1882-1948) era autor de farsas e esquetes de cabaré, que ele próprio interpretava. Brecht era grande admirador dos seus dons de escritor e de comediante.

166. Em *Écrits sur le théâtre*, I, capítulo "Critiques dramatiques d'Augsbourg", p.44.

167. *Op. cit.*, capítulo "La marche vers le théâtre contemporain, dialogue sur l'art dramatique", p.186.

mistificadora. O que justifica que ela deva ser submetida a um rigoroso controle:

> As emoções possuem sempre um fundamento de classe muito bem determinado; a forma sob a qual elas se manifestam é sempre histórica, quer dizer específica, limitada, ligada a uma época. As emoções não são, em absoluto, universais nem intemporais.[168]

A função ideológica da emoção teatral (da identificação do ator com o seu personagem e, por tabela, do espectador com esse personagem) provém do fato de que ela privilegia o ponto de vista do indivíduo e camufla desse modo o *processo*, a relação em mão dupla que interliga o indivíduo e a coletividade, o papel desempenhado pelo indivíduo dentro da coletividade. Assim sendo, a atuação *à base de emoção* não só não traz nenhum conhecimento sobre o mundo real mas, o que é mais grave, oculta qualquer possibilidade de adquirir esse conhecimento. Ou seja, de alcançar o progresso.

Brecht chega assim à seguinte conclusão: é preciso inventar um outro ator, portanto novas técnicas de interpretação, ao mesmo tempo que uma nova definição de suas *tarefas* no campo da interpretação. Inventar um ator que pelo seu desempenho incite o espectador a questionar-se. Questionar-se sobre o comportamento dos personagens; sobre as ações que estes empreendem ou se recusam a empreender; sobre as relações de força que subjazem às relações sociais etc. Um ator que saiba evitar a hipnose do espectador, lembrando-lhe — através dos processos do *distanciamento* — que o palco não é a imagem de um mundo subitamente tornado inofensivo, que o espetáculo não imita a realidade, mas permite enxergá-la.

A crítica da representação acadêmica repousa, como vemos, sobre premissas extremamente diversificadas, que têm a ver com a diferença entre as concepções da arte teatral que cada um desses discursos veicula. Craig e Brecht desconfiam da emoção e tendem a fazer do ator um técnico da representação; o primeiro, no empenho de chegar a uma perfeição formal absoluta; o outro, para criar um realismo que não seja mais descritivo e imitativo, mas explicativo e interrogativo. Quanto a

---

168. *Op. cit.*, capítulo "Sur une dramaturgie non aristotélicienne", p.239.

Stanislavski e Artaud, o que mais os incomoda é a inautenticidade e o convencionalismo da interpretação acadêmica. Pois eles estão em busca de uma emoção perdida. Porque para o primeiro o teatro tornou-se uma mentira, quando só a verdade é realmente comovente. Porque para o segundo o teatro tornou-se um cemitério, quando só as manifestações vitais podem ser realmente perturbadoras.

Algumas observações, antes de irmos mais adiante. Em primeiro lugar, nem todas as teorias da arte do ator a serem aqui abordadas encontraram, sequer de longe, a sua tradução em termos de prática. Sob esse aspecto, um Stanislavski e um Brecht ocupam um lugar à parte na história da representação. Ocorre que cada um deles dispôs, de modo duradouro, dos meios necessários para submeter suas concepções à prova da realização; em outras palavras, para confrontá-las com a realidade humana constituída pelos atores, pelo espetáculo e pelo público, aprofundá-las a partir desse confronto, ou até transformá-las ao longo da continuidade de uma prática. Esse lugar é substancialmente diferente do de Craig ou de Artaud, que não tiveram as mesmas possibilidades e não puderam trabalhar dentro da realidade do teatro senão a título eventual e insatisfatório.

Outra observação: a arte do ator não evoluiu nem se transformou, na prática ocidental do teatro, de modo tão rápido e nítido como, por exemplo, a cenografia. A razão disso está sem dúvida ligada ao fato de que o *material humano* não é tão maleável como a aparelhagem técnica do espetáculo. Em todo o caso, seria difícil sustentar que esse *ator novo*, que uns e outros desejavam ver surgir, tenha efetivamente aparecido, ou pelo menos se tenha imposto, em confronto com o *ator antigo*; exceto, talvez, no que diz respeito a Brecht. A verdade é que aos poucos as idéias novas foram se infiltrando, irrigando e enriquecendo de maneira patente práticas que, entretanto, permanecem relativamente tradicionais.

Deixemos de lado Craig, cuja *supermarionete* nunca saiu do papel, e até mesmo Artaud, cujo ator, celebrante e paroxístico, não chegou a entrar em cena para valer, apesar de tentativas às vezes convincentes. Mas mesmo o ensino de Stanislavski, embora há muito sistematizado e assumido por outros pedagogos de teatro, não chegou propriamente a dar à luz, pelo menos na França, uma prática de ator fundamentalmente original, nem uma interpretação essencialmente diferente daquela que havia sido formada pelo ensino tradicional.

E pode-se dizer que existem hoje em dia na França atores brechtianos? No máximo registra-se que certos atores conseguem adaptar sua técnica de representação às exigências ocasionais do teatro épico. A condição socioprofissional do ator lhe proíbe, na verdade, uma especialização por demais estreita, levando em conta que para ganhar a vida ele precisa permanecer eclético e saber integrar-se em formas de representação (*boulevard*, televisão, cinema etc.) mais ou menos tradicionais. Por outro lado, a perenidade de um certo teatro de texto e de análise psicológica, de Pirandello a Harold Pinter, de Tennessee Williams a Marguerite Duras etc., contribui evidentemente de modo marcante para a perpetuação de um tipo de representação baseada na sutileza da expressão e na mitologia da encarnação do personagem. Sem dúvida, essa representação conseguiu de uma forma geral, graças justamente às críticas e às pesquisas antes mencionadas, libertar-se da afetação e dos estereótipos herdados do século XIX (e a importância assumida pelo cinema e pela televisão na evolução do gosto do público acelerou certamente essa metamorfose), cultivar a exatidão do gesto, a justeza da inflexão, o requinte das nuanças. No essencial, porém, ela permanece condicionada por aquela tradição ocidental, e mais especificamente francesa, de valorização de um texto e de individualização de um personagem. Cabe reconhecer, aliás, que os favores do público nunca deixaram de distinguir atores desse tipo, quer se trate de Ludmilla Pitoëff ou de Madeleine Renaud, de Raimu ou de Michel Bouquet.[169]

Afinal de contas é a Vilar, talvez, que se deva, na França, o aparecimento de um novo ator, no decorrer da década de 1950. Sob certos aspectos, o fato é paradoxal, quando lembramos que Vilar foi aluno de Dullin, que Copeau foi uma de suas referências fundamentais, e que ele se colocava, como já vimos, na trilha de uma tradição que valorizava, acima de tudo, o teatro de texto.

169. O mesmo fenômeno se dá também em outros países; e o cinema contribuiu para popularizar nomes de atores originalmente dedicados ao teatro: Laurence Olivier e Vivien Leigh, Alec Guinness e John Gielgud, Vittorio Gassman etc.

Independentemente de todos esses antecedentes, desde muito cedo, ou seja, desde as primeiras temporadas do TNP no Théâtre de Chaillot, mas também em Avignon, o público teve a sensação de que a novidade dos espetáculos que lhe eram propostos se devia, em parte, ao ator. Um ator que havia abandonado o desempenho realista e psicológico, cuja inadaptação ao repertório escolhido por Vilar, bem como ao espaço cênico, era manifesta. Um ator que ao mesmo tempo conseguia evitar a ênfase da declamação que caracterizava, naquela época, a interpretação do grande repertório clássico na Commédie-Française.[170]

Na base dessa transformação encontra-se uma combinação entre as idéias de Vilar acerca do que deve ser o lugar e a função do ator no espetáculo e um conjunto de condicionamentos impostos pelo espaço do Chaillot ou de Avignon.

Em primeiro lugar, Vilar assume um certo número de princípios e de orientações responsáveis pelo sucesso dos espetáculos do *Cartel* entre as duas guerras mundiais; notadamente a regra que determina que a encenação deve estar a serviço de um texto, e deve banir qualquer decorativismo, qualquer gratuidade. Ela se concentrará portanto no binômio ator-texto. De acordo com as recomendações de Appia, o espaço será inteiramente despojado e organizado de tal modo que o encontro do ator com o seu papel seja o cerne expressivo do espetáculo. Villar proclama que todo grande texto comporta uma capacidade de choque que ficou embotada pela repetição e pela rotina. Cabe ao ator reencontrá-la, e fazer com que ela seja reencontrada. O papel do encenador consistirá em guiar o ator, em conduzi-lo a redescobrir e retraduzir esse frescor primitivo do texto. "Em resumo, eliminar todos os meios de expressão que sejam exteriores às leis puras e espartanas do palco, e reduzir o espetáculo à expressão do corpo e da alma do ator", afirmava Vilar já em 1945.[171]

---

170. O fato de que a declamação seja considerada como uma ênfase indica simplesmente que ela esvaziou-se de qualquer autenticidade e transformou-se num truque rotineiro. Quando sustentada pela convicção e por uma adesão profunda do ator, não tanto ao seu personagem, mas à forma, à música do seu texto, ela proporciona desempenhos de uma inegável força de impacto. Os últimos declamadores franceses foram sem dúvida Alain Cuny, Marie Bell e Maria Casarès.

171. Em *De la tradition théâtrale*, p.36

Contrariamente a muitos de seus predecessores, Vilar desconfia do virtuosismo técnico do ator. Ele é, na sua opinião, um fator de dependência e de automatização da interpretação, que se submete a pressões diferentes das que emanam do texto. Tanto quanto Stanislavski, Vilar desconfia da *teatralidade*. Por essa razão, prefere uma abordagem mais empírica do papel, adaptada à personalidade de cada ator: "Não existe uma técnica da interpretação; existem práticas, existem *técnicas*. Tudo é experiência pessoal. Tudo é empirismo pessoal."[172]

Na França dos anos 1950, tais idéias não tinham nada de revolucionárias e, frisemos mais uma vez, deviam muito às lições dos animadores do *Cartel*. Mas a conjuntura obrigou Vilar a submetê-las ao teste de uma arquitetura que não estava adaptada a elas, quer se tratasse do pátio do Palácio dos Papas ou da imensa nave do Teatro de Chaillot Portanto, os atores de Vilar tiveram de ajustar uma prática tradicional a condições materiais nada tradicionais. As distâncias habituais aumentaram muito de repente, tanto no que diz respeito às dimensões do tablado como ao afastamento do público. Os problemas de acústica ocasionados por um espaço ao ar livre (Avignon) ou pela sala inadequada de Chaillot eram igualmente consideráveis.

Esses obstáculos, que Vilar não procurou camuflar (as efêmeras tentativas de sonorização de Chaillot nunca levaram a resultados conclusivos) deram origem às bases de uma interpretação original. O ator ficava mais ou menos sozinho em cena, separado dos seus parceiros por uma distância pouco habitual. Para o espectador, ele era essencialmente uma silhueta que agarrava e mantinha preso o seu olhar, graças às roupas esplendorosas de Gischia (ou de um outro pintor figurinista). Em outras palavras, o ator tinha de assumir este paradoxo: ele era visto mas, ao mesmo tempo, e com exceção das primeiras filas, não se distinguiam mais os detalhes do seu rosto. Tudo isso lhe proibia a tradicional representação psicológica construída em função da visibilidade e da expressividade da mímica, e da relação de intimidade possibilitada pelas pequenas salas do teatro à italiana.[173] Cabê acrescentar que o repertório

172. *Op. cit.*, p.33.

173. As primeiras realizações de Vilar como encenador tiveram por palco a minúscula sala do Théâtre de Poche, onde ele montou, notadamente, *A dança da morte*, de Strindberg, em 1941, e *Assassinato na catedral*, de Eliot, em 1945.

escolhido por Vilar em função desses condicionamentos, bem como do seu ideal de um teatro comunitário, o levava também a abrir mão dessa prática.

Em resumo, o *estilo TNP*, no que diz respeito ao ator, é antes de mais nada uma arte de *estilização*. Estilização psicológica do personagem reduzido aos seus traços essenciais. Estilização vocal que evita ao mesmo tempo a dicção realista e a declaração pomposa — e Vilar escolhe atores cuja personalidade tende para essa invenção de uma *declamação justa* no duplo plano da expressividade e da musicalidade: Gérard Philipe, Alain Cuny, Maria Casarès etc.[174] Estilização gestual também, pois Vilar julga que um único gesto cuidadosamente amadurecido tem mais força expressiva do que a gesticulação falsamente *natural* usada nos palcos tradicionais. É fácil conceber a importância que assume, nesse contexto, o figurino. Ele se torna um verdadeiro suporte da interpretação, uma vez que propicia e amplifica — ou seja, torna perceptível — a expressividade do corpo e do gesto. Gischia explica: "Toda a psicologia dos personagens exprime-se pelo figurino e, vice-versa, o figurino está contido nos personagens."[175]

Como ator, Vilar acrescentava às características acima definidas uma arte da composição que havia aprendido com o seu mestre Dullin. Fato particularmente notável, considerando-se que o *estilo TNP* estava longe de favorecer, no fundo, a singularização dos personagens, e convinha mais àquele tipo de ator que possui a capacidade de adaptar todos os personagens que desempenha à sua própria personalidade, como era o caso, por exemplo, de Maria Casarès e de Alain Cuny. Vilar, entretanto, sem deixar de adotar a representação estilizada de que já falamos, conseguia diluir sua personalidade em personagens tão antinômicos como Harpagon e Dom Juan de Molière, Augusto de *Cinna*, de Corneille, Platonov de Tchecov, Ricardo II de Shakespeare e Arturo Ui de Brecht.

Hoje, a novidade desse estilo parece menos evidente. É que ele se espalhou por um tão grande número de empreendimentos do setor

---

174. Às vezes o ator falhava em achar essa justa medida, e o equilíbrio que ela pressupunha, e passava a privilegiar a expressividade em detrimento da música (Maria Casarès em *Fedra*), ou a sacrificar aquela em benefício desta (Vilar em *Macbeth* ou em *Sonho de uma noite de verão*).

175. Hélène Parmelin, *Cinq peintres et le théâtre*, p.89.

público — centros dramáticos e companhias estáveis — que acabou aparecendo, por sua vez, como uma espécie de convenção consagrada. Nem por isso é possível minimizar a importância da atuação de Vilar, no que diz respeito ao surgimento de um ator *moderno*. Se ele não propõe uma prática radicalmente nova, representa, histórica e esteticamente, o elo intermediário entre a contribuição do *Cartel* e a de uma nova geração (Planchon, Chéreau, Jean-Pierre Vincent, Ariane Mnouchkine) que retomaria os ensinamentos de Artaud e, mais ainda, os de Brecht.

Voltemos, porém, ao início do século. A *supermarionete* de Craig nunca existiu, e é o caso de indagar se mesmo o seu *inventor* chegou a acreditar que um ser humano fosse capaz de alcançar esse grau supremo de virtuosismo e de domínio técnico que o tornaria suscetível de ser manipulado tão cabalmente quanto o mais perfeito dos instrumentos; e que esse ator instrumental pudesse simultaneamente tornar-se o *criador* de uma nova representação... Mas talvez não se tratasse, afinal, senão de um mito pedagógico proposto à meditação dos interessados...

A supermarionete, segundo Craig, "não rivalizará com a vida, mas irá além; ela não encarnará o corpo de carne e osso, mas o corpo em estado de êxtase, e enquanto estiver nascendo dela um espírito vivo, ela se revestirá de uma beleza mortal".[176] É que se trata de *despersonalizar* o ator, arrancando-o das delícias exibicionistas da representação imitativa (convencional ou naturalista) da vida. Trata-se, ainda, de abrir caminho a uma intervenção criativa do novo ator:

> Hoje em dia, o ator empenha-se em personificar um personagem e em interpretá-lo; amanhã, ele tentará representá-lo e interpretá-lo; um dia, ele mesmo o criará. E assim renascerá um estilo.[177]

É assim que se explica o permanente interesse de Craig por certas tradições perdidas ou mal conhecidas: teatro da Antigüidade, *commedia dell'arte*, teatros do Extremo Oriente. Por um lado, elas haviam dado à luz verdadeiras *criações* de atores (Pantaleão e Arlequim, por exemplo, nada devem, na origem, ao gênio criador de escritores). Por outro, elas têm todas em comum o recurso à interpretação com máscaras, ou com

---

176. Em *De l'art du théâtre*, capítulo "L'acteur et la surmarionette", p.89.
177. *Op. cit.*, *ibid.*, p.60.

maquiagem, o que tem por efeito um deslocamento do núcleo central de interpretação, já que o personagem não pode mais ser individualizado através do jogo fisionômico. A mobilidade e a expressividade do rosto estão, com efeito, na base do mimetismo psicologizante.

O fato de Craig nunca ter realmente podido concretizar a supermarionete não significa que o seu pensamento relativo ao trabalho do ator tenha permanecido letra morta. E, em última análise, as imprecisões e o caráter utópico dessa teoria permitiram aos mais diversos homens de teatro assumir a sua influência ou inspirar-se nela.

Meyerhold, na Rússia, trabalhou no sentido de promover uma prática de ator não mais baseada na identificação e na anamnésia stanislavskianas, e sim no domínio de um completo virtuosismo corporal e vocal. Craig e, mais tarde, Artaud sonhavam com um ator-dançarino. Meyerhold, Annenkov e alguns outros tomam o circo como referência e querem um ator-ginasta! Diz Annenkov: "No domínio do ator de circo, os revolucionários do teatro perceberão o germe de uma nova forma teatral, de novo estilo."[178]

Foi também freqüentemente notada a semelhança que aproxima a supermarionete do ator artaudiano, quando mais não seja pela ritualização do desempenho. Afinal de contas, não interessa muito saber se Artaud conhecia as teorias de Craig (que ele nunca cita explicitamente), ou se seu próprio pensamento teria logicamente de conduzi-lo a propostas análogas a respeito da função e da arte do ator. O essencial está nas próprias propostas.

Como se sabe, a renovação do teatro, para Artaud, passa por uma prioridade: reencontrar um meio de explorar as potencialidades energéticas que o ator ocidental deixara inexploradas. Mas se só se tratasse de uma simples descarga de pulsão, o espetáculo iria transformar-se naquilo que mais tarde viria a ser chamado psicodrama. Ora, toda a teoria artaudiana do teatro recusa tal desfecho. O teatro, segundo Artaud, não poderia ser nem o lugar nem o instrumento de uma manifestação individual. É, pelo contrário, o ator que deve colocar os

---

178. Citado por Denis Bablet, em *Edward Gordon Craig*, p.141. Talvez não seja inútil observar que na mesma época aparecem os grandes cômicos do cinema cuja arte deve tanto ao circo: Chaplin, Harold Lloyd, Buster Keaton, os Irmãos Marx etc.

seus recursos a serviço do espetáculo concebido, conforme já mostramos, como uma totalidade orgânica saída da exclusiva vontade criadora do encenador. Em outras palavras, o ator deve ser, e deve ser tão-somente, o veículo de uma nova linguagem, cuja especificidade permitirá libertar a arte do espetáculo da tutela do texto e da significação discursiva. Artaud o expressa admiravelmente no *Primeiro manifesto do Teatro da Crueldade*: essa nova linguagem "transforma as palavras em encantamentos".

> Ele solta a voz. Utiliza as vibrações e as qualidades da voz. Atropela desvairadamente os ritmos. Tritura os sons. Visa a exaltar, a entorpecer, a encantar, a suspender a sensibilidade. Resgata o sentido de um novo lirismo do gesto que, pela sua precipitação ou sua amplitude no ar, acaba por ultrapassar o lirismo das palavras. Rompe, afinal, a sujeição intelectual à linguagem, definindo o sentido de uma intelectualidade nova e mais profunda, que se esconde debaixo dos gestos e debaixo dos signos elevados à dignidade de exorcismos particulares.[179]

Como Craig, Artaud baseia a sua teoria do ator no princípio da *despersonalização*. Não só o personagem, no sentido tradicional da palavra, é expulso desse teatro, mas também a personalidade do ator é ocultada pelo tipo de intervenção (não se ousa mais falar em *desempenho*) que ele exige. Em última instância, o ator artaudiano não é mais um indivíduo de carne e emoções, mas suporte e veículo de um complexo sistema semiótico articulado em torno de uma convenção *hieroglífica* — a expressão é freqüentemente repetida nos escritos de Artaud — do figurino, do gesto, da voz etc.

E, também nesse sentido à semelhança de Craig, Artaud preconiza a integração na linguagem teatral de todos os *signos* que o ator é suscetível de produzir. Essa linguagem é uma verdadeira polifonia, dentro da qual, através de um sistema de ecos, correspondências e dissonâncias, as manifestações do ator deveriam ser interligadas com os outros elementos que compõem a linguagem em questão: música, luz etc.

A diferença, aliás essencial, entre o ator artaudiano e a supermarionete não reside na prática, bastante análoga, na medida em que é

179. Em *O teatro e seu duplo*.

possível julgá-la; e sim no projeto que fundamenta essa prática. Enquanto Craig aspira a uma espécie de absoluto formal, a criação de um objeto — o espetáculo — tão perfeito que possa pretender a título de obra de arte, Artaud quer instituir um teatro-acontecimento que perturbe e transforme o espectador. Contrariamente ao que se tende a imaginar algumas vezes, e com certa dose de ingenuidade, o ator artaudiano, mesmo se deve alcançar uma espécie de paroxismo, não precisa entrar em transe. Um estado de transe, com efeito, pressupõe uma perda de consciência e de autocontrole que não deixaria de precipitar o conjunto do espetáculo na anarquia. Em compensação, ele deve ser capaz de suscitar o transe do espectador: "Saber antecipadamente os pontos do corpo que é preciso tocar equivale a jogar o espectador no transe mágico", lemos em *O teatro de Serafim.*[180]

Os escritos de Artaud não definem uma práxis, uma escola de ator. É que a escrita é incapaz de explicar um projeto que a nega. "O que eu quero fazer é mais fácil de fazer do que de dizer",[181] confessa Artaud.[182] Nem por isso deixa de ser verdade que ele é mais exato do que se costuma julgar. Ele se concentra num certo número de problemas que decorrem dessa libertação da representação em relação ao texto (enquanto veículo de um sentido discursivo) da qual faz a condição primeira da renovação do teatro. Por exemplo, no capítulo do trabalho da voz ele examina a questão da onomatopéia, a do grito, a da encantação. E, em *Um atletismo afetivo,* ele se empenha em criar as bases de um aprendizado que permita ao ator dominar, condensar e exteriorizar a energia difusa dos seus estados afetivos elementares.

Com a (re)descoberta de *O teatro e seu duplo* nos anos 1960, o ator artaudiano tornou-se uma espécie de mito, ao mesmo tempo obsessivo e inacessível. Foram sem dúvida os grupos norte-americanos de vanguarda que conseguiram concretizar as aproximações mais convincentes dessa concepção: o Living Theatre, é claro, mas também o Open Theatre

---

180. Em *O teatro e seu duplo.*

181. *Op. cit.*, capítulo "Quarta carta sobre a linguagem".

182. Essa dificuldade foi sentida pela maioria dos que tentaram *dizer* uma prática do ator. Mesmo Stanislavski, cuja experiência de pedagogo e de diretor deveria ter facilitado a verbalização do pensamento, achou muito difícil a tarefa de forjar uma terminologia adequada.

de Joe Chaikin etc. Na França, podem-se mencionar algumas tentativas, interessantes mas desprovidas — por motivos econômicos — da indispensável continuidade: as de Victor Garcia, de Jean-Marie Patte, de Michel Hermon e de Stuart Seide são as mais notáveis.[183]

Na mesma época, porém, foi certamente a pesquisa de Grotowski e da sua pequena equipe de Wroclaw que permitiu o surgimento de um ator inegavelmente próximo daquele sonhado por Artaud. Evitemos, de saída, um mal-entendido: se o jovem teatro norte-americano havia lido Artaud e se havia mais ou menos inspirado no seu pensamento, o mesmo não se deu com Grotowski. Este só descobriu *O teatro e seu duplo* posteriormente à elaboração da sua própria teoria teatral, e num momento em que a sua pesquisa sobre o trabalho do ator já se achava plenamente desenvolvida.[184] Mas aos olhos do próprio Grotowski as manifestas e mil vezes registradas convergências entre as realizações dos seus atores e as propostas de Artaud devem-se à lógica interior das duas teorias dramáticas.

Grotowski recusa o teatro de seu tempo que, na maioria das suas produções, esgota-se numa vã procura do espetacular, numa vã e tola imitação da realidade que o cinema está muito mais bem aparelhado para reproduzir. Ele preconiza portanto um retorno à pureza primitiva do teatro (mesmo se essa pureza original não passa de um mito sem base histórica), ou seja, um deslocamento do núcleo da representação para a relação entre *um* ator e *um* espectador. A partir disso, Grotowski explorará todas as implicações e virtualidades dessa sua escolha. Daí a expressão *teatro pobre* aplicada por Grotowski à sua própria concepção teatral, nem sempre bem compreendida. Ele designa por essa fórmula não as dificuldades econômicas e materiais em que desde sempre se debate, e às vezes se afunda, o teatro de vanguarda na França, mas sim o ascetismo que deve reger uma prática que repousa integralmente sobre o trabalho do ator.[185]

---

183. Os dois primeiros realizaram encenações completamente diferentes, mas igualmente impressionantes, de *As criadas*, de Genet. Michel Hermon montou em 1968 um *Britannicus* paradoxal, o casamento entre Racine e Artaud não sendo uma união à qual os nubentes parecessem predestinados. Quanto a Stuart Seide, as suas escolhas lembram bastante as de Artaud: *Troilus e Cressida, Pena que ela seja prostituta, As bacantes* etc.

184. Ver, a esse respeito, o livro *Grotowski*, de Raymonde Temkine, p.221-25.

185. Cabe frisar que o empreendimento de Grotowski só pôde desenvolver-se porque o

A novidade mais marcante do teatro grotowskiano reside sem dúvida numa redefinição da função e da arte do ator. Este deixa de ser o ilusionista ou o imitador do palco tradicional. Não se apaga mais por trás de um personagem, e renunciou aos "truques" que permitem, ou facilitam, uma transformação mecânica: apliques, maquiagem etc. O ator passa a ser o seu próprio personagem, e a representação não é mais a simulação, quer realista ou estilizada, de uma ação, mas um *ato* que o ator cumpre, e cuja essência ele tira do mais profundo de si mesmo. Ato de *desvendamento*, diz Grotowski, baseado num esforço de total sinceridade, que exige do indivíduo a aceitação de uma renúncia a todas as máscaras, mesmo às mais íntimas e necessárias ao seu equilíbrio psíquico. Daí uma utilização completamente *irrespeitosa* do texto, que só é usado para evitar "o perigo do indefinido, do caos, da histeria, da exaltação" (ver cap. II, p.70ss.).

Essa redefinição radical do ator traz uma redefinição equivalente do papel do encenador. Como vimos, todas as lutas travadas por Craig, Artaud etc. tinham por objetivo impor a autoridade absoluta do realizador sobre todos os elementos que contribuem para o espetáculo e, notadamente, sobre o ator, cuja função instrumental devia ocultar qualquer investimento pessoal. A tarefa do ator grotowskiano é de uma natureza que torna uma tal relação de poder completamente inoperante. O encenador não pode substituir o ator e impor-lhe dogmaticamente o caminho da sua ascese. Ele se torna, então, algo como um *guia*. Acompanha, no plano técnico como no afetivo, o ator nessa sua descida para o fundo de si mesmo, ajudando-o a resolver as dificuldades que ele possa encontrar, a vencer as inibições em que esbarra etc.

Pode-se perguntar em que sentido trata-se ainda de teatro, na acepção comum do termo. Acontece que o ato de desvendamento do ator tem necessidade do espectador. Ele deve instaurar uma relação que evite tanto o perigo do narcisismo (o ator exibindo-se com complacência diante de si mesmo) como o da prostituição (o ator procurando seduzir o espectador). O desvendamento do ator se fará, portanto, não *para* o

---

financiamento do seu Teatro Laboratório fora inteiramente assumido pelo Estado. O *teatro pobre* exclui, com efeito, qualquer possibilidade de rentabilidade, uma vez que se nega a *explorar* o seu trabalho junto a um público mais amplo.

espectador, mas *diante* dele. E sabemos que um tal frente-a-frente é, segundo Grotowski, ao mesmo tempo necessário e suficiente para que o fenômeno *teatro* se realize.

Por outro lado, o ato de desvendamento do ator não constitui, por si só, a sua própria finalidade. Ele visa a *transformar* o espectador. Uma manifestação de absoluta sinceridade concretizada nas proximidades deste último não pode deixá-lo nessa espécie de neutralidade benevolente em que se achava ao entrar no teatro. Essa sinceridade provoca um *encontro*, um efeito de abalo, que pode ser muito profundo. Eis por que, entre outras razões, Grotowski não busca o grande público: aqueles para quem o teatro não passa de um divertimento de fim de semana, aqueles que vivem mergulhados na boa consciência e na auto-satisfação, têm pouca probabilidade de serem afetados pelo ato que se cumpre na sua frente. Para que o *encontro* ocorra, é preciso que o espectador o deseje, ainda que obscuramente. Então, esse encontro poderá adquirir a força de um acontecimento do qual ele sairá transformado:

> Se, ao desafiar-se publicamente a si mesmo, o ator desafia os outros e, através do excesso, da profanação e do ultrajante sacrilégio se revela tal como é, arrancando a sua máscara de todos os dias, ele permite ao espectador empreender um processo semelhante.[186]

Dito isso, compreende-se melhor a revolução que Grotowski impõe ao espaço cênico (ver cap. III, p.121ss.). Para ser eficaz, a relação do ator com o espectador não pode mais ser distante. O espectador deve perceber, como parte integrante daquilo que está sendo desvendado diante dele, a verdade fisiológica do ator, a materialidade do seu olhar, do seu hálito, da sua transpiração. Redefinida desse modo, a ação teatral assemelha-se, de acordo com as palavras do próprio Grotowski, "a um ato de amor entre dois seres que se amam com o amor mais profundamente enraizado, o mais autêntico".[187]

Qual o lugar da formação do ator, nessa nova acepção do teatro? Até então, as teorias relativas ao trabalho do ator, por mais revolucio-

186. *Em busca de um teatro pobre.*
187. *Op. cit.*

nárias que fossem, implicavam uma aprendizagem técnica e artística. Mas e aqui? Considerando a concepção grotowskiana, com base em que lógica pode-se ainda imaginar uma *formação* do ator? Tratando-se da procura da autenticidade interior, de algo que se assemelha a uma busca de si mesmo, será que a própria noção de *formação* não é incompatível com o projeto que ampara esse teatro? Qualquer formação, dentro de uma perspectiva como essa, não será uma deformação?

É verdade que Grotowski não poupa as mais duras palavras para condenar a formação tradicional: ela nada propõe, segundo ele, além de uma aprendizagem de clichês. Ela dá ao ator a ilusão de acreditar que ele sabe como simular o ciúme, como representar um ancião, como *fazer tragédia*... Tal escola contribui para aprisionar o ator na sua função histriônica de imitador e de ilusionista.

Entretanto, Grotowski afirma a necessidade de uma formação do ator. E isso por um certo número de motivos que ele extrai da sua própria teoria do teatro: em primeiro lugar, se o ato de desvendamento pressupõe a conquista da espontaneidade, esta nada tem a ver com anarquia. Longe de ser sufocada pela disciplina e pelo treinamento, ela tem afinidade com estes, que permitem que ela se formalize. Ora, a formalização, a estruturação são indispensáveis ao desvendamento do ator, uma vez que este deve ser apreendido pelo espectador. Por outro lado, como já vimos, o *corpo* é o seu veículo privilegiado. O que implica, para o ator, a necessidade de conhecer e dominar perfeitamente os seus recursos. Enfim, a eficiência do ato teatral repousa no sentimento de magia que deve ser experimentado pelo espectador. No teatro tradicional, tratava-se de *magia* ilusionista. No caso em pauta, o espectador só será profundamente atingido se tiver a sensação de estar assistindo a ações que ele mesmo não pode realizar.

Todas essas considerações levaram Grotowski a elaborar um método original de formação do ator, a respeito do qual cabe dizer aqui algumas palavras, porque ele esclarece a intervenção do intérprete nos conceitos teatrais grotowskianos.

Essa formação deve ser *permanente*. Ela não pode ser reduzida a um aprendizado de alguns anos, que abra acesso ao exercício de uma profissão. Um ator que deixa de *trabalhar*, ou seja, de questionar-se sobre a sua arte, de treinar, de recolocar a sua técnica em discussão, torna-se logo incapaz de um ato de desvendamento autêntico e sob controle de ponta a ponta. Por conseguinte, ele vai esclerosar-se, agarrar-se ao ilusionismo, aos estereótipos. Inevitavelmente, ficará sem sinceridade (assim como se costuma dizer que alguém pode ficar sem fôlego).

A formação, por outro lado, deve ser *negativa*, no sentido que ensina a *não fazer*. Ela permite quebrar os estereótipos cuja utilização esconde, na maioria dos casos, um bloqueio técnico ou psíquico. O ator que representa à base de estereótipos demonstra o seu medo de engajar-se, de comprometer-se. Represento, portanto não sou!

Ela deve, ainda, ser *intensiva*. Não é que o virtuosismo ou a façanha esportiva sejam objetivos dignos de interesse, por si sós, para o ator grotowskiano; mas o cansaço, o esgotamento psíquico e nervoso que, numa prática tradicional, são prejudiciais, permitem aqui, pelo contrário, a emergência de uma verdade refugiada, recalcada, que o autocontrole não pode mais mascarar nem deformar. Em suma, o esgotamento é o estado mais propício ao autodesvendamento.

E fácil compreender, portanto, que a formação grotowskiana tenha renunciado a apoiar-se sobre o trabalho do texto e, logicamente, sobre o habitual repertório de grandes papéis clássicos. Usar Fausto ou Hamlet como sustentáculo de um treinamento equivale a condenar-se à repetição de estereótipos e a bloqueios de toda espécie. O que a formação busca é desencadear o imaginário do ator; e sob esse aspecto é inegável que Grotowski tem uma dívida para com o *sistema* de Stanislavski.

Por outro lado, não se trata de uma formação coletiva. Não existe um método. Grotowski intervém em função dos problemas pessoais de cada indivíduo. Para ajudá-lo a descobrir seus recursos específicos. Para ajudá-lo a resolver problemas individuais — fisiológicos ou psicológicos. Se o treinamento se faz em grupo, isto só se dá considerando que pode ser útil a cada um ver outras pessoas enfrentando dificuldades ao mesmo tempo parecidas e diferentes das que ele mesmo precisa superar.

Tanto o interesse como os limites de uma tal metamorfose do ator são evidentes. Sublinhemos, apenas, que se trata aqui de um teatro tão substancialmente diferente de tudo a que a tradição ocidental nos acostumou que mal se pode imaginar uma interpenetração entre os dois modos de representação. Assim sendo, é o caso de confessar que, no atual estado das coisas, a influência de Grotowski sobre o teatro contemporâneo permanece limitada. Alguns grupos organizaram-se de acordo com o seu modelo e com os princípios que regem o Teatro Laboratório de Wroclaw, ao mesmo tempo em que se esforçavam por evitar o mimetismo e afirmar características específicas. O Teatro Odin, o grupo dinamarquês de Eugênio Barba, é sem dúvida o conjunto que foi mais longe nesse caminho. Também o jovem teatro norte-americano tem tentado utilizar a experiência grotowskiana, sendo este, em particular, o caso do Open Theatre de Joe Chaikin. Mas a verdade é que as diferenças são por demais profundas para que se possa imaginar uma extensão da prática grotowskiana para o terreno da instituição teatral. Não é que não tenham surgido seguidores e competidores de Grotowski. Mas a sua pesquisa — cujo parentesco com a psicanálise foi muitas vezes notado — se faz a longo prazo, e os seus seguidores têm revelado depressa a sua impotência para ultrapassar o nível da imitação, quando não da simulação. Eles se armam de falsos brilhos, dos quais Grotowski tenta precisamente desfazer-se o tempo todo. E caem em todas as armadilhas que Grotowski nunca se cansa de denunciar: o estereótipo, o mimetismo, a inautenticidade.

Que lugar deve ser atribuído ao *fenômeno Grotowski* na história do espetáculo contemporâneo? Será que se trata de uma experiência marginal, condenada a permanecer marginal, em função do seu radicalismo? Ou de uma realização precursora de um novo teatro, que procura às cegas o seu caminho, experimentando diversas trilhas? Sem dúvida, é cedo ainda para dar uma resposta, tanto mais que a busca de Grotowski hoje em dia já assumiu uma direção diferente.[188] Resta o fato de que os espetáculos apresentados pelo Teatro Laboratório de Wroclaw deram aos espectadores a sensação de uma experiência completamente nova, e de uma incomparável intensidade. A esse título, eles ocupam uma posição fundamental na história do espetáculo atual.

---

188. Grotowski interroga-se atualmente sobre o conceito de *espectador*. Sobre a distinção entre o ator e o espectador. Ele procura mostrar a imprecisão dessa separação, encontrar o ator que o espectador traz dentro de si, através de práticas grupais, teatrais ou não (dinâmica de grupo etc.). Levar, enfim, o espectador a fazer também, por sua vez, o ato de desvendamento, libertando-se das inibições e tradições que o mantinham preso dentro do seu *status* de espectador.

Tão fundamental quanto a posição da teoria grotowskiana. Pelo radicalismo das suas recusas. Pela novidade da prática teatral que ela propõe.

Pelo critério cronológico, a teoria brechtiana da representação é evidentemente anterior à de Grotowski; mas pareceu-nos esclarecedor colocar lado a lado o ator artaudiano e o do Teatro de Wroclaw.

Não é por acaso que as duas grandes tendências do trabalho do ator cristalizadas na década de 1960 tenham professado suas ligações com Artaud ou com Brecht. Ao ator-mártir que, segundo a admirável formulação de Artaud, deve "ser como [um] supliciado que está sendo queimado e que [faz] sinais da [sua] fogueira" opõe-se diametralmente o ator-técnico que se recusa a suscitar a ilusão ou a alucinação, mas se propõe a provocar a estranheza, a interrogação crítica e a compreensão dos processos representados.

Considerando-se que a prática brechtiana se apóia numa análise[189] minuciosa e em técnicas precisas, tradicionais ou não, mas em todo o caso suscetíveis de serem transmitidas, concebe-se que o ator formado naquilo que Brecht chama a representação aristotélica possa ter cogitado de converter-se ao desempenho épico, notadamente sob a influência dos encenadores por sua vez convertidos à teoria brechtiana do teatro. Na França, Roger Planchon é certamente o mais famoso e talentoso desses discípulos de Brecht.

Comentou-se, com excessiva freqüência, que a representação brechtiana — autodefinida como uma prática didática, ou melhor, pedagógica — dava margem a espetáculos frios, nos quais nenhum espaço era reservado à emoção. É preciso fazer justiça, desfazendo essa recriminação mal fundamentada: Brecht nunca parou de repetir que o teatro devia ser um local e uma fonte de prazeres. Ele atribuía, em particular, uma extrema importância ao prazer estético (o que não legitima automaticamente a acusação de *formalismo* articulada com excessiva facilidade por puritanos teimosos), insistindo, por exemplo,

---

189. Brecht relatou a lentidão e a meticulosidade do trabalho de análise ao mesmo tempo psicológica, política e dramatúrgica empreendida em colaboração com Charles Laughton em cima do personagem de Galileu (o ator americano devia criar, nos Estados Unidos, a versão original de *Galileu Galilei*). Ver, a respeito, o ensaio de Bernard Dort intitulado "Lecture de *la Vie de Galilée*", em *Les voies de la création théâtrale*, t.3, p. 125s.

na "beleza que deve caracterizar a marcação dos personagens em cena, bem como os deslocamentos dos grupos".[190] Ele almejava, sobretudo, um prazer da inteligência: é evidente que nada pode estar mais longe do projeto do teatro épico do que um ator derramando o tédio em nome da seriedade, e que aborreceria o espectador a quem ele deve, pelo contrário, procurar despertar e convencer.

> [A] única justificação [do teatro] é o prazer que ele propicia, mas esse prazer é indispensável. Não seria possível atribuir-lhe um *status* mais elevado, transformando-o por exemplo numa espécie de feira de pregação moral: ele teria de tomar cuidado, então, para não se degradar, o que não deixaria de ocorrer a partir do momento em que não fizesse mais da moral uma fonte de prazer, e de prazer para os sentidos (obrigação que, aliás, só poderia ser útil à moral).[191]

No que se refere à emoção, é verdade que Brecht condena o princípio da identificação sentimental com o personagem, porque vê nessa identificação uma fonte de ofuscamento e de mistificação do espectador. Mas nem por isso ele a exclui sistematicamente do seu teatro. Apenas, ele exige que o espectador não permaneça na fase da adesão afetiva, mas que se interrogue sobre os comportamentos e as situações que provocaram sua emoção. Uma peça como *Mãe Coragem* é, sob esse aspecto, particularmente reveladora, pois utiliza situações marcadas por forte carga emocional — as crueldades da guerra, o sofrimento materno etc.; e no papel-título Helen Weigel, a intérprete predileta de Brecht, não se privou de ser comovente! Mas essas situações, e a sua interpretação pelo ator, são elaboradas de tal modo que o espectador seja levado a *situar*, e portanto a *criticar*, o encadeamento das causas e dos efeitos que lhes deram origem; por exemplo, a contradição na qual a protagonista mergulha cegamente, acreditando poder aproveitar-se das repercussões econômicas da guerra, sem tomar consciência de que a contrapartida desse benefício material é o esfacelamento da sua família e a morte dos seus filhos.

Nessas condições, se o ator do teatro épico deve libertar-se de toda uma mitologia que coloca como uma evidente necessidade a fusão

---

190. Em *Pequeno organon sobre o teatro.*
191. *Op. cit.*

das duas subjetividades do intérprete e do personagem, quer dizer, a tradicional identificação, nem por isso ele renuncia a *viver* o seu papel. Mas ele traz uma contribuição a mais: *representa* o seu personagem, e se posiciona em relação a essa representação. Se desempenha, por exemplo, um *ciumento*, deverá renunciar a representar a tragédia do ciúme (Otelo) ou a comédia do ciúme (Jorge Dandin), porque ao fazê-lo estaria comprometendo qualquer possibilidade de compreensão e de crítica desse comportamento, apresentando-o como um *destino*, ou seja, como uma manifestação inevitável, natural (derivada de uma natureza humana intemporal, universal). Ele representará o ciúme, muito pelo contrário, como a resultante de um conjunto de fatores determinados pela situação histórica do personagem (a de Otelo, mercenário prestigioso mas negro, da República de Veneza; a de Jorge Dandin, camponês enriquecido e desenraizado), e também pela ideologia de uma época e de um sistema social reproduzida pelo autor.

Fatores outros do que os elementos de caracterização individual integrarão portanto a elaboração do papel; notadamente os procedimentos que asseguram o *distanciamento* da ação representada, e cujo princípio fundamental é que o ator não deve identificar-se com o personagem que interpreta, ou melhor, que representa:

> Se [o ator] deve representar um possesso, ele tomará cuidado para não dar a impressão de que ele mesmo o é; caso contrário, como farão os espectadores para descobrir aquilo pelo que o possesso é possuído?[192]

Convém esclarecer, porém, que não é possível deduzir do princípio do distanciamento nem um dogma metodológico, nem sequer um conjunto definitivamente cristalizado de técnicas ou de receitas. Qualquer dramaturgo, qualquer encenador, qualquer ator pode, a qualquer momento, aperfeiçoar ou renovar o seu funcionamento. Renovação essa tanto mais necessária quanto o efeito de surpresa e de questionamento que o distanciamento busca provocar atenua-se tão logo a repetição transforma uma técnica demasiadamente explorada em estereótipo. Não pode haver nada mais distante, no fundo, da realidade do que a imagem

---

192. *Op. cit.*

excessivamente difundida de um ator petrificado pelo respeito a algumas regras técnicas e como que ausente de si mesmo e de seu personagem.

Dito isso, o fato é que um ator épico não se improvisa. Brecht frisou que a um novo ator deveria corresponder uma nova aprendizagem, de preferência numa fase da sua carreira em que ele não esteja ainda excessivamente marcado pela prática da atuação tradicional. Muitos dos escritos de Brecht demonstram o seu interesse por uma pedagogia com vistas à formação do ator épico; e sob sua orientação o Berliner Ensemble foi não só um centro produtor de espetáculos, mas também um lugar de treinamento e aperfeiçoamento dos atores.

É assim que a penetração da representação brechtiana nos palcos franceses tem sido travada não só pela hesitação dos intérpretes tradicionais em experimentar uma forma de atuação que não lhes era familiar, mas também, e sobretudo, pela ausência de uma formação apropriada. Ao montar na Comédie de Saint-Etienne a criação francesa de *O círculo de giz causasiano*, em 1957, Jean Dasté lamentava que a técnica do ator francês não lhe permitisse a passagem da representação falada à cantada — os *songs*. E encenando *Mãe Coragem* e *Arturo Ui*, Vilar fez certamente bem em não se preocupar em impor aos seus intérpretes (e a si mesmo) procedimentos de distanciamento que lhe teria sido muito difícil pôr em execução. Evidentemente, a solução adotada comportava o risco de tornar a obra de Brecht indevidamente *patética*, portanto de deturpá-la e turvar a sua percepção.

Se a introdução da atuação épica na França foi relativamente lenta nos anos 1960, nem por isso a sua importância pode ser subestimada. O aprendizado, na verdade, fez-se de modo empírico. Como de hábito, os principais centros de formação do ator existentes na França, quer oficiais ou privados, ficaram por um tempo demasiadamente longo agarrados à perpetuação e preservação da chamada tradição francesa.[193] É, portanto, aos encenadores que se deve, essencialmente, a experimentação e aplicação de técnicas pouco familiares, extraídas da pedagogia brechtiana ou nela inspiradas, e necessárias para a realização de espetáculos por sua vez regidos pela teoria do teatro épico.

---

193. A única exceção, nesse setor, foi sem dúvida a escola vinculada ao Centro Dramático de Estrasburgo.

Entre esses encenadores, um dos primeiros e também um dos mais importantes, conforme já constatamos, foi sem dúvida Roger Planchon, à frente do seu teatro de Villeurbanne. Suas primeiras tentativas, questionando — ou melhor, estilhaçando — a concepção tradicional dos clássicos, causaram certo escândalo, que chegou ao auge quando ele teve a ousadia de invadir os sagrados terrenos de Molière e de Marivaux.[194]

É assim, por exemplo, que em *Jorge Dandin* ele substituía o habitual enfoque de farsa da infidelidade conjugal por uma representação dos conflitos de classe característicos da segunda metade do século XVII. Mostrava o confronto entre uma aristocracia ociosa e em declínio econômico e, por outro lado, a classe dos camponeses enriquecidos, que procurava legitimar-se através daquilo que os sociólogos rotulam de *bens simbólicos* (acesso ao *nome*, às *boas maneiras* etc.); e que, aliás, nem por isso deixava de ser devorada pela classe detentora desses bens. Nesse contexto, o personagem de Dandin não era mais interpretado de acordo com a tradição farsesca herdada do século XVII, utilizando os estereótipos aprovados por essa tradição; nem tampouco dentro da perspectiva *patética* inventada pelo século XIX, e marcada pela ideologia de uma burguesia que cultivava os conceitos de ascensão social e de fidelidade conjugal. O Dandin de Planchon decorria de uma definição prévia daquilo que Brecht chama de "*gestus* social" do personagem, ou seja, em síntese, a linha mestra que rege e explica o seu comportamento, e a partir da qual a interpretação desenha a sua coerência. Será necessário esclarecer que o *gestus* subordina os fatores psicológicos aos determinismos sociais?[195] Assim sendo, Dandin definia-se em primeiro lugar como um novo-rico sem escrúpulos, cuja preocupação dominante consistia em consolidar a sua recente ascensão social. Planchon especificava: "Vejo Dandin como um indivíduo maldoso, repelente, quase abjeto."[196] O que torna o personagem ainda mais desagradável é o fato de que ele não adquiriu ainda as técnicas da

194. *Jorge Dandin*, 1958; *A segunda surpresa do amor*, 1959.

195. Ver, sobre esse assunto, o excelente estudo de Patrice Pavis, "Mise au point sur le gestus", publicado em *Silex*, abril de 1978, nº 7, p.68.

196. Citado por Émile Copfermann no livro *Planchon*, p.116-17.

dissimulação e da sedução, aquele verniz e aquela elegância proporcionados por uma longa familiaridade com o dinheiro e com a classe que detém as fontes do dinheiro. "Trata-se de um riquíssimo proprietário: sua roupa deve sugerir a imagem da opulência, da riqueza, com um pequeno toque de *parvenu*, mas sem preciosismo. Pois onde teria ele aprendido o preciosismo?"[197] É, portanto, o comportamento social, e não mais o infortúnio conjugal do personagem, que deve determinar toda a construção do desempenho.[198] Esse novo Dandin pareceu ao público bem-comportado de 1958 desprovido tanto das suas qualidades cômicas como do sofrimento conjugal que permitia a adesão afetiva do espectador. Mas o verdadeiro escândalo talvez residisse no fato de que a representação épica não mostrava mais criaturas da mitologia teatral francesa. Ela falava de relações entre classes sociais...

Outros encenadores contribuíram também para o surgimento do ator épico. Só podemos mencioná-los de passagem: na Alemanha, Benno Besson, Peter Palitzsch e Manfred Wekwerth, que assumiram a sucessão de Brecht no Berliner Ensemble. Na Itália, Giorgio Strehler, Gianfranco de Bosio, Luigi Squarzina. Na França, Jean-Pierre Vincent, Ariane Mnouchkine, Bernard Sobel, Jean Jourdheuil, e muitos outros.

Os diversificados problemas que têm afligido o ator contemporâneo contribuíram para a generalização de uma das mais constantes reivindicações da primeira metade do século: a integração do ator dentro de um *elenco permanente*. Com efeito, todas as pesquisas relativas à representação têm tido pelo menos uma coisa em comum: elas se definem como práticas coletivas. Essa expansão e institucionalização da idéia de grupo permanente (os centros dramáticos na França, os *teatri stabili* na Itália, os teatros estatais da Europa oriental etc.) constituem talvez, sob vários aspectos, um dos fenômenos capitais na

---

197. *Ibid.*, n. 44.

198. Para tornar visualmente mais claro o *gestus* do personagem, Planchon não hesita em introduzir no palco figurantes não previstos por Molière, camponeses, testemunhas mudas e acusadoras da ascensão social de Jorge Dandin. Pela sua presença miserável, pelo seu comportamento voltado para o trabalho, eles revelam o preço que é pago por essa ascensão. Mostram também a solidão social de um homem que rejeitou e subjugou a sua classe de origem, sem conseguir fazer-se reconhecer pela classe dominante cujas portas ele tenta forçar.

história do espetáculo contemporâneo, e em todo o caso o mais importante fator de evolução do trabalho do ator.

Seria exagerado, sem dúvida, proclamar encerrada a era do *star system*; tanto mais que mesmo as coletividades mais preocupadas em evitá-lo nem sempre o conseguiram: Helen Weigel funcionava como vedete do Berliner Ensemble; tanto quanto Ryszard Cieslak no grupo de Grotowski, Julian Beck e Judith Malina no Living Theatre. Mas é claro que a palavra vedete não veicula mais, quando aplicada a esses artistas, as conotações de irresponsabilidade artística e de idolatria mais ou menos delirante de que se achava carregada no início do século.

E para medir a evolução dos hábitos teatrais num lapso de cerca de 30 anos basta comparar os costumes de alguns dos mais destacados conjuntos. O de Vilar, no TNP, era considerado, e com justa razão, como um dos mais homogêneos de seu tempo. E, no entanto, era um conjunto de vedetes. Ia-se ver Gérard Philipe em *Cid* ou em *O príncipe de Homburgo*, Germaine Montero em *Mãe Coragem* ou Maria Casarès em *Macbeth*... Com Planchon, as coisas já se apresentam sob um ângulo diferente. A equipe de Villeurbanne, constituída há muito tempo, só recorre a intérpretes de fora de modo episódico e intermitente. E nesses casos prefere atores conhecidos, e não propriamente vedetes, atraídos por uma experiência marcada pelo rigor artístico: Michel Auclair em *Tartufo* e *Ricardo III*, Samy Frey e Francine Bergé em *Berenice*, Claude Rich em *Péricles* etc.

Estamos chegando à época atual. O Théâtre du Soleil vai ao extremo de adotar um estrito anonimato do ator; este, aliás, costuma assumir voluntariamente outras tarefas, além do desempenho do papel que lhe cabe.[199] Um sistema parecido caracteriza o pequeno grupo do Centre International de Recherche Théâtrale animado por Peter Brook desde 1971. Trata-se de uma equipe internacional, quase anônima, disposta a trabalhar dentro da austeridade preconizada pelo seu criador.[200]

---

199. Não há nada que seja mais revelador, a esse respeito, do que a apresentação tipográfica do pessoal que de alguma forma contribuiu para o espetáculo. Em letras do mesmo tamanho e na mais igualitária ordem alfabética aparecem os nomes dos técnicos, figurinistas, iluminadores, colaboradores administrativos, cartazistas, atores etc. (Ver texto publicado de *1793*, p.174.)

200. E, no entanto, Peter Brook havia dirigido os astros de maior prestígio dos palcos ingleses: Laurence Olivier, Vivien Leigh, Paul Scoffield etc.

Tal evolução não deve ser realmente atribuída a motivos econômicos (no TNP, Gérard Philipe não era mais bem pago do que qualquer um de seus colegas menos famosos), mas a uma transformação das mentalidades e dos hábitos. Transformação essa que, por tabela, modificou a visão e as expectativas do público.

Não terá sido por acaso que ao desenvolvimento do vedetismo correspondeu a prática de um teatro concentrado na noção de um personagem fortemente caracterizado. Heróis fora do comum precisam de intérpretes fora do comum... Teatro concentrado, também, na valorização do texto (embora freqüentemente acompanhado por muito pouco respeito a esse texto). Por um lado, a individualização exacerbada exige um discurso adequado; por outro, é fato notório que o carisma teatral apóia-se essencialmente na voz, ou seja, na declamação que permite pôr a voz em destaque.[201]

Inevitavelmente, a partir do momento em que um novo teatro precisasse de um novo ator, o vedetismo teria de ser questionado. O novo ator deve representar relações sociais e processos históricos, através de uma dramaturgia que desindividualiza o personagem (Brecht). Ele deve ocupar um espaço que está explodindo, áreas de representação que se multiplicam (Ronconi, Mnouchkine).

O ator de hoje é portanto, logicamente, menos espetacular, porém mais virtuosístico. É capaz de representar a frio, de desmontar e desmascarar o seu personagem. Dá prioridade à reflexão, mais do que ao instinto. Representa *com ironia*, mais do que *com emoção*. Essas suas virtudes são diametralmente opostas às da vedete, que se impõe justamente através do seu *pathos*. Levado às últimas conseqüências, esse ator novo é um ator sem rosto e sem voz — o que não quer dizer sem personalidade. Ele domina técnicas pouco familiares às vedetes, cuja arte é sobretudo uma estilização da dicção e uma vocalização. Técnicas acrobáticas do corpo, trabalho com máscara facial (Grotowski) ou representação com verdadeiras máscaras, exploração dos diversos registros da voz e, de modo mais geral, de tudo aquilo que poderíamos

201. Não é certamente por acaso que o único espaço onde persiste o *star system*, que mesmo o cinema está em via de abandonar por falta de adoradores, é o palco do teatro lírico. Os *monstros sagrados* já o sabiam: é o *bel canto* que mais irresistivelmente suscita a voluptuosa hipnose das multidões e as suas aclamações desenfreadas...

chamar a teatralidade do corpo. Era para essa direção que Artaud sonhava conduzir o ator de seu tempo, era nessa direção que Meyerhold se havia, embora por pouco tempo, engajado. Era também nesse sentido que Brecht fazia trabalhar os seus atores do Berliner Ensemble, e Ariane Mnouchkine faz trabalhar os do Théâtre du Soleil. Sejam as técnicas adotadas novas (Grotowski) ou tradicionais (o circo, a *commedia dell'arte* etc.), em todos os casos trata-se de práticas coletivas que excluem o individualismo e o narcisimo inerentes à atuação da vedete. Pois aqui o multifacetado virtuosismo que está sendo desenvolvido não constitui, por si só, uma finalidade. Trata-se de fazer do ator um instrumento eficiente. Instrumento disponível para as experiências mais variadas e audaciosas. Capaz de fazer aparecer todas as formas da teatralidade.

CAPÍTULO VI

A organização teatral na França

Seria muito demorado tentar retratar aqui todos os meandros da história da organização do teatro na França nos últimos 100 anos. Precisaríamos, por um lado, da visão do sociólogo — a questão do público, ou melhor, dos públicos, constituindo em geral o eixo em torno do qual se articulam todos os debates e todas as reflexões dedicados à evolução e à sobrevivência da instituição teatral. Precisaríamos, por outro lado, da visão do comentarista político: o teatro não é, nem de longe, um espaço fechado e independente das contingências e das opções políticas ou econômicas. Assim sendo, um estudo do espetáculo não pode dispensar a análise, ainda que sumária, do sistema dentro do qual as suas formas se manifestam. Sistema esse determinado pelo fato de que a arte teatral é condicionada por limitações materiais, vinculada a interesses econômicos; e de que, por sua vez, o Estado define e aplica uma política cultural que se traduz pela concessão de subvenções, pelo financiamento parcial ou total de certas iniciativas, ou então, pelo contrário, pela indiferença em relação às dificuldades enfrentadas por essa ou aquela forma de teatro que não se deseja — ou não se deseja mais — sustentar.

Há uns 30 anos, como já dito, a questão do público está presente em todos os debates: tanto naqueles que se referem à organização e à política do teatro na França como nos que têm por tema a renovação do repertório, a transformação das formas e das práticas cênicas etc.

Portanto, o problema não é novo, e não é nova a consciência que se possa ter da sua importância. Sem remontar até a Revolução de 1789, que esboçou uma reorganização da instituição teatral com vistas a um novo público, cabe relembrar as tentativas de Firmin Gémier. Já em

1910 ele constatava a existência de um público potencial lá onde nenhuma atividade teatral permitia atender à *demanda*. Julgando que seria inútil esperar que esses possíveis espectadores se adaptassem à lei do centralismo parisiense e viessem ao teatro, Gémier partiu, com o seu *teatro nacional ambulante*, em busca da conquista desse outro público. A iniciativa foi prematuramente interrompida, mas em 1920 Gémier foi nomeado diretor de um Teatro Popular do Trocadéro, que ele animaria até 1933. A seguir viria um vazio de 18 anos: a falta de dinamismo e de imaginação dos Governos da Terceira República em assuntos de teatro, a mediocridade dos sucessores de Gémier, a interrupção imposta pela guerra, tudo isso fez com que até o surgimento do Théâtre National Populaire de Vilar, em 1951, a expressão *teatro popular* sugerisse uma arte *com desconto*, inegavelmente barata no que se refere ao preço dos ingressos, mas também no que diz respeito à qualidade das encenações, que tinham como único ponto de referência a Comédie-Française — sem dispor dos mesmos recursos materiais e humanos. A vantagem procurada por tudo isso: um teatro totalmente acadêmico e inofensivo no plano político.

E não é que não se tivesse consciência da dificuldade que havia em propor — ou melhor, em impor — a um público até então alijado do teatro e, de modo mais geral, de toda atividade cultural, uma rotina que seguia, no plano do espetaculo como no do repertório, os códigos do teatro burguês: rituais do espetáculo à italiana, celebração do patrimônio nacional culto das fórmulas tradicionais, e desconfiança para com qualquer coisa que ameaçasse desarrumá-las...

O problema do repertório, em particular, colocava-se nos seguintes termos: deve-se garantir acesso ao palco às grandes obras monopolizadas desde o século XIX, pela classe dominante? Deve-se inventar um novo repertório, especificamente adaptado, nas opções de escrita dramatúrgica e cênica, a um público popular? Sem dúvida, essas duas alternativas não são incompatíveis. Na prática, porém, a primeira delas dominou amplamente a década de 1950 a 1960, enquanto a segunda impôs-se nitidamente a partir de 1968. Com efeito, a geração de 1968 contestou com veemência o conjunto de uma política de teatro popular cujos principais promotores foram o TNP de Vilar e, na sua trilha, os centros dramáticos (Planchon, Rétoré, Gignoux etc.). Na realidade, ao propor uma *leitura* moderna dos grandes textos, será que não se estava cometendo um erro de endereçamento? Não se estava atendendo, principalmente, à demanda de uma pequena burguesia desejosa de ter acesso às práticas culturais das camadas superiores, muito mais do que à de um proletariado indiferente a essa ordem de preocupações? Um estudo da freqüentação desses teatros pelas diversas categorias sociais no decorrer dos últimos 20 anos serviria certamente de apoio, talvez com algumas diferenças de nuança, a essa argumentação.

De qualquer maneira, a geração de 1968 preconizou uma reorientação do teatro popular que representaria quase uma antítese absoluta das opções tomadas 20 anos antes. Nos anos 1950, aceitavam-se as limitações do palco italiano, ainda que se precisasse adaptá-lo. Foi essa, como vimos, a escolha de Vilar no Chaillot, de Planchon em Villeurbanne etc. Na verdade, dois modelos fundem-se nessas escolhas: o ideal do teatro da comunidade, dos teatros agregadores, caro a Vilar, e a inspiração brechtiana de Planchon e alguns outros. Já a nova geração exige uma radical ruptura com qualquer aparência de institucionalização: o teatro popular deve ser feito onde quer que esteja o povo (na rua, nos locais de trabalho e de reunião, sendo que o dispositivo mais fácil de ser transportado e adaptado é sempre o melhor).[202]

Essa oposição de doutrina reaparece no nível da própria definição do *público popular*. A geração dos anos 1950 alimentava a esperança de que a sala de teatro viesse a ser o local de um encontro pacífico e de uma confraternização das classes. Os interesses divergentes ou opostos deveriam, no caso, apagar-se em proveito dos valores comuns. Dentro dessa perspectiva, o teatro seria também o lugar de uma aprendizagem, de uma formação do público. A freqüentação do teatro faria com que o espectador adquirisse progressivamente uma espécie de competência, no sentido de que teria assimilado um certo referencial com a ajuda do qual se tornaria capaz de distinguir o bom teatro do menos bom, o que lhe daria vontade de freqüentar também outras casas de espetáculos. Vinte anos depois procedeu-se à denúncia do idealismo mistificador de uma tal concepção. O fato de um corretor de câmbio ser, durante as duas horas de um espetáculo, vizinho fraterno do operário

---

202. Pierre Debauche, em Nanterre, já havia trabalhado nesse mesmo sentido, apresentando aos trabalhadores imigrados, no local das suas moradias, espetáculos concebidos especialmente para eles e, por certo, na sua língua.

só pode resultar em benefício do primeiro, desmobilizando ou enganando o segundo, e escamoteando um antagonismo de classes. O novo teatro popular será, como aliás Brecht pretendia, um teatro *proletário*.[203] Não procurará mais encher as grandes salas, irá ao encontro de pequenos agrupamentos. Vai dirigir-se prioritariamente ao público operário, e submeter-se às suas *necessidades*. Não será mais o teatro que formará o espectador, mas o espectador que orientará o teatro.

Enquanto a geração de Vilar aspirava a transmitir uma herança a outros legatários, os filhos de maio de 1968 recusam qualquer idéia de herança. Mesmo o conceito de uma competência profissional, de uma especialização que introduziria uma separação e uma hierarquia entre os fazedores do espetáculo — os que sabem e que ensinam — e o público — os que ignoram e que estão aprendendo — é posto sob suspeita. Os que fazem teatro colocam-se como amadores, ou melhor, como militantes, e não mais como profissionais. É que o objetivo visado é diferente. O sonho de uma revolução feita senão pelo teatro, ao menos com a colaboração do teatro, veio substituir o sonho de uma partilha democrática do prazer cultural. Esse novo teatro popular, em vez de glorificar aquilo que une, numa espécie de ilusão universalista, faz ver aquilo que divide, numa exigência de lucidez crítica. E, por outro lado, enquanto um enfatiza as relações entre o indivíduo e o mundo e propõe heróis à admiração passiva do público, o outro privilegia o grupo enquanto instrumento de luta, a ação representada devendo suscitar uma participação ativa do espectador, na subjacente esperança de que essa adesão tenha continuidade fora do teatro.

Existe ainda um outro plano em que se afirma a oposição entre duas concepções não apenas do teatro, mas de vida, e que reflete sem dúvida uma transformação ideológica: o plano dos valores. A um teatro da comunhão e da celebração sucede um teatro da festa. A uma afirmação de valores morais sucede uma declaração de liberdade dos corpos. A um discurso que visava ao aperfeiçoamento da Lei e à sua adaptação com vistas à felicidade geral sucede um discurso que recusa o primado da Lei para afirmar o primado do Desejo...

---

203. Para essa geração, a principal referência é, aliás, a atuação de um animador e autor contemporâneo: o italiano Dario Fo.

Em 1946, Vilar afirmava: "Trata-se portanto de fazer uma boa sociedade; depois disso faremos talvez bom teatro." Vinte e cinco anos mais tarde, André Benedetto[204] proclama o seu desejo de "praticar o teatro com o objetivo de criar uma sociedade na qual cada um fará o seu teatro (...)".

Essa evolução explica um fenômeno característico da última década: a multiplicação dos grupos independentes, de existência freqüentemente efêmera ou intermitente, de vez que eles consideram que o seu projeto de teatro — popular ou revolucionário — exclui qualquer compromisso com os poderes públicos. Seu trabalho difere, também, daquilo que se faz nos centros dramáticos. Trata-se, em primeiro lugar, de inventar um repertório que esteja estreitamente ligado à experiência cotidiana do espectador. Para isso, os atores empreendem pessoalmente longas pesquisas nos bairros populares, nas fábricas, nos hospitais etc. É assim que o elenco do Théâtre de l'Aquarium, para montar *La Jeune lune...*, entrou em contato com os trabalhadores de quatro empresas ocupadas em Haisnes, Fougères, Rouen e Besançon. Do mesmo modo, Jean-Paul Wenzel, um dos cultores do *teatro do cotidiano*, convidou os habitantes de Bobigny a se expressarem através de grupos de reflexão organizados pelo centro comunitário cultural.

Trata-se de levar as pessoas a tomarem a palavra para falarem da sua relação com a comunidade, da sua maneira de viver, das suas esperanças e angústias, da sua ocupação do tempo e do espaço etc. A partir de dados assim recolhidos, Jean-Paul Wenzel pretende realizar um espetáculo articulado em torno do tema *O nascimento de uma cidade.* Foi também dessa maneira que o Théâtre du Soleil elaborou, em parte, *L'âge d'or* (ver cap. II, p.75 acima).

---

204. Animador da Nouvelle Compagnie de Avignon, Benedetto é um representante exemplar dessa segunda geração que pretende promover a *criação coletiva*, mais do que o texto, e fazer do teatro um instrumento de combate, e antes de mais nada, de desvendamento: desmontar os processos, conforme Brecht preconiza; descrever não a aparência que se exibe, mas a realidade que se esconde. Suas realizações articulam prioritariamente problemas da política geral (a juventude, as mulheres etc.) com a afirmação de uma memória e uma personalidade regionais. Basta citar *Zone rouge* (1968), *Mandrin* (1970), *Rosa Lux* (1970), *La Madone des ordures* (1973), *Géronimo* (1974). Para mais detalhes, convém consultar a revista *Travail théâtral*, outono de 1971, nº 5.

Essa prática fez escola. Numerosos grupos vêm procurando articular a sua atividade teatral propriamente dita em torno de uma relação cada vez mais estreita com um meio ambiente social específico. Ela permite colher informações de toda a espécie de que o teatro precisa para captar e traduzir a realidade peculiar de um espectador que não está mais sendo definido em termos gerais (o operário) ou abstratos (o amante do teatro).

Em outras palavras, o teatro popular não espera mais, como fazia Vilar nos anos 1960, o hipotético surgimento de autores que escrevessem "para as massas de hoje". A evolução, nesse sentido, é a conseqüência — e talvez também a causa — da transformação das relações tradicionais com o texto teatral (ver cap. II, p.65ss.). O grupo de *criação coletiva* assume a tarefa de escrever a peça que pretende produzir. Tal prática de criação coletiva determina novos modos e novas formas de dramaturgia: mais flexíveis, mais livres, e ao mesmo tempo menos sofisticadamente elaborados. E que se trata de coisa bem diferente de uma *obra*, com as conotações culturais e elitistas que o termo transmite. Não se cria mais para ingressar no panteão da história do teatro ou transformar-se numa glória do patrimônio nacional, mas para ajudar o espectador num determinado momento de sua história, num ponto bem preciso das lutas sociais e políticas. Em vez de falar de peça, mais correto seria falar de espetáculo. A uma dramaturgia do enredo, a um teatro narrativo, prefere-se em geral um dispositivo aberto e suscetível de ser modificado, constituído — a lição de Brecht não foi esquecida — de quadros ou esquetes mais ou menos autônomos. Cabe acrescentar que essa dramaturgia é também imposta pelas condições materiais do espetáculo. Representar nas fábricas ocupadas, ao ar livre, na praça pública, é tarefa que exige poucos recursos, muita flexibilidade de adaptação, possibilidade de improvisação ou de condensação do espetáculo, em função da sua ambientação aqui e agora (atitude do público, intervenção da polícia etc.).

Para esses grupos, as apresentações numa sala de teatro convencional não constituem o objetivo final, e sim uma espécie de atividade secundária que permite, além de um eventual ganho financeiro e de um certo impacto publicitário, um trabalho de acabamento e aperfeiçoamento do espetáculo, tanto mais necessário se considerarmos que a encenação não é obra de um único indivíduo reconhecido como possuidor de uma competência especial e investido num poder de criação, poder esse que passa a pertencer ao conjunto do *coletivo*. Levando os conceitos às últimas conseqüências, cada ator é responsável pela invenção do seu personagem ou dos seus personagens. É a ele que cabe reconstituir e tornar vivas e tangíveis determinadas situações que lhe foram contadas, ou personalidades que ele conheceu. Entretanto, o profissionalismo que esses grupos reivindicam não permite que eles recusem ou menosprezem uma reflexão e uma elaboração ao nível da forma do espetáculo, sob risco de se enclausurarem numa dramaturgia concentrada no depoimento vivido, nos estereótipos do cotidiano; de voltarem, em suma, a um neonaturalismo que se limitaria a reproduzir, sem dar a compreender. É o que explica a atenção dedicada por esses grupos aos problemas de estilização relacionados com a percepção do espectador, como demonstram as mais recentes experiências do Théâtre de l'Aquarium (*La soeur de Shakespeare, Pépé*) ou do Théâtre du Soleil. A reativação por esse teatro de certas técnicas caídas em desuso (a *commedia dell'arte*) ou marginalizadas (interlúdios de palhaços) deve ser situada dentro desse contexto.

A definição e a colocação em funcionamento de uma nova prática do teatro popular devem ser enquadradas no panorama teatral francês, tal como ele se apresenta na alvorada dos anos 1980. Desse modo talvez se percebam melhor a sua originalidade e necessidade.

Nos países europeus, seja do Oeste ou do Leste, a maioria das cidades de alguma importância dispõe de uma infra-estrutura teatral constituída de uma sala em condições de funcionamento e, muitas vezes, por uma companhia estável. A arte ali produzida não é obrigatoriamente acadêmica, como testemunham o Teatro-Laboratório de Wroclaw animado por Jerzy Grotowski, as experiências de Peter Zadek em Düsseldorf, o famosíssimo Piccolo Teatro de Milão orientado por Giorgio Strehler etc.[205]

A França pode gabar-se de possuir quatro teatros nacionais, 19 *centros dramáticos* regidos por estatutos muito diversificados, e aproxi-

205. O sustento financeiro desses teatros é assumido pelo respectivo Governo central e/ou pela municipalidade.

madamente 300 companhias mais ou menos regulares. As condições em que estas últimas trabalham são extremamente precárias, já que na sua maioria elas se acham reduzidas aos seus recursos próprios, ou seja, a uma permanente insegurança, a um obsessivo medo do fracasso artístico, que se traduz por imediatas repercussões financeiras. Pode-se afirmar, sem grande margem de erro, que 90% dessas empresas têm funcionamento intermitente. Seu pessoal artístico e técnico é contratado a título eventual, para determinado espetáculo, e não faz jus a nenhuma estabilidade do emprego.

É que o teatro, independentemente de qualquer opinião estética, não pode mais ser considerado apenas do ponto de vista da rentabilidade. Um espetáculo que acaba dando lucro constitui uma extraordinária exceção, e não costuma acontecer mais de duas ou três vezes por ano — e na maioria das vezes, é bom que se diga, essas exceções não acrescentam muita coisa à glória do teatro! O fenômeno não é exclusivo das formas *culturais* da arte. Os espetáculos que se autodefinem como empreendimentos puramente comerciais (teatro de *boulevard, music-hall* etc.) são vítimas da mesma evolução. Costuma-se alegar, para explicar essa *crise*, a existência de concorrentes em vão denunciados: o cinema, a televisão, os fins de semana passados fora etc. Mas não é essa a razão essencial: na verdade, se o preço dos ingressos tivesse acompanhado o crescimento dos custos de produção (preparação dos cenários, dos figurinos, dos acessórios, os cachês, despesas de funcionamento e de manutenção), ele se teria tornado inacessível ao mais privilegiado dos espectadores. A salvaguarda das atividades teatrais pressupõe, portanto, uma política intervencionista do Estado.

O orçamento nacional para o teatro elevou-se, em 1978, a cerca de 187 milhões de francos. Cabe frisar que existem diversas modalidades de intervenção do Estado no financiamento e na gestão dos teatros. O controle que ele exerce sobre a contabilidade dos teatros nacionais é direto.

Talvez não seja supérfluo frisar que a subvenção atribuída à Comédie-Française é superior à subvenção global dividida entre todos os outros teatros nacionais: 47,9 milhões de francos para 1978. Acrescenta-se a isso uma dotação especial para o Odéon, cuja administração e programação estão hoje em dia sob a responsabilidade do administrador do Théâtre Français (11,3 milhões de francos para 1978). Esse teatro funciona como uma sala da Comédie-Française, e sua missão consiste em acolher os grupos vindos das províncias ou as companhias estrangeiras (o Piccolo Teatro de Milão, por exemplo). Ele dispõe também, graças a Jean-Louis Barrault, que foi seu diretor de 1959 a 1968, de uma sala experimental, o Petit-Odéon.

Até 1972 a sala do Théâtre de Chaillot pôde valer-se da famosa sigla TNP, ligada no espírito do público ao empreendimento conduzido por Vilar de 1951 a 1963. Em 1972 as missões do teatro nacional popular foram transferidas para o Centro Dramático de Villeurbanne, animado, no plano artístico, pela dupla Roger Planchon-Patrice Chéreau. A atribuição do rótulo TNP teve como conseqüência ao mesmo tempo novas condições contratuais, um aumento adequado da subvenção e uma transformação da fórmula de financiamento desse teatro. Quanto à sala de Chaillot, ela devia ser inteiramente reestruturada, para tornar-se um espaço de "renovação das formas e das condições da criação contemporânea". Projeto louvável, cuja realização foi confiada a Jack Lang, criador e animador do Festival Internacional de Teatro de Nancy (ver adiante, p.224). Infelizmente, diversos fatores conjugaram-se para condenar esse empreendimento à hibernação, ou talvez à morte. O fator econômico: o custo de utilização da grande sala reformada revelou-se mais oneroso do que estava previsto. O fator político: a incompatibilidade de temperamento entre Jack Lang e o então ministro responsável pelo setor, Michel Guy. A oposição política, no caso, ia de par com uma rivalidade *profissional*,[206] Michel Guy sendo, aliás, o fundador e animador do Festival de Outono de Paris (ver adiante, p.225). Mas o fator decisivo foi sem dúvida uma reorientação de toda a política cultural do Estado, assunto ao qual voltaremos. Em resumo, lack Jang foi afastado por Michel Guy e Chaillot foi confiado a André-Louis Périnetti, que, com um orçamento de 14,8 milhões para 1978, se vê reduzido a fazer do teatro um local de acolhida para os espetáculos vindos do exterior.

---

206. No Governo do presidente Giscard d'Estaing, Michel Guy pertencia à maioria no Poder, e Jack Lang era um dos animadores do Partido Socialista. Ao assumir a presidência em 1981 François Mitterrand nomeou-o ministro da Cultura.

Quanto ao TEP (Théâtre de l'Est Parisien), que tem também o *status* de teatro nacional, sua vocação própria define-se ao mesmo tempo pelo seu passado e pela sua localização. Nas suas origens tratou-se da iniciativa de uma companhia semiprofissional animada por Guy Rétoré que se esforçava, com meios modestos, por oferecer espetáculos de alto nível aos habitantes do Leste parisiense (notadamente os *arrondissements* XI, XII, XIX e XX, bem como os subúrbios vizinhos) completamente desprovidos de salas de teatro. Transformado em 1963 em Casa de Cultura, o TEP recebeu em 1978 uma subvenção de 8,6 milhões de francos. Rétoré optou por dar continuidade à política de teatro popular definida e posta em execução por Vilar no TNP de Chaillot. A adesão do seu público legitima uma orientação que vale mais, talvez, pela sua adequação e demanda específica do que pela sua audácia criativa.

O TNS (Théâtre National de Strasbourg), dirigido por Jean-Pierre Vincent, talentoso encenador da mesma geração de Patrice Chéreau, tem várias peculiaridades. Em primeiro lugar, a sua sede não está localizada em Paris. Ele comporta também — e é o único com esta característica — uma escola de arte dramática que oferece um ensino muito completo, versando sobre todas as disciplinas relacionadas com o teatro. Essa escola, fundada pelo antecessor de Jean-Pierre Vincent, Hubert Gignoux, possibilita ao TNS uma política de recrutamento local do seu pessoal artístico e técnico. A sua subvenção para 1978 é de 10,3 milhões de francos.

Paralelamente a esses teatros nacionais funcionam atualmente 19 centros dramáticos, que constituem a infra-estrutura do teatro francês fora de Paris. Cabe-lhes assegurar a política de *descentralização* definida e progressivamente organizada a partir de 1946 por Jeanne Laurent. Essa política foi tomada e desenvolvida, a partir de 1959, pelo então ministro dos Assuntos Culturais, André Malraux. Tratava-se de oferecer às cidades de província a possibilidade de uma vida teatral autônoma, original. Essas cidades não tinham, até então, nenhum contato com o teatro, além daquele proporcionado pelas excursões de espetáculos parisienses organizadas por agências particulares. A política de descentralização propunha-se a permitir a realização, nas cidades-sede, de *temporadas* que atendessem a certas exigências de ordem estética e cultural e, através disso, suscitar o aparecimento de um novo público, cujas bases sociais teriam sido ampliadas. As atividades desses centros procuram, cada vez mais, a mobilidade: através de freqüentes excursões eles se empenham em *irrigar* a região que depende da sua cidade-fonte.

A subvenção atribuída pelo Governo ao conjunto dos centros dramáticos elevou-se, para o exercício de 1978, a 60 milhões de francos. Convém acrescentar a este montante, na maioria dos casos, a contribuição das coletividades locais, cuja importância varia muito. Contrariamente aos teatros nacionais, os centros dramáticos obedecem a fórmulas jurídicas diversificadas. Habitualmente são celebrados entre o Governo e os diretores — escolhidos a título pessoal — contratos de três anos. Os diretores devem assegurar a execução de uma série de obrigações contratuais que abrangem a apresentação de determinado número de espetáculos, uma atuação de animação e promoção visando ao público, *tournées* etc.

Resta falar um pouco do setor privado, que funciona paralelamente às empresas públicas, e às vezes compete com elas. Nesse capítulo cabe incluir dois tipos de teatros, muito diferentes entre si: as companhias independentes, e as empresas particulares propriamente ditas. Na primeira categoria encontraremos os jovens grupos que procuram trabalhar infiltrando-se no público popular (ver p.210 acima), os conjuntos principiantes pouco ou nada conhecidos, mas também grupos quase institucionalizados graças à sua reputação, ou à do respectivo animador. Os jovens grupos são auxiliados no plano financeiro, aliás modestamente, por intermédio de uma comissão ministerial que divide — ou, segundo algumas opiniões, pulveriza — entre os mais notáveis as magras verbas destinadas a esse uso. Já as companhias *institucionalizadas* são diretamente amparadas pelo Ministério. Em 1978, o orçamento para ajuda aos grupos independentes elevou-se a 25 milhões de francos. Talvez seja interessante saber que para o exercício de 1977 foi atribuído um total de 88 subvenções, para 250 pedidos. Quanto às companhias subvencionadas diretamente pelo Ministério, as mais bem aquinhoadas foram as de Peter Brook (2 milhões de francos), de Robert Hossein (1,8 milhão) e de Jean-Louis Barrault-Madeleine Renaud (1,4 milhão).

A empresa teatral privada propriamente dita abrange, essencialmente, uns 50 teatros fixos concentrados em três bairros da capital. Eles são ajudados através de vantagens fiscais e de um fundo de manutenção, bem como através de subvenções outorgadas pelo Governo central (4 milhões para 1978) e pela cidade de Paris. Finalmente, cabe mencionar os *cafés-teatros*, de que falaremos mais adiante, e que constituem uma categoria à parte, pois funcionam a título autônomo, contanto que atendam a duas obrigações: a obtenção de um visto da Comissão de Segurança e a autorização da Sociedade dos Autores. O Estado limita-se a cobrar uma taxa sobre as consumações.

Com exceção dos teatros nacionais, totalmente financiados pelo Estado, o setor público depende habitualmente de duas fontes de capital: o Estado e os organismos locais. Esse binômio não deixa de ter inconvenientes. A experiência revelou que as municipalidades hesitam em abrir mão de um direito de fiscalização — ou seja, de censura — sobre a programação dos teatros que elas ajudam a sustentar. O resultado são permanentes litígios, a ameaça de suspensão do financiamento municipal usada como meio de chantagem, a necessidade de laboriosas negociações — problemas que complicam substancialmente o trabalho do animador. Podemos relembrar, a título de exemplo, as tribulações enfrentadas pelo Théâtre Populaire de Lorraine, dirigido por Jacques Kraemer. Inicialmente instalado em Metz, o TPL viu as suas relações com a municipalidade tornarem-se rapidamente tensas, o que o impediu, em 1975, de ascender ao *status* de centro dramático. A partir de 1976, o seu funcionamento foi prejudicado pela recusa do Conselho Municipal de Metz em participar do seu financiamento. E note-se que o grupo havia recebido do Governo central, para 1977, uma subvenção de 500 mil francos. Para fugir dessa situação, o TPL acabou tendo de renunciar à sua localização em Metz. A municipalidade de Thionville aceitou acolhê-lo a partir de maio de 1977, e um convênio, com prazo de duração de três anos a partir de 1º de janeiro de 1978, foi celebrado entre as partes interessadas. Para assegurar a transição, a cidade de Thionville liberou uma verba de 300 mil francos, que permitiu ao TPL sobreviver até o fim do segundo semestre de 1977...

Todas essas dificuldades não passam da parte visível de um *iceberg* cujo nome é *empobrecimento*. Atividade cultural sem rentabilidade, o teatro constitui uma das profissões mais ameaçadas em período de crise econômica. Essa precariedade é redobrada pela fraqueza das suas estruturas profissionais. De acordo com estatísticas recentes (1977), o número de artistas dramáticos — expressão que engloba simultaneamente o teatro, o cinema e a televisão — era avaliado em aproximadamente 6 mil. O índice de desemprego era avaliado em 80%. Em geral, trata-se de desemprego intermitente. Segundo o Sindicato Francês dos Artistas-Intérpretes, o tempo médio de trabalho de cada profissional seria de seis dias por mês! Nessas condições, compreende-se que a maioria dos jovens atores precise dividir-se e dispersar-se não só entre diversas atividades eventuais (teatro, cinema artístico ou de publicidade, televisão, dublagem etc.), mas também, muitas vezes, entre a profissão teatral e um outro ofício, de rentabilidade mais regular. Quanto aos 6 mil profissionais recenseados em 1977, estimava-se que:

— 200 recebiam cachês equivalentes a um salário mensal de 8 mil a 9 mil francos;

— 500 situavam-se em torno de 4 mil francos mensais;

— cerca de mil não ultrapassavam 2.500 francos por mês;

— os 4 mil restantes não ganhavam sequer o salário mínimo nacional.

Seria uma ilusão pensar que o setor público — excetuando os teatros de prestígio — esteja muito mais bem aquinhoado. As folhas de despesas de funcionamento dos centros dramáticos não param de tornar-se cada vez mais pesadas, graças à inflação, e as subvenções concedidas a esses teatros em 1978 colocaram-nos na impossibilidade de cumprir integralmente a sua missão. De acordo com os termos dos contratos assinados, a ajuda do Estado devia aumentar numa proporção de 25%. Na realidade ela só cresceu, para o período em questão, de 7,4% (de 9,8% para as casas de cultura). Essa é uma manifestação de uma política de restrição deliberada, contra a qual a Comissão de Assuntos Culturais da Assembléia Nacional chegou a levantar a sua voz. A conseqüência mais previsível é que a missão de criação atribuída aos centros dramáticos será reduzida de alguma forma, diminuindo-se o número das produções previstas ou a quantidade global das apresentações.

Essa pauperização do teatro torna cada vez mais aleatórios os empreendimentos que se colocam no plano da aventura criadora e da pesquisa artística; bem como o surgimento, ou até a absorção profissional, do iniciante (seja ele ator ou diretor). Situação essa que explica o aparecimento, nos últimos 15 anos, de um fenômeno marginal que conheceu um grande desenvolvimento: o fenômeno dos *cafés-teatros*.

O acesso às salas convencionais exige, com efeito, recursos financeiros de que os jovens grupos, bem como os autores, atores e encenadores em início de carreira, estão longe de dispor. Daí a idéia — reforçada pelo impulso simultâneo do questionamento da estrutura do palco italiano — de representar em outros locais, em espaços suscetíveis de serem sumariamente adaptados; e capazes, ao mesmo tempo, de atrair o público, propondo-lhe algo mais do que apenas um espetáculo: um ambiente, uma intimidade, e... consumações. Tais espaços eram as dependências de fundos de restaurantes e de cafés. Eles preenchiam, pensando bem, dois vazios: um, aberto pelo progressivo desaparecimento da maior parte das salas experimentais, obrigadas uma após outra a fechar suas portas, na ausência de um indispensável amparo dos poderes públicos;[207] o outro criado pelo fim dos cabarés da Rive Gauche, cuja fórmula *intelectualizava* o cabaré tradicional. Logo após a guerra eles haviam conhecido um sucesso que não teve continuidade. Um último argumento que permite explicar o fenômeno dos *cafés-teatros*: o impulso dado à descentralização conduziu ao paradoxo de que os espetáculos de criação experimental e de pesquisa passaram a ser feitos cada vez mais nos centros dramáticos, nos teatros regionais ou na periferia parisiense. O freqüentador do teatro *alternativo* precisa perambular de Ivry (onde está Antoine Vitez) a Gennevilliers (Bernard Sobel), de Vincennes (Théâtre du Soleil) a Villeurbanne (Roger Planchon e Patrice Chéreau)! Nesse contexto, os cafés-teatros passaram a funcionar como um pulmão artificial, proporcionando o único espaço onde artistas desconhecidos pudessem submeter o seu trabalho ao teste do público. Não convém rejubilar-se precipitadamente. Essa solução improvisada é mera conseqüência da falta de melhores alternativas, em que pese às eventuais façanhas dadas à luz aqui e acolá. Mera conseqüência da falta de melhores alternativas, porque esses pseudoteatros não dispõem do equipamento mínimo que permita ao encenador

207. As mais famosas foram o Vieux-Colombier e o Théâtre de Lutèce. Ao mesmo tempo, a abertura de duas salas experimentais, a Salle Gémier e o Petit-Odéon, ambas ligadas a grandes teatros estatais, constituiu uma louvável — mas insuficiente — exceção.

expressar-se adequadamente, e porque impõem uma forma de teatro limitada quanto ao número de personagens (a exigüidade do espaço acrescentando-se à precariedade dos recursos), com ênfase concentrada no texto ou no *número* (*one man show*). Essas observações não devem ser tomadas por uma contestação dos cafés-teatros: bem ou mal, eles preservam um clima de leveza, de criatividade, de cumplicidade com o público, que não pode ser mais encontrado em outros locais; e constituem úteis *trampolins* para os jovens talentos. Trata-se apenas de constatar que esse aparente florescimento não representa, como poderia parecer a um observador menos atento, um sinal de boa saúde do teatro francês; e sim, mais provavelmente, um sintoma inquietante ou, no mínimo, o produto de uma indiferença política desastrosa a médio prazo...

Para completar um panorama da situação do teatro na França, falta mencionar, à margem das estruturas permanentes, um conjunto de manifestações esporádicas conhecidas sob o nome de *festivais*.

Já tivemos oportunidade de falar do primeiro deles por ordem cronológica, o de Avignon (ver cap. III, p.94ss.). Só cabe portanto voltar ao assunto aqui para ressaltar a sua importância para a evolução da prática teatral contemporânea.

Depois de ter-se demitido da direção do TNP de Chaillot em 1963, Vilar optou por continuar na direção artística do Festival de Avignon. A *contestação* — nem sempre desinteressada — de que foi alvo no verão de 1968 levou-o a cogitar de uma reformulação do festival. Qualquer que seja a opinião que se tenha dos ataques que Vilar sofreu então, eles revelavam que o desgaste do tempo se fazia sentir, e que o empreendimento da juventude dos anos 1950 tendia a transformar-se numa instituição acadêmica. Infelizmente, a brusca morte de Vilar em 1969 impediu-o de concretizar os seus projetos.

O seu sucessor, Paul Puaux, que por sua vez se demitiu em 1979, imprimiu ao festival uma nova configuração, que atualmente apresenta duas características:

1ª) O pátio de honra do Palácio dos Papas não é mais um espaço reservado a uma única companhia, como era o caso na época em que Avignon era um prolongamento da temporada parisiense do TNP. Ao longo dos anos, as companhias mais diversas — do Living Theatre à Comédie-Française, do Ballet du XXe Siècle de Maurice Béjart ao Théâtre de la Cité de Villeurbanne de Roger Planchon — se apresentaram ali, com resultados, é bom que se diga, muito desiguais.

2ª) Outros espaços de espetáculos foram inventados, por assim dizer, em toda a cidade de Avignon. Essa inflação foi recebida e assimilada, mais do que realmente desejada, por Paul Puaux. Em todo o caso, ela permitiu aos jovens grupos tirar partido de um excepcional encontro de fervorosos interessados pelo teatro, exigentes e informados, mas a *priori* favoráveis à pesquisa do novo. Tomando como referência o teatro de vanguarda nova-iorquino que se localiza *off Broadway*, esse movimento tem sido chamado *off Avignon.* A explosão topográfica do festival é, portanto, um fenômeno espontâneo que os organizadores se têm esforçado por canalizar e integrar. No fundo, ele é uma conseqüência do movimento de rejeição do palco italiano, que chegou ao auge nos anos 1970. A redescoberta de Artaud, as realizações do Living Theatre, de Luca Ronconi, do Théâtre du Soleil, a moda dos cafés-teatros, do teatro de rua etc., tudo isso faz com que o teatro se espalhe por Avignon como um rastilho de pólvora e se instale onde quiser ou puder, para grande alegria dos donos de galpões, pátios, sobrados... Um verdadeiro tráfico se organiza: qualquer local, por menor que seja, é alugado com um ano de antecedência, depois sublocado! É difícil dizer até que ponto essa inflação representa um sintoma de boa saúde do festival. Um mesmo local oferece vários espetáculos numa mesma noite, e ocorre até o espectador ter de escolher entre uma centena de apresentações diversas. Festival ou feira?

Se é verdade que inicialmente esse teatro *off* representava uma oposição aos espetáculos *in* Avignon, como qualquer contestação se opõe à instituição, essa conotação esvaziou-se rapidamente. Hoje em dia a diferença reside principalmente, e talvez apenas, no maior ou menor volume dos recursos disponíveis.

Nos últimos dez anos o Festival de Avignon procurou abrir espaço a outras formas de espetáculo, além do teatro dramático propriamente dito; à dança, por exemplo (já em 1968 Vilar havia convidado Maurice Béjart para apresentar-se no pátio de honra), ou àquilo que se denomina *teatro musical* e procura inventar uma nova forma de ópera, adaptada ao gosto, às experiências musicais e teatrais e aos meios materiais dos dias de hoje. Estes últimos espetáculos têm sido realizados no Claustro dos Celestinos.

Finalmente, através da fórmula de *teatro aberto*, que utiliza um mínimo de recursos e se apóia num simples esboço de encenação, o festival tem tentado divulgar textos desconhecidos, contornando o obstáculo dos riscos financeiros que uma encenação convencional precisa enfrentar. O fato é que o próprio festival não tem condições de financiar os espetáculos que apresenta, apesar das subvenções que lhe são atribuídas.[208] O *teatro aberto*[209] e as atividades musicais são mantidos pela Radio-France (France-Culture). Quanto aos grupos convidados, o festival lhes oferece uma infra-estrutura material (local, equipamento) e administrativa (bilheteria, alojamento do pessoal) e a renda dos ingressos vendidos. Mas, respeitando a tradição instituída por Vilar e considerando a composição sociológica do seu público, o festival é obrigado a manter preços *populares*. Assim sendo, o lucro que os grupos podem auferir de uma passagem por Avignon não são certamente de ordem material. O festival permite sobretudo *lançar* um espetáculo, fazer com que ele *repercuta* junto a um público que reúne, além dos amadores e dos profissionais de teatro, representantes da imprensa regional e nacional, dos veículos de comunicação audiovisual, do Ministério da Cultura, dos diretores das salas parisienses etc. O volume desse público é estimado, para cada festival, em cerca de 120 a 150 mil pessoas, entre população local e visitantes.

Um outro festival chegou a assumir uma importância de primeiro plano na paisagem teatral francesa dos anos 1960: o Teatro das Nações.

Criado em 1954, por iniciativa de um diretor teatral, A.-M. Julien, o Teatro das Nações, inicialmente denominado Festival Internacional de Arte Dramática de Paris, fez da capital francesa, até 1968, uma verdadeira encruzilhada mundial das artes do espetáculo (teatro, dança, ópera). Um princípio de base: o de convidar, para uma série de apresentações, os conjuntos de maior prestígio ou as realizações mais notáveis de todos os países.

---

208. Para o ano de 1979, o Governo central destinou ao festival 300.000 francos, e às coletividades locais um total de 5 milhões e meio.

209. O *teatro aberto* não foi mantido para a temporada de 1979. É o caso de lastimá-lo.

Essa foi uma extraordinária oportunidade para encontros, contatos e confrontos. Os obstáculos das fronteiras e das distâncias achavam-se contornados. Desse modo, os aficionados e os profissionais tiveram a possibilidade de descobrir artistas individuais e companhias há muito cercados de enorme notoriedade. Foi o caso da vinda, por duas vezes, em 1955 e 1958, da quase lendária Ópera de Pequim, proporcionando finalmente a ocasião de ver de perto a concretização de uma antiga e famosa tradição. Por três vezes, a partir de 1954, o público francês pôde conhecer as realizações do Berliner Ensemble, ou seja, descobrir a aplicação da teoria brechtiana do teatro. A lista dos nomes e dos títulos é quase inesgotável: Helen Weigel em *Mãe Coragem*, Ingmar Bergman como diretor de teatro (*Uma saga*, 1959), Felsenstein no início da sua revolução no campo da encenação de óperas (*Os contos de Hoffman*), Joan Littlewood e seu Workshop Theatre, Peter Brook mostrando, num texto pouco conhecido de Shakespeare, *Tito Andronico*, duas estrelas de primeira grandeza, Laurence Olivier e Vivien Leigh... Caberia citar também coreógrafos de renome mundial (Jerome Robbins), estrelas internacionais de dança (Alicia Alonso), as maiores companhias de ópera (Berlim Oriental, Frankfurt, Glyndebourne, Belgrado...) etc.

O crescente sucesso dessas manifestações provocou, paradoxalmente, o declínio e a morte do Teatro das Nações, mas também a sua ressurreição.

Primeiro o declínio: a política passou a pesar cada vez mais na escolha dos espetáculos convidados, uma vez que os governos deram-se conta de que um sucesso no Teatro das Nações podia ter certa repercussão sobre a sua imagem, a sua *marca registrada* internacional. E todo o mundo sabe que, quando as autoridades políticas se intrometem na arte, suas escolhas não costumam brilhar nunca nem pela audácia, nem pela firmeza de julgamento; que os espetáculos mais interessantes do ponto de vista da arte cênica nem sempre são valorizados na sua medida exata por um poder geralmente mais sensível aos encantos da docilidade e do conformismo ideológico do que aos valores da inovação artística. A interferência da diplomacia no teatro tornou-se uma lenta gangrena. Cada vez mais viam-se no Teatro das Nações espetáculos pesadamente acadêmicos e inofensivas manifestações folclóricas.

A morte, a seguir. Os acontecimentos de maio de 1968 e a ocupação do Odéon pelos manifestantes provocaram a brusca interrupção do festival. Nesse meio tempo Jean-Louis Barrault já havia recebido a incumbência de submetê-lo a um tratamento de rejuvenescimento: redução do número de grupos convidados, escolha mais independente da conjuntura política e mais exigente no plano artístico.

Finalmente, a ressurreição: em vista da importância que o Teatro das Nações havia assumido na vida do teatro internacional, o privilégio outorgado a Paris como sede fixa das suas manifestações passou a ser questionado. Foi decidido, afinal, que o Teatro das Nações seria acolhido a cada ano por uma capital diferente.

Para dizer a verdade, um outro festival francês já havia, àquela altura dos acontecimentos, assumido o primeiro plano: o de Nancy, criado por Jack Lang em 1963, com meios improvisados. Tratava-se na origem de uma manifestação universitária, que se distinguia do Teatro das Nações pela sua orientação decididamente polêmica e contestatória, tanto no plano da forma teatral — os grupos convidados representavam a vanguarda dos respectivos países — como no dos conteúdos políticos — esses grupos não costumavam ser nada bem-vistos pelos seus governos, e um convite para Nancy, com a publicidade que implicava, constituía para eles um não-desprezível apoio na luta que travavam muitas vezes pela sua sobrevivência.

Nos últimos anos, Nancy enfrentou dificuldades resultantes da inadaptação de uma organização ultrapassada pelo sucesso do festival. Dificuldades decorrentes também do afastamento de Jack Lang, que, absorvido pela transformação do Théâtre de Chaillot e pela sua administração, quis apesar de tudo continuar supervisionando o festival, mas sem assumir pessoalmente a sua direção. E, finalmente, dificuldades levantadas pela municipalidade, que não via com total agrado o desenvolvimento de manifestações tão pouco acadêmicas. A edição de 1977 desenrolou-se numa tal confusão, nos setores da programação, da bilheteria e até mesmo da realização das apresentações, que a equipe responsável manifestou o seu mal-estar através de uma suspensão do trabalho: os seus efetivos eram patentemente insuficientes, e ela não podia mais responsabilizar-se pelas tarefas que lhe cabiam. Existiu também confusão no nível político, com os encontros, em Nancy, entre delegações vindas a título autônomo e outras oficialmente enviadas pelos seus governos.

Mas, por trás de tudo isso, o desencanto que cobriu com suas sombras a edição de 1977 assinalava o fato de que o teatro político tinha perdido a vitalidade que o havia caracterizado nos anos 1965-70, que o havia levado a tantos questionamentos e a tantas inovações, na medida em que ele se autodefinia como um terreno de lutas políticas. A ilusão lírica estava murchando: nunca as ditaduras haviam gangrenado tanto os países do Terceiro Mundo (África, América Latina, Sudeste asiático etc.). Nunca a impotência dos movimentos progressistas diante dessa ascensão do fascismo havia sido tão evidente. E seria o caso de mencionar também a decepção experimentada por um crescente número de intelectuais e artistas diante do autoritarismo esclerosado dos regimes socialistas. Num tal contexto, todos os pontos de referência estavam desabando. Nem a URSS, nem Cuba, nem a China conseguiam preservar a sua *marca registrada*, sem falar de certas evoluções mais recentes (Portugal, Vietnã etc.). Ao mesmo tempo, sempre como um pano de fundo, as dificuldades econômicas começavam a abater-se pesadamente sobre o teatro.

O Festival de Outono de Paris retomou, com maior ecletismo e maior volume de recursos — sendo, como é, dirigido por Michel Guy, que foi durante um curto período ministro dos Assuntos Culturais — o projeto e a orientação do empreendimento de Jack Lang em Nancy, e o princípio do Teatro das Nações: trata-se de reunir em Paris durante três meses — de setembro a dezembro — toda a espécie de manifestações artísticas, em locais de toda espécie. Um tema central vem, às vezes, articular aquilo que essa opção pode ter de excêntrico. Por exemplo, em 1978 uma parte das manifestações focalizava o Japão, com exposições (de arquitetura, de caligrafia etc.), sessões de animação, concertos de música tradicional e contemporânea, dança, cinema. Ao mesmo tempo, o festival acolhia um conjunto de espetáculos cujo denominador comum era um vanguardismo de boa reputação: pesquisas músico-teatrais de Maurício Kagel, concertos de Philip Glass, produções estrangeiras (notadamente *Mori el Merma*, fruto da colaboração da companhia espanhola La Claca de Barcelona e de Joan Miró), encenações francesas provenientes dos centros dramáticos regionais (*O senhor Puntila e seu criado Matti*, realizado pelo Centro Dramático dos Alpes e por Georges

Lavaudant; *A gaivota*, pela Fabrique de Théâtre et Bruno Bayen) e da vanguarda parisiense, com um ciclo Molière de Antoine Vitez, as encenações cheias de rigor assinadas por Jean-Marie Patte (*Édipo e Fausto*), um Shakespeare de Peter Brook (*Medida por medida*) etc., a dança clássica (Roland Petit, Nureyev), moderna (Murray Louis, Douglas Dunn etc.) e estrangeira (o balé tradicional japonês) figuravam igualmente no programa do Festival de Outono de 1978.

Os espaços do festival vão diminuindo, os limites parisienses são derrubados e as manifestações emigram para a periferia (Saint-Denis, Nanterre). No total são utilizados 16 locais, salas de teatro, é claro, mas também um *music-hall* (Théâtre Mogador) e museus (Centre Georges Pompidou, Museu das Artes Decorativas).

O Festival de Outono pode ser avaliado sob dois ângulos. Do ponto de vista do aficionado do teatro, é inegável que ele proporciona um momento sem igual no ano todo, um efervescente período de encontros e descobertas. Mas ele pode também ser analisado pelo prisma da política geral do teatro na França: o Festival de Outono faz do início da temporada parisiense um trimestre de prestígio. Esse *prelúdio* não deve, porém, camuflar as dificuldades cotidianas em que o teatro francês se debate hoje. Os inconvenientes da chamada *política de prestígio* nesse campo, as exibições brilhantes que servem para ocultar a miséria, tudo isso já foi suficientemente denunciado por várias fontes para que não seja mais necessário estender-se de novo sobre o assunto. O fato de os jovens encenadores encontrarem no Festival de Outono uma excepcional oportunidade para se fazer *ouvir* é indiscutivelmente positivo. Ainda assim, pode-se lamentar que eles estejam reduzidos à procura de ocasiões como esta: uma tal procura acaba sendo o efeito mais visível de uma carência estatal no campo da ajuda ao jovem teatro. Não deixa de ser louvável que Brecht seja representado no Théâtre Mogador por um grupo de Grenoble, ou que Bob Wilson se apresente no Théâtre des Variétés. É muito menos louvável que ao longo dos outros meses do ano um espaço como Chaillot, depois das dispendiosas transformações a que foi submetido, não se revele de uma utilidade mais evidente para o teatro moderno.

A primeira geração do teatro popular, a do pós-guerra, da qual Vilar foi o *patrono*, definiu-se e afirmou-se através de sua oposição às formas burguesas e comerciais do teatro. A geração que se fez ouvir em Nancy, 20 anos depois, investiu contra as ambigüidades de um *teatro popular* institucionalizado e, de certa maneira, aburguesado, trancado em salas no fundo pouco diferentes — tirando os dourados e os veludos — dos teatros à italiana, trancado também dentro de uma profissionalização que perpetua, apesar de uma *embalagem* progressista, uma relação tradicional baseada na separação entre uma elite competente e uma massa dócil condenada à celebração e perpetuação dessa elite...

Na realidade, parece legítimo constatar hoje que a própria idéia do teatro — ou, de modo mais geral, da cultura — popular assumiu um colorido desagradavelmente religioso, através desses centros dramáticos e dessas casas da cultura que o próprio Malraux não hesitou em definir, sem receio da ênfase, como as catedrais dos tempos modernos. Catedrais freqüentadas por uma população de fiéis ou por uma multidão de carolas que vêm comungar ritualmente na missa solene mensal e progressista?

Ao mesmo tempo, somos forçados a constatar que a resposta dada pela geração dos anos 1960 à questão do lugar e da função do teatro na sociedade, bem como o *freedom now* do Living Theatre, com os seus protestos entoados como salmos contra a guerra do Vietnã, todo esse anarquismo às vezes violento e às vezes adocicado, tudo isso assumiu dez anos depois a aparência de velhos objetos estragados, manifestamente insuficientes, quando não irrisórios, em relação às ambições e esperanças inicialmente suscitadas.

Mas essa talvez seja a proposta de um falso debate. Talvez a resposta dada pelo teatro à questão que lhe é colocada pela sua inserção na realidade não possa ser, em virtude da sua própria natureza, senão uma resposta irrisória, quaisquer que sejam os seus termos. E talvez convenha reconhecer, por outro lado, que toda vanguarda tem necessidade de basear-se no *assassinato do pai*, na negação polêmica da vanguarda que a precedeu.

Devemos ao teatro dos anos 1960 as mais notáveis tentativas no sentido de escapar à tirania, que Artaud já havia denunciado, dessa linguagem discursiva incompreensível à maioria, a fim de derrubar as barreiras consideradas mais sólidas: a que separa a platéia do palco, a que divide o lado de dentro do teatro do lado de fora da realidade. Sistematicamente, essa geração foi provando que a rua, as portas dos quartéis e das fábricas, podem tornar-se espaços de representação e de denúncia.

Esse teatro é também, aos olhos do historiador, o teatro da provocação do espectador. Custe o que custar, ele procura realizar a prescrição artaudiana: arrancar o espectador do seu conforto, da sua passividade, do seu *voyeurismo*. Buscando fazê-lo *participar*. Chocando o seu sistema de valores pelo despudor e pelo exibicionismo. Brutalizando, através do som, da luz e do grito, o entorpecimento de uma percepção rotineira.

Cabe ao Festival de Nancy, e a algumas outras experiências mais recentes, o mérito de ter revelado tudo isso, na sua essência, ao público francês. Pois a provocação convulsiva dos anos 1960 desgastou-se por sua vez, sob o efeito da repetição e da rotina. Dez anos depois emerge um novo tipo de espetáculo, concentrado na *imagem*. Uma imagem, por sinal, que tem raízes em certas tradições bem antigas, tais como o código gestual da *commedia dell'arte* ou da marionete. Esse teatro da imagem não exclui a mensagem política, a contestação. Mas o que mudou foi a sua moldura. O berro, o *slogan* encantatório, o ato de provocação na nudez da sua violência perderam parte de sua importância. A imagem teatral abre margem ao sonho e à pura teatralidade, mesmo quando representa a realidade concreta. Sob esse ponto de vista, Artaud é evidentemente sempre a figura referencial, na medida em que a imagem em questão é constituída de recursos específicos do teatro: espaço tridimensional, luz, corpos, objetos etc. Devemos confessar que a escola francesa tem tido pouquíssima presença nesse terreno. As realizações mais marcantes têm sido de origem italiana (Carmelo Bene, Meme Perlini, Mario Ricci) ou norte-americana (Bread and Puppet Theatre, San Francisco Mime Troup, Bob Wilson).[210] Esse teatro renunciou ao grande sonho participacionista dos anos 1960. Na verdade a própria concepção que o orienta solicita uma revalorização dos famosos *defeitos* do espectador tradicional: a imagem deve ser vista e

210. Os espetáculos de Bob Wilson (*Le regard du sourd, Lettre à la Reine Vistoria, Einstein on the beach*) jogam com uma modificação da percepção do tempo teatral. Eles foram inicialmente recebidos como manifestos e referências de uma nova tendência. A seguir, como acontecimentos *bem parisienses*! Talvez seja o caso de interrogar-se sobre a noção de vanguarda nos dias de hoje ...

assimilada, ela deve suscitar o sonho, e a passividade não é mais obrigatoriamente um sintoma da preguiça espiritual, ela pode ser sinal de concentração interior...[211]

Esse teatro da última década questiona-se menos sobre o seu lugar na sociedade do que sobre as suas condições de existência. Ao mesmo tempo em que se empenha em representar uma realidade compreensível e suscetível de ser decifrada, coloca em jogo as suas possibilidades e os seus recursos. Ele se analisa, conta o que é. Exibe a relação que o liga à realidade, ou que dela o separa para sempre. Não alimenta mais a ilusão de uma eficiência para a qual lhe faltam os meios. Não pretende mais ultrapassar as suas fronteiras, mas explorar o terreno que elas demarcam e, se possível, fazê-las recuar. Assim sendo, ele não hesita em apoiar-se nas tradições já mencionadas nem, sobretudo, em pedir emprestados os bens próprios de formas vizinhas: *music hall* e ópera, cinema e televisão, circo e desenho animado. Se a geração dos anos 1960 utilizava a violência do espetáculo para denunciar a violência da realidade, a dos anos 1970 interessa-se mais pelos disfarces da violência, por tudo aquilo que a torna invisível e insípida, a tal ponto que, antes mesmo de denunciá-la, torna-se necessário identificá-la debaixo das dissimulações e das maquiagens que ela usa.

Durante essa mesma década, vários fatores contribuíram para a modificação da política estatal no campo do teatro. Os mais importantes foram, sem dúvida, a explosão de maio de 1968 e a crise econômica.

As palavras de ordem de maio de 1968 — "a imaginação no poder" — suscitaram uma tomada de consciência: não basta mais *modernizar* o espetáculo e perpetuar o repertório. O teatro deve ser um espaço — qualquer espaço — onde se fale do presente, onde se conteste, se acuse. Esse fato, acrescentado às dificuldades econômicas cada vez mais prementes, fez com que a fachada liberal da política teatral da

211. Uma das experiências recentes particularmente notáveis: a dos atores do Squat. Eles colocam em oposição duas categorias de espectadores — seria o caso de dizer os verdadeiros e os falsos espectadores? Ações são representadas diante dos olhos de um público sentado numa loja, enquanto na rua os transeuntes param e assistem ao teatro pela vitrine. Qual é o *status* de cada grupo? Público, mas ao mesmo tempo também objeto teatral para o grupo que está do outro lado ...

Quinta República começasse a desfazer-se. Seria, com efeito, uma ilusão pensar que o Estado sustenta um empreendimento teatral na mais total abnegação. Mesmo sem confessá-lo, ele espera receber por esse amparo uma retribuição.simbólica: não propriamente uma adesão ou celebração mas, mais sutilmente, um reforço da sua imagem, do seu *prestígio*. O brilho de um sucesso artístico — digamos, por exemplo, a *Lulu*, de Berg, montada pela primeira vez na Ópera de Paris em sua versão integral, sob a regência de Pierre Boulez e na direção de Patrice Chéreau, acontecimento que mobilizou o interesse da *intelligentsia* internacional — esse brilho emite, para retomar um termo freqüentemente adotado no discurso político, uma *irradiação*. E essa irradiação ressalta, faz reluzir, a imagem interna e externa do poder que possibilitou a realização do acontecimento. Isso dito, compreende-se que as atenções — e as subvenções — do Ministério responsável sejam de preferência dirigidas, nestes tempos de crise econômica e drásticos cortes orçamentários, para as iniciativas que revelam, por assim dizer, a mais forte capacidade de *irradiação*. Dando as costas à política de Jeanne Laurent e de André Malraux, o poder opta por privilegiar, no plano cultural, a burguesia que constitui a sua base eleitoral. Ou seja, opta por atender à sua *demanda*, aos seus gostos. Daí o apoio diligentemente concedido aos teatros ditos de *prestígio*, teatros de vocação museográfica, como a Comédie-Française e a Ópera de Paris. Daí também a reativação de um *estrelato*, igualmente tido como uma fonte de irradiação. Não é por um puro acaso político que os maiores nomes do canto lírico internacional se sucedem no palco da Ópera de Paris desde que Rolf Liebermann assumiu a sua direção em 1973, e que encenadores antes considerados *audaciosos* ou *de vanguarda* têm atualmente acesso fácil aos palcos (e aos recursos) dos teatros oficiais: para a reabertura da Salle Richelieu, em 1976, Franco Zeffirelli foi encarregado de dirigir *Lorenzaccio*, e Claude Rich foi contratado para desempenhar o papel título. Foi a Giorgio Strehler que se pediu que montasse a *Trilogia da vilegiatura*, de Goldoni, em 1979. Ao lado desses astros da encenação internacional, representantes da vanguarda também são acolhidos: Lavelli monta um Ionesco, *Agonia do rei*, e Vitez dirige um Claudel, *A partilha do meio-dia*. Uma política idêntica orienta a Ópera de Paris, onde reencontramos os mesmos nomes: Strehler apresenta uma ofuscante versão das *Bodas de Fígaro* e um admirável *Simon Boccanegra*, Lavelli um *Fausto* que quase chega a causar escândalo, e Chéreau *Os contos de Hoffman*, seguidos de uma *Lulu* gelidamente cruel.

Que não nos entendam mal: não se trata em absoluto de colocar em dúvida o mérito dos sucessos acima relembrados. Sob certo ponto de vista o fim justifica, no caso, os meios; e de qualquer maneira os progressos são evidentes, se considerarmos o quanto as condições de trabalho de um Planchon, de um Lavelli ou de um Chéreau são melhores do que as com que Dullin ou Pitoëff tiveram de se contentar entre as duas guerras.

Mas essa promoção da vanguarda não traduz uma vontade política. Ela reflete simplesmente a evolução intelectual e estética da burguesia, que continua sendo ainda a base do público teatral. E na verdade tudo concorre hoje para o surgimento de um novo estrelato: o do encenador.

E seria possível admitir que a promoção desse estrelato fosse um dos segmentos de uma política multifacetada. Mas ela é o eixo central dessa política. Pois não há como deixar de constatar que o teatro sem estrelas, os jovens grupos e os centros dramáticos, todo esse setor está sendo cada vez mais tratado a pão e água. Ora, é nesse viveiro que se prepara o futuro do teatro. Tudo se passa portanto como se esse futuro estivesse sendo deliberadamente sacrificado em proveito da rentabilidade imediata — a irradiação — de uma política de prestígio. "Depois de nós, o dilúvio?" Não se pode, em todo o caso, deixar de compreender a atual perplexidade dos artistas de teatro.

Bibliografia

Abirached, Robert

1978. *La crise du personage dans le théâtre moderne.* Paris, Grasset.

Anders, France

1959. *Jacques Copeau et le Cartel des Quatre.* Paris, Nizet.

Antoine, André

1890. *Le théâtre libre.* Paris, Eugène Verneau.

1903. "Causerie sur la mise-en-scène", *in La Revue de Paris,* 1º de abril.

Apollinaire, Guillaume

1956. "Les mamelles de Tirésias", *in Œuvres poétiques.* Paris, Gallimard, Pléiade.

Appia, Adolphe

1963. *La musique et la mise-en-scène.* Berna, Theaterkultur-Verlag.

1921. *L'Œuvre d'art vivant.* Genebra-Paris, Atar.

Arnaud, Lucien

1952. *Charles Dullin.* Paris, L'Arche.

Artaud, Antonin

1961. Théâtre Alfred Jarry, *Œuvres complètes,* t.11. Paris, Gallimard.

1964. "Le théâtre et son double"; "Le théâtre de Séraphin"; "Les Cenci", *in Œuvres complètes,* t.IV. Paris, Gallimard.

1964. "Autour du théâtre et son double et des Cenci", *in Œuvres complètes,* t.V. Paris, Gallimard.

Bablet, Denis

1962. *Edward Gordon Craig.* Paris, L'Arche.

1970. *Josef Svoboda.* Lausanne, L'Age d'Homme.

1975. *Le décor de théâtre de 1870 à 1914.* Paris, CNRS.

1975. *Les révolutions scéniques du vingtième siècle.* Paris, Société Internationale d'Art XXe siècle.
Barrault, Jean-Louis
1949. *Réflexions sur le théâtre.* Paris, Vautrin.
1946. *Mise-en-scène de Phèdre.* Paris, Seuil.
Baty, Gaston
1949. *Rideau baissé.* Paris, Bordas.
Biner, Pierre
1968. *Le Living Theatre.* Lausanne, L'Age d'Homme.
Blanchart, Paul
1954. *Firmin Gémier.* Paris, L'Arche.
Borgal, Clément
1960. *Jacques Copeau.* Paris, L'Arche.
Brecht, Bertolt
1963. *Écrits sur le théâtre.* Paris, L'Arche.
1972. *Écrits sur le théâtre.* Paris, L'Arche, t.I.
Brook, Peter
1977. *L'espace vide.* Paris, Seuil.
Copfermann, Émile
1969. *Le théâtre populaire, pourquoi?* Paris, Maspero.
1969. *Roger Planchon.* Lausanne, L'Age d'Homme.
1972. *La mise-en scène du théâtre.* Paris, Maspero.
Craig, Edward Gordon
[s/d] *De l'art du théâtre.* Paris, Lieutier-Librairie théâtrale.
1964. *Le théâtre en marche.* Paris, Gallimard.
Dhomme, Sylvain
1959. *La mise-en-scène, d'Antoine à Brecht.* Paris, Nathan.
Dort, Bernard
1960. *Lecture de Brecht.* Paris, Seuil.
1967. *Théâtre public.* Paris, Seuil.
1971. *Théâtre réel.* Paris, Seuil.
1979. *Théâtre en jeu.* Paris, Seuil.
Duvignaud, Jean
1965. *Sociologie du théâtre.* Paris, PUF.
Frank, André
1958. *Georges Pitoëff.* Paris, L'Arche.
Gourfinkel, Nina
1955. *Constantin Stanislavski.* Paris, L'Arche.

Grotowski, Jerzy
1971. *Vers un théâtre pauvre.* Lausanne, L'Age d'Homme. [Ed. bras.: *Em busca de um teatro pobre.* Rio, Civilização Brasileira, 1971.]

Jarry, Alfred
1972. "Textes relatifs à Ubu roi", *in Œuvres complètes,* t.I. Paris, Gallimard, Pléiade.

Jotterand, Frank
1970. *Le nouveau théâtre américain.* Paris, Seuil.

Jouvet, Louis
1968. *Tragédie classique et théâtre du XIX*e *siècle.* Paris, Gallimard.
1954. *Le comédien désincarné.* Paris, Flammarion.

Kourilsky, Françoise
1971. *Le Bread and Puppet Theatre.* Lausanne, L'Age d'Homme.

Lang, Jack
1968. *L'Etat et le théâtre.* Paris, Pichon & Durand-Auzias.

Leclerc, Guy
1971. *Le TNP de Jean Vilar.* Paris, Union Générale d'Éditions.

Lust, Claude
1970. *Wieland Wagner et la survie du théâtre lyrique.* Lausanne, L'Age de l'Homme.

Mallarmé, Stéphane
1956. "Crayonné au théâtre", *in Œuvres complètes.* Paris, Gallimard, Pléiade.

Meyerhold, Vsévolod
1963. *Le théâtre théâtral.* Paris, Gallimard.

Moussinac, Léon
1948. *Traité de la mise-en-scène.* Paris, Massin.

Pandolfi, Vito
1968. *Histoire du théâtre.* Verviers, Gérard & Cie, 5 vols., col. "Marabout-Université".

Parmelin, Hélène
1956. *Cinq peintres et le théâtre.* Paris, Ed. Cercle d'Art.

Piscator, Erwin
1962. *Le théâtre politique.* Paris, L'Arche. [Ed.bras.: *Teatro político.* Rio, Civilização Brasileira, 1968.]

Pitoëff, Georges

1949. *Notre théâtre*. Paris, Messages.

Pruner, Francis

1958. *Le Théâtre-Libre d'Antoine*. Paris, Lettres Modernes.

Quadri, Franco

1974. *Ronconi*. Paris, Union Générale d'Éditions.

Robichez, Jacques

1955. *Lugné-Poe*. Paris, L'Arche.

1957. *Le symbolisme au théâtre. Lugné-Poe et les débuts de l'Œuvre*. Paris, L'Arche.

Rolland, Romain

1913. *Le théâtre du peuple*. Paris, Albin Michel.

Rouche, Jacques

1924. *L'art théâtral moderne*. Paris, Bloud & Gay.

Stanislavski, Constantin

1958. *La formation de l'acteur*. Paris, Olivier Perrin. [Ed. bras.: *A preparação do ator*. Rio, Civilização Brasileira, 1968.]

1966. *La construction du personnage*. Paris, Olivier Perrin. [Ed. bras.: *A construção da personagem*. Rio, Civilização Brasileira, 1970.]

1966. *Mise-en-scène d'Othello*. Paris, Seuil.

Strasberg, Lee

1969. *Le travail à l'Actors Studio*. Paris, Gallimard.

Strehler, Giorgio

1980. *Un théâtre pour la vie*. Paris, Fayard.

Temkine, Raymond

1968. *L'entreprise-théâtre*. Paris, Cujas.

1970. *Grotowski*. Lausanne, L'Age d'Homme.

Veinstein, André

1955. *La mise-en-scène théâtrale et sa condition esthétique*. Paris, Flammarion.

1968. *Le théâtre expérimental*. Paris, La Renaissance du Livre.

Vilar, Jean

1963. *De la tradition théâtrale*. Paris, Gallimard.

1975. *Le théâtre, service public*. Paris, Gallimard .

Virmaux, Alain

1970. *Antonin Artaud et le théâtre*. Paris, Seghers.

Zola, Emile

1928. "Le naturalisme au théâtre", *in Œuvres complètes,* t.42. Paris, Bernouard.

Obras coletivas:

L'expressionnisme dans le théâtre européen. Paris, CNRS, 1971.

Histoire des spectacles Paris, Gallimard, Encyclopédie de la Pléiade, 1965.

Le lieu théâtral dans la société moderne. Paris, CNRS, 1969.

1789. Paris, Stock, 1971.

1793. Paris, Stock, 1972.

L'Age d'or. Paris, Stock, 1975.

Les voies de la création théâtrale. Paris, CNRS, 1970-1979 (6 vols. editados).

Revistas:[1]

Cahiers de la Compagnie Renaud-Barrault. Paris, Julliard, depois Gallimard.

Revue d'Histoire du Théâtre. Paris, CNRS e Olivier Perrin.

Théâtre Populaire. Paris, L'Arche (1953-1966).

Travail Théâtral. Lausanne, L'Age d'Homme.

1. Não se pode dar aqui a lista das publicações periódicas editadas por diferentes companhias relacionadas com as suas atividades. Elas constituem uma fonte preciosa de informações e de documentos.

Este livro foi composto por TopTextos Edições
Gráficas em Adobe Garamond e impresso por
Cromosete Gráfica e Editora em novembro de 2008.